"十二五"职业教育国家规划教材
经全国职业教育教材审定委员会审定

房地产经济学

第2版

主　编　张洪力

副主编　王　宏

参　编　陈志峰　刘绍涛　董亚琼

机械工业出版社

本书内容分为三个部分。导论篇,包括房地产经济学概述,房地产业与国民经济,地租、地价和区位理论,房地产投资;运行篇,包括房地产市场总论,土地开发整理与土地市场,房地产开发与房地产二三级市场,物业管理与物业管理市场,房地产中介与房地产中介服务市场建设,房地产金融与房地产金融市场;环境篇,包括房地产产权与制度,房地产税收,房地产宏观调控与管理。

本书可作为工程管理、建筑经济管理类应用型本科和房地产经营与管理、物业管理类高职高专的教材使用,也可供从事房地产开发、经营、管理与服务等业务的专业人员学习参考。

图书在版编目(CIP)数据

房地产经济学/张洪力主编. —2版. —北京:机械工业出版社,2015.12(2023.1重印)
ISBN 978-7-111-51450-3

Ⅰ. ①房… Ⅱ. ①张… Ⅲ. ①房地产经济学 Ⅳ. ①F293.30

中国版本图书馆 CIP 数据核字(2015)第 202818 号

机械工业出版社(北京市百万庄大街22号 邮政编码100037)
策划编辑:李 莉 责任编辑:李 莉
责任校对:张 薇 王明欣 封面设计:马精明
责任印制:郜 敏
北京盛通商印快线网络科技有限公司印刷
2023年1月第2版第3次印刷
184mm×260mm·15印张·367千字
标准书号:ISBN 978-7-111-51450-3
定价:39.00元

电话服务   网络服务
客服电话:010-88361066   机 工 官 网:www.cmpbook.com
　　　　　010-88379833   机 工 官 博:weibo.com/cmp1952
　　　　　010-68326294   金 书 网:www.golden-book.com
封底无防伪标均为盗版   机工教育服务网:www.cmpedu.com

第2版前言

改革开放近40年来，我国的房地产业快速发展，取得了巨大成就，其在国民经济中的基础性、先导性和支柱性产业的地位日益显现出来。但与此同时，房地产业存在着总量性供求不平衡、结构性矛盾比较突出、房价上涨过高过快、周期性波动比较频繁等诸多问题。深入研究这些问题，揭示房地产经济运行的规律及其表现形式，分析、预测房地产业的发展和变化趋势，正是房地产经济学的任务所在。所以，房地产经济学的研究对于促进我国房地产业与国民经济保持协调关系，实现产业持续、稳定和健康发展，更好地满足人们的生产和生活需求，都将起到积极的作用。

房地产经济学是一门研究房地产经济运行规律及其表现形式的科学，也是一门研究房地产资源配置效率的科学。房地产经济学课程是工程管理、房地产经营与管理等专业的专业基础课程。它对于开拓学生视野，打好专业理论基础以及提高分析和解决房地产实际问题的能力都是十分重要的。

本书作者长期从事房地产的理论教学和实际研究工作，本书具备以下特色：在结构安排上，按照导论篇、运行篇、环境篇布局，篇与篇之间和篇内各章节之间内容保持较强的条理性、连续性；在内容取舍上，注意系统性、适中性和非重复性。系统性指理论上的系统性、全面性，使读者对房地产经济学有全面系统的认识；适中性指内容的难度上要适中，以适应应用型本科和高职高专学生的需要；非重复性指某些与后续专业课程联系密切的内容，既要涉及，又注意从房地产行业角度阐述和分析，避免发生重复；在语言表达上，尽量通俗易懂、文字简练。

本教材由河南城建学院张洪力担任主编，河南城建学院王宏担任副主编。全书共十三章，其中张洪力编写第一章、第二章，并负责全书的修改定稿工作；王宏编写第四章、第八章、第九章；河南城建学院董亚琼编写第三章、第十章；河南城建学院刘绍涛编写第六章、第七章、第十一章；河南财经政法大学陈志锋编写第五章、第十二章、第十三章。

在本书编写过程中，湖南城市学院薛姝教授给予了大力支持与热忱帮助，提出了宝贵的意见和建议，在此深表谢意。

本书可作为工程管理、建筑经济管理类应用型本科专业和房地产经营与管理、物业管理类高职高专的教材使用，也可供从事房地产开发、经营、管理与服务等业务的专业人员学习参考。

本教材是在2003版基础上进行修订的，在教材修订过程中，参阅了大量专业教材、专著和参考文献，在此谨向有关作者表示衷心的感谢。书中不足之处和错误在所难免，恳请读者和有关专家批评指正。

编　者

目 录

第 2 版前言

导 论 篇

第一章　房地产经济学概述 ... 2
第一节　房地产经济学的研究对象与学科性质 ... 2
第二节　房地产经济学的研究方法 ... 3
复习思考题 ... 5

第二章　房地产业与国民经济 ... 6
第一节　房地产及其特性 ... 6
第二节　房地产业及其产业定位 ... 9
第三节　房地产业在国民经济发展中的作用 ... 16
第四节　房地产业的可持续发展 ... 18
复习思考题 ... 21

第三章　地租、地价和区位理论 ... 22
第一节　地租理论 ... 22
第二节　地价理论 ... 30
第三节　区位理论 ... 36
第四节　土地区位的利用 ... 44
复习思考题 ... 52

第四章　房地产投资 ... 53
第一节　房地产投资概述 ... 53
第二节　房地产投资风险 ... 59
第三节　房地产投资决策与可行性研究 ... 68
复习思考题 ... 80

运 行 篇

第五章　房地产市场总论 ... 82
第一节　房地产需求与供给 ... 82
第二节　房地产市场 ... 93
第三节　房地产价格 ... 98
复习思考题 ... 108

第六章　土地开发整理与土地市场 ... 109
第一节　土地开发整理 ... 109
第二节　土地市场 ... 114
复习思考题 ... 117

第七章　房地产开发与房地产二三级市场 ... 118
第一节　房地产开发 ... 118
第二节　房地产二三级市场 ... 122
复习思考题 ... 130

第八章　物业管理与物业管理市场 ... 131
第一节　物业管理概述 ... 131
第二节　物业管理市场 ... 145
第三节　物业管理的发展 ... 150
复习思考题 ... 153

第九章　房地产中介与房地产中介服务市场建设 ... 154
第一节　房地产中介的含义与功能 ... 154
第二节　房地产中介机构和服务内容 ... 156
第三节　房地产中介服务市场建设 ... 158
复习思考题 ... 161

第十章　房地产金融与房地产金融市场 ... 162
第一节　房地产金融概述 ... 162
第二节　房地产金融市场 ... 167
第三节　房地产证券化 ... 173
复习思考题 ... 180

环 境 篇

第十一章 房地产产权与制度 182
 第一节 房地产产权 182
 第二节 土地制度 187
 第三节 住房制度 193
 复习思考题 196

第十二章 房地产税收 197
 第一节 房地产税收理论概述 197
 第二节 我国的房地产税收制度 202
 复习思考题 209

第十三章 房地产经济的宏观调控 210
 第一节 房地产经济宏观调控概述 210
 第二节 房地产经济宏观调控的主要政策手段 214
 第三节 房地产经济宏观调控的实践 219
 复习思考题 230

参考文献 231

导论篇

第一章　房地产经济学概述
第二章　房地产业与国民经济
第三章　地租、地价和区位理论
第四章　房地产投资

第一章

房地产经济学概述

第一节 房地产经济学的研究对象与学科性质

一、房地产经济学的研究对象

房地产经济学使用宏观和微观经济学原理，分析国家、区域、社区和邻里对房地产价值的影响，研究人以及人的行为如何影响房地产价值，帮助人们理解影响房地产市场的因素以及这些因素变化又如何影响地方房地产市场。

首先，房地产经济学是一门研究房地产经济运行规律及其表现形式的经济学科。一方面，房地产经济作为国民经济的有机组成部分，同样要遵循一般经济运行的客观规律，如价值规律、供求规律、竞争规律以及社会主义经济规律等。另一方面，由于房地产的行业特点，其经济运行又具有一定的特殊性。房地产经济学重点要揭示房地产经济运行的特殊规律，如土地区位分布规律、城市地租规律、房地产价格规律、房地产市场供求规律、房地产经济波动规律。房地产经济运行规律是贯穿在房地产生产、交换、分配和消费全过程之中的，体现在上述各个环节。

其次，房地产经济学也是一门研究房地产资源配置效率的经济学科。土地和房屋都是稀缺资源，房地产开发建设中还要运用建筑材料、装饰材料、劳动力、技术、信息等多种资源，以及健全和完善市场机制问题和宏观调控问题的法律法规和政策资源。

二、房地产经济学的学科性质

房地产经济学既是整个经济科学的一个分支，又是各类房地产经济学科的理论基础。从总体上看，房地产经济学所研究的是经济领域的内容，从属于经济科学。因此，经济学的理论基础与研究方法，构成了房地产经济学的理论基础与研究方法。如经济学的供求分析、市场分析、外部性分析、信息分析、公共产品分析等。均适用于房地产经济学。

房地产经济学的研究内容、对象和领域限定在房地产部门，因此它是部门经济学，与农业经济学、工业经济学、商业经济学、建筑经济学等相并列。

房地产经济学科又可分为许多子学科，如房地产经营管理、房地产价格评估、房地产营销、房地产金融、房地产法、物业管理等。

房地产经济学是集经济与房地产为一体的应用学科，在其建立和完善过程中也离不开借鉴和吸收相关学科的理论营养，如政治经济学、微观经济学、宏观经济学、城市经济学、管理学等。

房地产经济学涉及房地产行业资源配置基本理论、房地产经济运行规律以及房地产经济运行过程中所发生的经济关系，是经济学的一个分支，属于部门经济学的范畴。本章主要介绍房地产经济学的定义、研究对象、研究内容、学科性质、研究方法以及学习房地产经济学的意义，以便对房地产经济学的总体框架有一个基本认识。

第二节 房地产经济学的研究方法

一、房地产经济学的研究方法

方法是从实践上和理论上把握现实的，为解决具体课题而采用的手段或操作的总和。科学的研究方法按其普遍性程度不同，大致可划分为 3 个层次。第一层次是哲学方法，它是适用于自然科学、社会科学和思维科学的最一般的研究方法，如辩证法、辩证逻辑等；第二层次是科学研究中的一般方法，如抽象方法、系统分析方法等；第三层次是各门学科中的一些具体方法，属于各门学科本身的研究方法。房地产经济学是一门综合多学科成果的、应用性较强的学科，研究方法众多。哲学方法、一般方法是房地产经济学研究的基本方法。在此基础上，可以采用多种具体研究方法。

（一）实证分析与规范分析

实证分析是客观地描述房地产经济事件"是什么"（或"不是什么"），它要揭示有关房地产经济变量之间的因果关系，是关于事实的研究。如"地段是决定一宗房地产商品价格的重要因素"便是一种实证表述。不过，并不是任何关于房地产经济事实的分析都能得到正确结论。一般认为，一个房地产经济理论需要由 5 个要素组成。

（1）定义，根据这组定义，明确界定所要使用的房地产经济变量。

（2）一组假设，它们界定这一房地产经济理论所被应用的条件。

（3）关于这些房地产经济变量之间的关系形成一个或多个假设。

（4）从该理论的假设之中演绎预测。

（5）对预测结果进行检验。经过检验，原来所做预测有两种不同的可能结果：一种预测结果符合理论，就接受该理论；否则，就要拒绝或者修正原来的理论假说，提出新的理论，直至通过检验为止。

规范分析是研究房地产经济活动"应该是什么"或研究"应该如何解决房地产经济问题"，涉及理论和价值判断问题。如"应大力建设经济适用房以解决低收入家庭的住房问题"便是一个规范分析例证。受传统研究方法的影响，在房地产经济问题研究中，规范分析多，实证分析少。实际上实证分析和规范分析都是从客观事实出发，都是研究房地产经济问题的有效方法。

（二）静态分析、比较静态分析与动态分析

静态分析是指所有的房地产经济变量都是同一时期的，不考虑变量的时间因素。例如，土地供给曲线是一条斜率越来越大的向右上方倾斜的曲线，表明价格越高，供给量越大；土地需求曲线为一条斜率为负的曲线，表明价格越高，需求量越小；当供给等于需求时，土地市场处于均衡状态，这种分析实质为一种静态分析。

比较静态分析是引入某些随时间而变的房地产经济变量，对运动的起点与终点进行比较分析的方法，但它不考虑运动的途径与过程。

动态分析与比较静态分析有相似之处，其主要差别在于动态分析要研究运动的过程。对房地产经济进行静态与动态分析，能更加深入地把握房地产经济问题的发展变化过程。

（三）宏观分析与微观分析

宏观分析是指研究的出发点着眼于宏观整体性，立足于整体，注重总量分析，从整个社会或社会区域与层面上研究房地产经济问题，如房地产业的可持续发展、房地产业与国民经济的相互作用、房地产业的宏观调控研究等。微观分析注重房地产开发商、中介机构、消费者行为的研究，是部分的、局部的，如房地产开发利用的成本效益分析、投资战略决策、估价方法选择等。微观分析是宏观分析的延伸与具体应用。宏观分析与微观分析相结合能够更加全面、深入地研究房地产经济问题。

（四）个案研究法

房地产业的经营活动政策性强，法律、法规众多，这些宏观环境变化将对房地产开发经营活动产生重大影响；其次房地产商品的生产和交换，与建筑、建材、冶金、纺织等50多个部门紧密相关，这些部门的发展变化将波及房地产业的发展；再次，房地产还受到风俗习惯、心理动态、环境因素、行政管理等因素的影响。从而使房地产成为一个极为复杂、受众多干扰因素影响的问题，因而个案研究显得尤为重要。通过对特定背景、特定条件下的个案进行研究分析，弄清影响房地产经济运行的主要矛盾与次要矛盾，是房地产经济问题研究的有效方法。

（五）定性分析与定量分析

定性分析就是找出事物的本质及其内在的必然联系，揭示房地产经济关系的发展规律；定量分析是指把握事物的数量比例及其变化关系。房地产经济学是一门应用性很强的学科，需要解决实际问题。房地产经济理论必须具有可操作性，这就要求在对房地产经济进行质的研究时，也需进行量的刻画，在数学分析中探求房地产经济变化的数量界限，探求房地产经济过程变化的量的趋势。因此，在房地产经济学的研究中，针对繁多的数量关系，必须以质的分析为前提，来进行精确的量的分析。

二、学习房地产经济学的意义

房地产经济学是一门研究房地产经济运行规律的科学，也是一门研究房地产资源合理配置的科学。揭示房地产业的运行规律，对房地产开发经营企业来说，能在竞争中争取主动，提高微观经济效益，也是政府管理部门引导房地产业健康发展的需要。研究房地产经济学，有利于充分合

理利用房地产资源，提高资源配置效率。

我国现代房地产业是伴随着改革开放和现代化建设，特别是社会主义市场经济体制的建立而逐步发展起来的，即中国房地产业的复苏和发展是社会主义市场经济的产物。而为促进房地产业的健康发展，确立房地产商品性的观念，需要有房地产经济学理论作为指导，催生房地产市场，使房地产的生产（开发建设）、流通（市场交换）、分配（市场分配）、消费（生产性消费与居住性消费）诸过程，逐步纳入市场经济的轨道。

复习思考题

1. 房地产经济学的研究对象是什么？
2. 房地产经济学的学科性质是怎样的？
3. 房地产经济学的研究方法有哪些？
4. 谈谈对学习房地产经济学意义的认识。

第二章

房地产业与国民经济

第一节 房地产及其特性

一、房地产的含义

对于房地产的含义,应该从两个方面来理解:房地产既是一种客观存在的物质形态,同时也是一项法律权利。

作为一种客观存在的物质形态,房地产是指房产和地产的总称,包括土地和土地上永久建筑物及其所衍生的权利。房产是指建筑在土地上,可以作为财产的各种房屋,包括住宅、工业、商业、服务、文化、教育、卫生、体育以及办公用房等。地产是指土地及其上下一定的空间,包括地下的各种基础设施、地面道路等。法律意义上,房地产本质上是一种财产权利,这种财产权利是指蕴含于房地产实体中的各种经济利益以及由此而形成的各种权利,如所有权、使用权、抵押权、典当权、租赁权等。

需要说明的是,房地产是我国独有的概念,国际上一般称之为不动产(Real Estate)。所谓不动产是指不能移动的物体,移动后改变了原来的性质、形状,失去了原来的价值,如土地、建筑物和构筑物等,其法律意义在于,不动产产权转移时,必须到国家规定的机关进行登记,其转移才具有法律效力。

在我国香港,房地产又称为物业,香港人对物业的解释是:"物业是单元性不动产,一个住宅单位是一个物业,一个工厂楼宇是一个物业,一个农庄也是一个物业,故物业可大可小,大物业可分割为小物业。"香港的"物业"这个词是从英国 property 一词翻译过来的,在英国 property 就是指房地产。

二、房地产的特性

房地产具有商品属性又具有社会属性。市场经济下,房地产是一种特殊的商品,具有位置的固定性、使用的长期性、投资大量性以及保值增值性等商品特征。房地产商品的特殊性还表现在其具有消费品和投资品的双重经济身份。如住宅可以满足人们居住这一基本生活需要,这种住宅房地产就是一种消费品。而厂房、仓库、办公楼等房地产往往是人们基于生产经营目的的投入,这些房地产属于投资品。

（一）位置固定性

土地具有不可移动性，建筑物由于固着于土地上，不论其外形、性能与用途如何，从其建造那天起便定着于土地之上，也不可移动。因此，位置对房地产投资具有重要意义，投资者在进行一项房地产投资时，必须重视对房地产的宏观区位和具体位置的调查研究，房地产所处的区位必须对开发商、物业投资者和使用者都具有吸引力。

房地产的位置分为自然地理位置和社会经济地理位置。虽然房地产的自然地理位置固定不变，但其社会经济地理位置却经常在变动，这种变动可以由以下原因引起：

（1）城市规划的制定或修改。
（2）交通建设的发展或改变。
（3）其他建设的发展等。房地产投资者应重视对房地产所处位置的研究，尤其应重视其社会经济地理位置的现状和发展变化的研究。

（二）异质性

房地产位置固定性派生出房地产的异质性，即没有两宗完全相同的房地产。该特性决定了房地产供给和需求的地方性和区域性，而且，房地产不存在统一的市场价格。

由于每幢房屋的用途不同，所处的地理位置不同，因而通常它不可能像一般商品那样通过重复生产来满足消费者对同一产品的需求。每一幢房屋会因其用途、结构、材料、面积、朝向、装饰、高度等的不同而产生许多差异。即使是采用同样的设计、结构、材料等，也会因建造的位置、时间、施工技术和房屋周围地质、气候条件的不同而相去甚远。总之，市场上不可能有两宗完全相同的房地产。某宗房地产商品一旦交易成功，就意味着别的需求者只能另寻他途。

（三）使用长期性

尽管土地可以被沙漠化、洪水淹没或荒芜、侵蚀，然而它在地球表面所标明的场所是永存的，可以说土地具有不可毁灭性。建筑物一经建造完成，其寿命通常可达数十年甚至上百年。正常情况下，建筑物很少会发生倒塌，只是为了更好的用途或有可能提供更高的价值才会被拆除。但值得注意的是，在中国内地，房地产自然方面的长期使用性受到了有限期的土地使用权的制约。国家规定的土地使用权出让最高年限按下列用途确定：居住用地 70 年；工业用地 50 年；教育、科技、文化、卫生、体育用地 50 年；商业、旅游、娱乐用地 40 年；综合或者其他用地 50 年。对这一点的认识，在房地产估价上具有重要意义。如坐落位置很好、建筑物的外观也很好的房地产，可能由于土地使用年限很短而不值钱。

（四）投资大量性

房地产开发建设需要巨额投资，在我国大城市，一平方米的地价少则数百元，多则上千元、上万元，房屋的建筑安装工程造价也很昂贵，决定了投资房地产商品将要付出巨大的代价。

（五）保值增值性

土地是不可再生的自然资源，随着社会的发展，人口的不断增长，经济的发展对土地需求的日益扩大，建筑成本的提高，房地产的价格总的趋势是不断上涨，从而使房地产有着保值和增值功能。房地产的这些特征对房地产投资和经营具有很大影响,房地产投资策略的制定、决策和经营都必须考虑房地产的这些特性。

(六) 价格易受周围环境影响

房地产的价格不仅与其本身的用途等有直接的关系,而且还取决于其周围其他房地产的状况。例如,在一栋住宅楼旁边兴建一座工厂,会导致该住宅楼的价值下降;反之,如在其旁边兴建一个公园或绿地广场,则可使其价值上升。房地产深受周围社区环境影响,不能脱离周围的社区环境而单独存在。政府在道路、公园、学校、博物馆等公共设施方面的投资,能显著地提高附近房地产的价值。反之,周围社区环境的衰退,必然降低房地产的价值。

(七) 易受政策的影响

任何国家基于社会经济发展和公共利益需要,都要对房地产占有、使用、分配、流转等做出某种限制。

房地产受政府法令和政策的限制及影响主要有两项:一是政府基于公共利益,限制某些房地产的使用,如城市规划对土地用途、建筑容积率、建筑覆盖率、建筑高度和绿地率等的规定;二是政府为满足社会公共利益的需要,对房地产实行强制征用或收买。房地产易受政策限制的特征还表现在,由于房地产不可移动,也不可隐藏,所以逃避不了未来政策制度变化的影响。这一点既说明了投资房地产的风险性,也说明了政府制定长远的房地产政策的重要性。

(八) 变现性差

房地产被认为是一种非流动性资产,其投资的流动性相对较差,由于把握房地产的质量和价值需要一定的时间,其销售过程复杂且交易成本较高,因此它很难迅速无损地转换为现金。房地产的变现性差往往会使房地产投资者因为无力及时偿还债务而破产。

造成房地产投资流动性相对较差的原因有四点:其一,房地产开发有相当大的比例是用于生产经营的,这样该笔投资只能通过折旧的方式逐渐收回;其二,当房地产被当作商品进行买卖时,由于多种原因,该房地产可能想卖而卖不掉,或由于卖掉后损失太大而不愿意卖,这样房地产滞留在投资者手中,投资就沉淀于该房地产;其三,当房地产被当作资产进行经营时,其投资只能通过租金的形式逐渐收回;其四,当房地产处于居住自用和办公自用时,一般不涉及投资回收问题,该笔价值逐渐被使用者消耗掉。

三、房地产的分类

房地产最基本的分类方法是按其构成分为土地和房屋两大类。而按不同的方法还可以对土地和房屋进行各种分类。

(一) 土地的分类

(1) 按土地的开发程度,土地可分为生地、毛地、熟地。

生地:指不具有城市基础设施的土地,如荒地、农地。

毛地:指具有一定城市基础设施,但尚未完成房屋拆迁补偿安置的土地。

熟地：指具有较完善的城市基础设施且土地平整，能直接在其上进行房屋施工的土地。

（2）按是否具有建筑用途，土地可分为建筑用地和非建筑用地。

（3）按是否与城市经济紧密相连，土地可分为农村土地和城市土地。

（4）根据我国《城市用地分类与规划建设用地标准》，城市用地分为，居住用地，公共设施用地，工业用地，仓储用地，对外交通用地，道路广场用地，市政公用设施用地，绿地，特殊用地。

（二）房屋的分类

（1）按建筑结构的不同，房屋可分为：钢结构房屋，钢筋混凝土结构房屋，砖混结构房屋，砖木结构房屋，其他结构房屋等五类。

（2）按功能用途的不同，房屋可分为：住宅，工业厂房和仓库，商场和商业店铺用房，办公用房，宾馆饭店，文体、娱乐设施，政府和公用设施用房，多功能建筑（即综合楼）共8类。

（3）按价格的构成不同，房屋可分为：商品房，微利房，福利房，成本价房，优惠价房等，这是我国特有的分类方法。

（4）按所有权的归属不同，房屋可分为公房和私房。公房又分为直管公房和自管公房两类，直管公房是指由国家各级房地产管理部门直接经营管理的国有房产；自管公房是指由机关、团体、企事业单位自行经营管理的国有或集体所有的房产。

第二节 房地产业及其产业定位

一、房地产业的含义

房地产业是指从事房地产开发、经营和管理等各类经济活动的行业，是国民经济中具有生产和服务两种职能的独立产业部门。它体现了房地产经营过程各种参与者之间的经济关系。

房地产业的主要经济活动贯穿于房地产生产、交换、分配、消费各环节之中。具体来说，在生产过程中，主要是房地产投资开发，包括：土地开发和再开发、房屋开发和供应等。在流通过程中，主要是房地产市场交易，包括地产和房产的买卖、租赁、抵押、典当等经营活动。在分配过程中，主要是通过房地产市场交换，使其产品进入消费领域的中间环节，它不是指房地产实物分配，而是国民收入分配和再分配实现的重要途径。例如工业厂房、仓库等通过交换进入生产经营单位，实现房地产生产要素的分配；住宅通过市场购买进入家庭使用，实现工资分配中属于个人的住房消费资料分配等。在消费过程中，主要是指房屋使用过程中的物业管理，包括房屋的养护、维修、绿化等服务性管理。

此外，由于房地产生产经营活动的特殊性，必然广泛存在与此紧密相关的各类中介服务，包括房地产咨询、房地产经纪、房地产评估等。随着房地产业的发展，房地产中介服务也迅速发展起来，已成为房地产业的重要组成部分。同时，由于房地产是价值量巨大的产品，其开发经营活动更需金融业的支持，如开发贷款、购房抵押贷款和住房公积金制度等，所以房地产金融也成为房地产业的有机组成部分。

由上述分析可见，广义的房地产业的内涵应包括：土地开发经营、房产开发经营业、房地产中介服务业、房地产金融业和物业管理服务行业。

正是由于房地产业经济活动的复杂性、多样性和特殊性，在经营活动中必然涉及多方面的利益，因而体现了房地产生产、交换、分配、消费等过程中复杂的各种各样的经济权利关系。涉及的经济利益矛盾特别多，也正是由于上述复杂关系及其特殊性所引起的。所以，在理解房地产这个概念时，不能仅仅从其经营对象出发，而应从更深层次上理解和掌握其所体现的经济关系。

二、房地产业的特性

房地产业作为国民经济的独立产业部门，同其他产业相比，具有其独特的产业特性。主要表现在以下几个方面。

（一）先导性和基础性

从房地产业在国民经济中的地位和作用来看，房地产业是一个先导性、基础性产业。

房地产商品是社会必需的生产资料和生活资料，涉及社会生产和再生产以及教育、科学、文化、卫生等各行各业，是各种社会经济活动运行的基础、物质载体和空间条件，因而以房地产为经营对象的房地产业也就必然处于基础性产业的地位。

同时，由于房地产开发是城市开发、工业、商业以及其他各行各业开发的先导，因而房地产业也就成为先导性产业。例如，城市开发和经营，必先进行道路、交通、房屋等基础设施建设；工业园区开发，必先进行厂房及配套设施建设；繁荣商业，必先建设商铺；开办学校，必先建设校舍等。房地产业的这种先导性作用，是其他产业所无法取代的。

（二）综合性和关联性

从房地产业与其他产业的关系来看，它是一个具有高度综合性和关联性的行业，呈现出支柱产业的特征。

房地产业的综合性，主要体现在它是横跨生产、流通和消费各个领域的产业部门。它以流通领域和服务领域为主，服务于生产和消费，但又参与房地产开发建设的决策、组织和管理，兼有部分生产职能。房地产商品的租售活动则直接属于流通领域。而在房地产的使用过程中，提供房屋养护、维修等物业管理服务，则属于消费领域。可见，房地产业是与各行各业、各部门、各领域密切联系的多学科相结合的知识密集型产业部门，这种高度综合性，是与其他产业有很大区别的。

房地产业的关联性，则体现在它是与众多产业部门密切相关的产业部门。房地产业的产业链特别长、产业关联度特别大，具有高度关联性。房屋产业联系着国民经济的方方面面，据统计，与此相关的产业和部门达 50 多个，相关的产品、部门品件多达成百上千种。例如，与上游产业部门相联系的有：建材工业、冶金、化工、森林、机械、仪表等生产资料工业部门；与中游产业部门相联系的有：建筑工业、建筑机械工业、安装、装潢、厨具洁具、园林绿化以及金融业等；与下游产业部门相联系的有：家用电器、家具、通信工程等民用工程，以及商业、文化、教育等配套设施和其他服务业等。这种高度关联性，必然使房地产业的发展具有带动其他产业和整个国民经济增长的重大作用，从而具备支柱产业的特征。

（三）资金密集型和高风险性

从房地产业的投资过程来看，它是一个高投资和高风险并存的行业。

房地产业是一个资金密集型行业，由于房地产的价值量大，建设周期长，资金占用多，它的经济活动是一个大量资金运作的过程。一个房地产建设项目，投入的资金少则数千万、多则数亿元，并且需要一个较长的周期才能收回，与其他一般产业相比，房地产业是一个高投资的行业。

由于房地产投资周期长及其固定性、变现能力差等特点，因而涉及的风险也相对较大。不但有自然风险，而且有市场风险、利率风险、经营风险、财务风险甚至政策法律风险等，这些风险的存在将对房地产投资目标的实现产生巨大影响。因此，房地产投资决策显得尤为重要。如果投资决策正确，可以带来较大的收益，获得丰厚的回报；反之，一旦房地产投资决策失误，大量楼盘空置，资金积压，不仅给开发商带来巨大损失，而且还会因拖欠银行贷款形成不良资产，引发金融危机。所以，房地产投资更应加强风险管理。

（四）级差收益性和区域性

从经济活动的范围来看，房地产业又是一个区域差异巨大、级差收益明显、地区性特别强的行业。

由于房地产的空间固定性，房地产业的发展比其他行业更多地受制于区域经济的发展水平。一般来说，地区经济的发展水平高、发展速度快，房地产业相应发展也比较快；而地区经济发展水平低、发展速度慢，相应房地产业也发展较慢。我国现阶段地区经济发展严重不平衡，因而反映在房地产业方面，东部沿海地区发展较快，西部地区相对发展较慢。近年来，随着西部大开发，西部地区的房地产业也加快了发展步伐。

即使在同一地区，由于微观区位的不同，也使房地产价值出现巨大的差异。例如，市中心地区与城市郊区的土地区位不同，房地产价格差异也很大，级差收益也相差巨大。

此外，房地产业的区域性还造成房地产市场的地区性特别强。一般商品可以运送到国内各个地区，甚至世界各国去销售，市场供给和需求可以在全国甚至全世界范围内得到平衡。而房地产由于其空间的固定性，只能在一个地区范围内供给和销售，市场供求必须在地区内实现平衡，由此出现地区间房地产市场的巨大差异。认识这一特点，对于区域房地产业全面、协调和持续发展具有深远意义。

（五）权利主导型和制约性

从社会经济政治关系看，房地产是一种权利主导型商品，房地产业是受政府政策影响较大并与法律制度紧密相关的行业。

这种制约性主要体现在以下几方面：

首先是权利关系的复杂性所引起。在房地产经营中，无论是土地的出让、转让，还是房产的买卖、租赁、抵押、继承等，都不像一般商品那样简单的物质交换就可完成，而是当事人之间复杂的权利关系的变化，所以，其交易活动必须依靠契约、法律法规制约和规范。

其次是房地产业的外部性特点的制约。由于房地产的不可移动性、使用周期的长期性和价格的巨额性，与城市开发经营、功能布局、生态环境等关系特别密切，因而房地产开发必须严格按照城市规划、土地使用规划以及城市经济社会发展的方针政策来进行，这使得房地产业的发展必然受到相当大的制约。例如，上海市中心地区高楼林立，高层建筑过多，迫使该市政府不得不把容积率规定为2.5，以此控制层高和建筑密度。这对开发商的规划设计、经济效益和房价产生重大影响。

再次是运作规范性的制约。由于房地产业本身的高度综合性和与其他产业的高度关联性的特点，对其他产业和整个国民经济的发展影响巨大，必须由法律法规和相关政策进行宏观调控，协调与各产业之间、经济主体之间的关系，保证房地产业的持续健康发展，从而更好地发挥其在国民经济增长中的作用。

充分认识房地产业的特性，对于房地产企业的微观经营和国家对房地产经济的宏观调控具有重大意义。

三、房地产业的产业定位

房地产业既然是国民经济中一个独立的产业部门，就必然要面临产业定位的问题，包括产业性质定位和产业功能定位两个方面。

（一）房地产业的产业性质定位

所谓房地产业的产业性质定位，是指房地产业属于什么性质的产业，即在第一、二、三次产业划分中，房地产业属于哪类产业。从一般运行机理来说，现代房地产业是以第三产业为主，第二产业为辅的特殊产业。主要原因有以下两点。

（1）从房地产业自身的特性来看房地产业是一个高度综合性的行业，横跨生产、流通和消费领域，虽然以流通领域为主，但参与房地产产品生产的决策、组织、管理，还兼有部分生产职能，如规划和土地开发等。随着社会经济和现代房地产业的发展，出现了大量从事房地产综合开发经营的大型房地产企业。集房地产开发建设和营销于一体，从项目前期策划、开发建设、销售经营直至物业管理一条龙运作服务，承担全过程投融资风险，这是现代房地产业发展的主导形式，也是现代纵向组合企业集团生产经营一条龙运作的基本特征。

（2）从房地产业与建筑业的关系来看坚持房地产业是纯流通领域的第三产业观点的人认为，房地产业与建筑业是纯"买卖"关系，即建筑商建造出房屋，"卖"给房地产开发商去经营（租售），由于建筑业是第二产业，房地产业就一定是第三产业。但细分析，二者最普遍最典型的关系是：房地产商策划设计的项目承包给建筑商生产建造，竣工验收后，交由房地产开发商经营销售。房地产商进行产品生产的前期市场调查、策划，甚至设计，参与产品生产建造的工程管理和监督，实际起到了决定、控制、引导生产建造的作用；建筑商所行使的只是代理商的职能。它们之间的关系不是像汽车制造商制造出汽车"卖"给交通运输业去跑运输那样的完全意义上的"买卖"关系，而是甲方与乙方的关系。

因此，现代房地产业是以第三产业为主，第二产业为辅，兼有第二、三产业的特性，亦可称之为广义房地产业。

那么，为什么房地产业通常被列为流通领域的第三产业或狭义房地产业呢？第一，现实生活中，存在到建筑商那里趸来房屋、进行租售经营的"二房东"。第二，产业政策和经营管理的需要，更具体来说是国民经济核算和统计的需要。我国目前将房地产的开发建设活动部分列为第二产业建筑业统计；将房地产的经营活动部分列为第三产业房地产业统计。这样可以避免重复计算，有其合理性。

（二）房地产业的产业功能定位

所谓房地产业的功能定位，即房地产业的产业定位，主要是指房地产业在国民经济中的地位和作用。房地产业既是基础性、先导性产业，也是支柱性产业。房地产业作为基础性、先导性产业是永恒的，而作为支柱性产业是相对的，在一定的时空条件下才能成立。

（三）房地产业是国民经济的基础性产业

所谓基础性产业，是指其在国民经济中是社会再生产和各种经济活动的载体，是国民经济中不可缺少的组成部分，能较大程度地制约其他产业和部门发展。

房地产业是国民经济的基本承载体，主要是指在现代经济条件下，房地产是人们进行社会生产和其他经济活动以及科学、文化、教育、卫生等活动的基础和空间条件，是社会生产和人类生活的基本要素。

房地产业是国民经济中不可缺少的组成部分，能较大程度地制约其他产业和部门发展。主要是指房地产业在工业化、城市化和现代化过程中兴起、发展，形成了独立的产业；反过来，又推动工业化、城市化、现代化进程的发展，已经成为现代社会经济大系统中一个重要的组成部分。主要体现在以下几个方面。

（1）房地产业是社会一切部门不可缺少的物质条件。农业劳动的对象和最重要的生产资料是土地；工业、商业、服务业、金融业等各行各业也都需要房屋和与其经济活动相适应的场地和交通用地作为其基本活动的场所。房地产业发展的规模、水平、速度，都直接决定并影响着其他行业的规模、结构、布局、发展水平和速度。同时，各行业也必须拥有一定数量的房地产，并作为产业部门固定资产的重要组成部分，直接参与价值生产和价值实现的经济过程。

（2）房地产业是社会劳动力生产和素质提高的先决条件。国民经济的发展在很大程度上取决于社会生产力的发展，而劳动力是生产力中最基本、最活跃的因素。进一步讲，当代经济的竞争归根结底是人才、劳动力素质的竞争。而要发挥人才、劳动力的作用，先决条件是要维持其生存，并提供其再生产和素质提高所需的最基本条件。住宅是劳动力维持生命、恢复体力和养育后代的基本消费资料，如果没有住宅及劳动力再生产所需的教育、文化、卫生、体育、娱乐、公共设施等用地和用房，就没有劳动力的生产和再生产，劳动力的素质也难以提高。

（3）房地产业是城市经济建设和发展的重要物质基础。在现代经济中，城市是国民经济的主战场。城市的土地、房屋、道路及其他公用设施是城市资产中最主要的组成内容，这些资产的开发和建设直接影响城市的形成与发展。一个城市基础设施建设的完善程度，是决定该城市经济发展水平以及经济能否持续、高效地运行的基本因素之一。

（4）房地产业是国民经济积累资金的重要来源。由于土地资源的稀缺和人们对房屋需求的巨大潜力，房地产存在着升值的趋势，利用土地开发和房屋建设，可以为国家提供大量积累资金，是国家财政收入的重要来源。

（5）房地产业对国民经济的发展具有稳定而长远的作用。房地产是构成整个社会财富的重要内容，对国民经济的发展具有稳定而长远的作用。据联合国对世界 70 多个国家的调查，从 20 世纪 30 年代以来，各国用于建造房屋的投资占国内生产总值的比例一般为 6%～12%（其中新加坡为 12%～26%），所形成的固定资产占同期固定资产总值的比例在 50%以上。其中用于住宅建设的投资占国内生产总值的 3%～8%，占固定资产总值的 20%～30%。从财富积累来看，西方发达国家房地产价值占其国家总财富的比例非常高，如英国房地产价值占其总财富的 1/3，80 年代美国的房地产价值占该国总财富的 73%。当然，这并不是说房地产价值越高，占国民财富的比例越大越好。例如，1976 年的日本经济发展良好，不动产资产占国家财富的 50%。但随着房地产泡沫的发生，过量资产向不动产转移，到 1990 年，这一比例上升为 69.1%，大大降低了生产性资产的比例，是造成自 1991 年以后日本经济连续十年停滞的重要原因之一。

（6）房地产业的发展有利于培育和完善社会主义市场体系。房地产市场是整个社会主义市场体系中的组成部分。由于房地产是一种单位价值和整体价值量都较大的商品，它的发展能迅速扩大商品总量的规模。更为重要的是，房地产既是生活必需品，也是重要的生产要素，其构成的生活必需品和生产要素市场在市场中的地位和作用非常独特和重要。尤其是作为基础性要素市场的土地市场，其交易水平的提高和交易规模的扩大，在很大程度上会扩大市场的规模和激发市场的活跃程度。因此，房地产业的发展，有利于培育和完善社会主义要素市场体系，有利于整个社会主义市场体系的发展。

（四）房地产业是国民经济的先导性产业

所谓产业的先导性，是指该产业的产业关联度达到一定强度，它的繁荣与萧条，成为其他相关产业生产经营的机遇、市场空间和条件，从而具有导向的功能。

房地产业是国民经济的先导性产业，可以从两个方面来说明。第一，在国民经济的运行周期中，各行各业的简单再生产和扩大再生产，都是以房地产业的发展为前提条件的，因此，相对于经济运行周期各阶段的出现，房地产业常常有先行半步的示范作用。第二，房地产业是产业链长、关联度高的产业，是提供最终产品的部门。它既有一定的前后衔接性，又有侧向关联性，从而形成以其为中心的产业圈体系。因而，它的健康发展，能够直接或间接地引导和影响相关产业的发展。房地产业对相关产业的带动作用，据统计，在我国每增加 1 亿元的住宅投资，其他 23 个相关产业就相应增加投入 1.479 亿元，被带动的直接相关和间接相关的产业达 60 多个。同时，住宅消费的提高还能带动建材、化工、家电、装饰及家具等生产资料和生活资料消费的相应增长，其比率大约是 1:6。房地产业与其相关性较大的几个产业的具体关系分析如下。

（1）房地产业对建筑业具有很强的带动作用。房地产业的发展直接为建筑业开拓市场、筹集资金，促进其资金的周转。建筑业为房地产业提供劳务和技术服务，建筑业的发展要以房地产业的发展为前提；房地产业的发展，必然扩大对建筑业的需求，为建筑业提供更为广大的市场和发展机会。房地产业与建筑业之间是共命运、同发展，"一荣俱荣，一损俱损"的关系。

（2）房地产业对建材、冶金、机械设备、化工、电子、仪表等产业发展具有很大的促进作用。据粗略统计，房地产开发建设过程中所需要的物资共计 23 个大类，1500 多个品种，涉及建材、冶金、机械设备、化工等 50 多个生产部门或行业的产品。我国房屋建筑成本中约 70%是材料的消耗，每年耗用钢材总产量的 25%、木材的 40%、水泥的 70%、玻璃的 70%、预制品的 25%、运输量的 8%。房地产业的兴旺，为这些产业提供了立足的场所，扩大了对这些产业的社会需求，直接或间接地促进了这些产业的发展。

（3）房地产业与金融业有着密切的关系。一方面，房地产的投资量巨大、资金周转期长的特点，使房地产开发仅靠开发商自有资金是难以实现的，房地产业必须依靠金融业的支持；另一方面，房地产的预期投资收益高、是较好的抵押担保品等特点，使房地产业也成为吸引金融业投资的重要领域。因此，房地产业的景气程度及繁荣程度在一定程度上决定着金融业的兴旺程度。

（五）房地产业是国民经济的支柱性产业

支柱性产业，是指在国民经济发展中起着骨干性、支撑性作用的行业。支柱产业的概念，在西方经济学中又被称为"主导产业"。一个产业要成为支柱性产业，一般应具备四个基本条件：一是在国民经济发展中有着举足轻重的地位，其增加值在国内生产总值（GDP）中占5%以上，对国民经济的贡献突出；二是具有较大的市场发展空间和增长潜力；三是符合产业结构演进方向，有利于产业结构优化；四是产业的关联度高，能带动众多相关产业的发展。根据上述标准，结合我国经济发展的战略目标和实践情况来看，房地产业完全有条件成为国民经济发展中的支柱产业。具体依据如下。

（1）房地产业为社会提供的房地产商品，是国民经济各行业最基本和最重要的生产资料，是社会活动不可缺少的物质条件和空间场所。①占房地产50%左右的住宅，是直接关系到国计民生的基本生活资料。房地产业的生产方式采用综合开发的形式，为城市总体规划的实施、基础设施的配套、投资环境的改善以及城市现代化提供了可能。②房地产市场的建立，促进了社会主义市场体系的建立和完善，房屋和土地作为生产要素参与流通，使其得以优化配置和合理利用，成为国民经济循环链中的重要物质因素。③土地有偿、有期限地使用和住宅商品化，有利于引导消费、转变消费观念和调整消费结构，并能为城市建设开辟资金渠道，促进城市经济的发展。

在房地产业的增加值占国内生产总值的比重方面，从全国看，1987年仅为1.13%，从1990~2000年在1.70%~1.96%，2001~2003年在2.0%~3.0%，2004年为3.6%，2005年为5.5%。目前，我国房地产业增加值占国内生产总值比重还较低，就行业增加值在GDP中的比重而言，我国房地产业还难以成为宏观经济增长支柱产业。在2011~2013年3年期间，我国房地产业增加值增速分别低于同期GDP增速2.6个、3.6个和1.1个百分点。2013年，我国房地产业增加值占GDP比重为5.85%。

（2）我国城市人均住房面积不大，且建筑质量差，配套率低。2000年底，城镇人均住房建筑面积为20.4m^2，人均住房使用面积和人均居住面积分别为14.87m^2和10.25m^2，虽已超过人均居住面积10m^2的小康目标，但与发达国家人均居住面积30m^2左右的水平相比还有很大差距，居住环境也比较差。其中还有300万户左右的城市居民人均住房面积不足4m^2，还有3000万m^2左右的危房待改造。至2012年底，我国城镇人口比例达到45%，城镇人均住房面积为32.9m^2。

（3）我国是一个发展中的人口大国，目前正处于工业化、城市化的加速发展时期，居住消费将继续成为主要的消费热点，人们用于居住消费的支出将有较大幅度的提高。居住消费的范围，也将从单一的住宅实物消费扩展到包括物业管理服务、中介服务、电子购物等连带消费领域。

由此可以看出，住宅的需求量极大，我国的住宅业和房地产业发展的空间十分广阔，这为房地产业的增长提供了坚实的市场基础。

（4）一些国家的经济发展史表明，随着生产社会化、现代化和劳动生产率的不断提高，从国民生产总值和就业人口来看，第一产业的比重呈现下降趋势，第二产业的比重经历由上升逐步转入下降的变化，第三产业的比重则呈现上升的趋势。房地产业作为为生产和生活服务的第三产业，对国民经济的贡献度较其他行业更大，更具有推动国民经济增长的能量。在许多经济发达国家和地区，房地产业所提供的社会财富，在国内生产总值中的比重都已超过10%，甚至高达20%，房地产业是其国民经济名副其实的支柱产业。我国已进入全面建设小康社会时期，也进入了工业化发展的加速时期，因此，客观上要求包括房地产业在内的第三产业有一个大的发展。根据国外房地产业发展的经验判断，我国目前正处于房地产业作为支柱产业的初步形成时期。

（5）房地产业对其他相关行业的关联度，较其他行业更强，它所带动的上游相关产业和下游相关产业，不仅范围广，而且能够促进行业质量的提高和产业的增长。关联作用是全方位、多层次的（具体可参见前面有关章节的内容）。

第三节　房地产业在国民经济发展中的作用

房地产业的地位具有客观性，是社会生产力和国民经济发展水平的标志，反映房地产业的地位需要通过房地产在国民经济中的具体作用来体现，并以此作为支撑。概括地说，其在国民经济中的作用主要表现在以下几个方面。

一、有利于产业结构的调整、优化和升级

目前我国三大产业的增加值结构与发展水平偏差较大。这种结构偏差主要表现在两个方面：一是第二产业的比重过高，与发展水平相同的国家相比要高出10~20个百分点；二是第三产业的比重太低，与发展水平相同的国家相比，低了10~20个百分点。因此，国家在"十五"规划时期至2010年，产业结构调整的任务就是要大力发展第三产业。其中，房地产业就是一个要重点发展的产业。因此，房地产业的发展，不仅可以为第二产业的产品结构优化带来机遇，也可以为第三产业的发展创造更为广阔的需求空间。

二、可加快城市发展建设的步伐，加快城市化进程

加强城市建设始终是现代化建设的关键。而房地产综合开发既是城市开发的先导，又改变着城市面貌，完善着城市功能。一方面，现代城市的开发建设，首先要进行土地和房屋的整体规划，保证城市功能的合理布局；另一方面，经营城市的重点也是经营城市土地和房地产，使土地资源合理配置，优化结构，达到使用效益最大化，同时也使产业布局实现最佳最优，土地不断升值，为城市经济的持续发展创造良好的外部环境和内在条件。

三、能够优化城市居民的消费结构

在住宅商品化的条件下，住房消费已成为居民家庭消费中的一个非常重要的组成部分。在传

统的经济体制下，我国实行的是一种低工资分配政策，对住房实行的是实物性、行政性分配政策，以致人们对住房消费没有选择的自由，对住房的购买力也就相当低，其住房消费支出占生活总消费的比例非常低，因此，无法形成合理的消费结构。随着经济的发展、居民收入水平的提高和住房制度改革的深化，个人购买住房已成为当今的消费热点。住房二级市场的不断发展，住房金融的鼓励政策、措施的出台，使得我国城镇居民个人成为住房消费的主流。这将极大改变居民的消费结构，提高生活水平。

四、有利于培育和完善社会主义市场体系

房地产既是重要的生产要素和生活必需品，也是一种单位价值和整体价值量都较大的商品，它的发展能迅速扩大商品总量的规模。尤其是作为基础性市场的地产市场，其交易水平的提高和交易规模的扩大，在很大程度上会扩大市场的规模和激发市场的活跃程度。因此，房地产市场是社会主义市场体系中不可缺少的重要组成部分。

五、增加财政收入，为现代化建设积累资金

房地产业是国家和地区的财政收入重要来源。房地产综合开发，一方面可以提供大量税金、土地使用权出让费和利润等，直接增加财政收入，为城市现代化建设积累资金；另一方面，进一步带动其他关联产业的发展，间接地创造税收和利润。房地产业通过各种渠道提供的税费，已成为国家和地区财政收入的重要组成部分。

六、加快社会主义文化发展，促进精神文明建设

房地产开发为社会文化、教育卫生、科技事业、健康体育、通信网络等提供活动空间和场所，创造必要的物质条件。而且建筑本身就是人类物质文明和精神文明相统一的结晶和体现。一幢优秀的建筑物在实现其自身物质文明功能的同时，也会以其独特的文化艺术形式体现精神文明。一个优秀的居住小区，在实现居住功能的同时，也会以其独特的审美价值体现良好的人文精神和高尚的居住文化。所以，房地产业的发展，在加强物质文明建设的同时，也促进了精神文明建设。

房地产业为生产和生活提供了基本的物质保证，是改善人民群众的居住和工作条件的基本产业手段。房地产业还具有一定的吸纳劳动力、创造就业空间的功能。城市规划，可以促进土地资源的合理配置和利用，推动区域经济的健康发展。总之，房地产业在经济、社会、科技、文化发展过程中及劳动力的生产与再生产过程中具有积极的作用。

改善居住条件，可以提高劳动者素质。房地产业的发展，促进住宅建设，可以为人们提供数量更多、品质更高、环境更好的住房，充分满足日益增长的居住需求。同时，随着居住条件的改善、居住质量的提高，住宅功能得到充分发挥，促使劳动者素质全面提高。高质量的住房消费必然使劳动力在扩大再生产过程中得到全面发展，而劳动力是生产力中的第一要素，劳动者素质的提高，有助于促进生产力的发展。

房地产业的上述地位和作用，是国家制定产业政策的客观依据。在改革开放前的相当长一段时

间内，由于计划经济体制的束缚以及对房地产业在国民经济中的地位和作用认识偏差，导致房地产业萎缩，影响了国民经济的发展。在改革开放过程中确立了社会主义市场经济体制，房地产业迅速得到复苏和发展，促进了经济增长，其在国民经济中的重要地位和作用逐步显现出来。制定了房地产业的新经济增长点和支柱产业的产业政策，这是房地产经济理论和产业政策上的重大进步。

第四节 房地产业的可持续发展

一、房地产业可持续发展的含义

"可持续发展"一词，最早出现在20世纪80年代中期的一些工业发达国家的文章中。在1989年5月第15届联合国环境规划署理事会会议上通过的《关于可持续发展的声明》中，对"可持续发展"的含义作了如下表述："可持续的发展，系指满足当前需要而又不削弱子孙后代满足其需要之能力的发展，而且绝不包含侵犯国家主权的含义"。可持续发展的本质在于处理好人与自然的关系，既满足当代人对资源的需要，又不对后代人满足其需要的能力构成危害。

1994年3月，我国国务院第十六次常务会议讨论通过了《中国21世纪议程——中国21世纪人口、环境与发展白皮书》，提出了促进经济、社会资源和环境相互协调和持续发展的总体战略、对策和行动方案。其主要内容涉及可持续发展战略、经济的可持续发展、生态的可持续发展、人口的可持续发展以及社会的可持续发展。

房地产业的可持续发展，是指房地产业在时间上要保持产业的持续稳定的增长，不要以牺牲以后的发展为代价换取现在的发展，既包括土地资源的永续利用，也包括房地产业的稳定协调发展，还包括房地产市场完善与人居环境改善等。

二、房地产业可持续发展的主要内容

房地产业的可持续发展是可持续发展理论在房地产业的具体应用。它既是产业自身健康发展的必然要求，也是国民经济和社会可持续发展的一个重要组成部分。具体表现为以下几个方面。

1. 土地资源利用与可持续发展

在经济发展中，人们可以对自然进行改造使之为其所用，但必须以建立新的良性循环的生态平衡为前提，以保证生态系统的持续性和稳定性，否则就不是可持续发展。土地是一个生态系统，土地资源利用不能破坏生态平衡，应以维护或重建生态平衡为基础。为此，要科学决策，要充分发挥科学技术进步的作用，研究并采用先进、合理的土地利用技术和管理手段，达到土地永续利用的目的。

2. 房地产开发与可持续发展

城市房地产开发，通常是指通过投资建设房屋这一经济活动，使那些尚未被利用或未被充分利用的城市土地资源，得以最佳利用，获得最好收益。从可持续发展的角度也可以说，房地产开发是通过改变原有的土地利用方式，对土地这一城市生态基础提供的自然资源和环境进行合理的调整和配置。

所谓合理的调整和配置，就是在土地利用时，还应考虑其与生态环境之间存在着的相互制约的关系。因为城市生态环境是取得城市房地产开发综合效益的基础，它所提供的城市生存空间、活动空间、能量转换和物质循环条件，决定并直接影响着城市房地产开发的规模、速度和效益。一方面，房地产开发须以尊重和符合环境生态规律为前提；另一方面，城市生态环境的保护，又为城市土地的开发和再开发创造出更为有利的发展条件。因此，在城市房地产开发和再开发过程中，要协调处理房地产开发与生态环境保护的关系，使经济效益、环境效益和社会效益相统一。任何一项房地产开发，都应从经济价值、社会价值和生态价值三方面来评估。

3．人居问题与可持续发展

人居指人类住区。人类住区作为人类生存和发展的空间，具有广泛的含义。它涉及全球范围内不同的国度，包括城市和乡村等不同的住区类型，涵盖了人类衣、食、住、行的各个方面，也是人类社会经济发展水平的重要体现。人类住区的可持续发展也有着广泛的含义，它涉及人类经济、社会生活的各个方面。

从解决人类居住问题的角度来看，城市化和城乡协调发展是非常重要的。城市化是一个国家或地区实现现代化的必要过程，是社会进步的一个标志。加强城市化的宏观调控，制定合理的城市化发展战略，对城市化过程的持续、健康和有序发展有重大意义。城乡协调发展战略包括产业协调、市场协调、规划和建设协调、生态环境协调、体制与政策协调等方面，实施正确的城乡协调发展战略对人类住区可持续发展具有重大意义。

4．房地产市场与可持续发展

房地产市场，是房地产的买卖双方在某个特定的地理区域内于特定的时间段内达成所有交易的总和。房地产市场的可持续发展，必须确立正确的市场发展目标，把握正确的市场发展方式，遵循正确的市场发展原则。这一目标的基本内容应是：确立可持续的生产观、消费观和政策观；努力把传统的市场模式转变为保证社会经济主体基本利益、实现人类行为和自然环境协调的可持续发展市场模式。只有这样，才能充分地发挥价格机制对资源配置的调节作用，才能在社会进步、经济发展与和谐的生态大环境中，最终实现房地产市场的可持续发展。

三、我国房地产业可持续发展的主要措施

1．充分合理利用土地，使土地资源增值

房地产业发展的一个重要物质基础是土地资源。我国土地面积大，但山地多、平地少、耕地比重小。另一方面，我国曾长期实行土地无偿划拨制度，使得土地利用结构不合理，土地资源浪费严重，土地存量利用效率不高。因此，为了给今后城市建设和房地产业的发展留有余地，实现土地资源的永续利用，必须充分合理地利用土地资源。一是调整存量，盘活利用不合理的土地；二是对新出让土地要严格价格监管和规划用途。发挥城市基准地价的作用，土地批租尽可能采用拍卖竞标方式，防止土地收益流失。土地开发利用不得违法、违规更改土地用途，严格按照城市规划的要求，实现社会、经济和生态环境持续协调发展。

2．切实做好房地产业的长期发展规划，保持房地产业的适度增长

房地产业与国民经济之间有着内在的、密切的联系，房地产业的发展需要与国民经济发展保

持一定的比例，这是房地产业与国民经济之间关系的最基本内容。为保证房地产业持续稳定地发展，提高房地产业宏观调控的能力和水平，需要科学地制定好房地产业的长期发展规划。

自1998年以来，在我国成功实现国民经济软着陆的前提下，我国房地产投资增长幅度逐年递增，达到30%以上，一直以高于国民经济增长速度几倍的发展速度持续、快速地增长（2003年房地产投资比上年增长37.6%，GDP比上年增长9.1%）。尽管这种发展带有因以前欠账过多的补偿性因素，但持续、长时间地保持这种高速发展水平，房地产业会不可避免地产生一定的泡沫成分而呈现出一定程度的过热（如房价上涨过快、开工和竣工面积过大、闲置率上升、投机现象泛滥等），其发展会失去根基而成为无本之木。

3．建立房地产业及房地产市场预警预报体系

为避免房地产业的过热、过快与过冷、过慢的发展给国民经济带来不必要的损失和冲击，西方工业发达国家一般都建立起一整套健全的房地产业及房地产市场预警机制及其体系，即通过预先设置警戒线或警戒指标，在房地产业发展轨迹发生偏离或严重偏离时，发出提示性或警告性危险信号，以便管理者采取适当的调控措施，并提醒房地产业的参与各方注意投资风险及市场风险。

我国在这方面还显得比较欠缺，但这方面的工作正在加快进行。我们要在对房地产市场进行科学、合理预测的基础上，根据国民经济发展周期以及房地产周期与国民经济周期的密切关系，建立健全我国的房地产业及房地产市场预警预报体系，以及时发出正确的市场导向或警示信号，促使房地产业良性运行，尽量避免房地产业给国民经济带来的负面效应。

要搞好这项工作，一是统计科目要尽可能细分。统计科目愈细分，愈有利于对房地产市场态势的准确分析和调控。例如，"商品房"是一级科目。二级科目可以是住宅商品房和非住宅商品房。三级科目，如住宅商品房又可分为高档住宅、普通住宅、经济适用住宅；非住宅商品房又可大致分为写字楼、通用厂房，以及商业、服务业、旅游业用房等。又如目前通常公布的"商品房均价"，也是不够科学的。应该分别对上述各类商品房的价格做出细分统计并予以公布。笼统地公布一个"均价"，既无补于有针对性的调控，还会在社会上造成一些误解。二是要对空置率的概念和计算方法作进一步规范。目前关于"空置率"的提法有"商品房空置率""商品住宅空置率""住房空置率""房屋空置率"等，经常会发生混淆，因而产生不必要的看法分歧。可以规范为增量空置率和存量空置率两大指标体系，建立"空置率双控指标"，以便全面反映空置房状态。细分的"房地产价格控制指标"和"空置率双控指标"对市场调控都很重要，应同时存在，并分别确定警戒线。

4．完善房地产业的相关法律及配套政策体系

房地产业的可持续发展是一个复杂的系统工程，涉及房地产业的方方面面。就法律法规和管理体制方面来看，我国现阶段实行的以《土地管理法》和《城市房地产管理法》为核心、以土地和房屋分管为特征的法律体系就存在着缺陷：一是房地产法律体系不完善，缺少核心法律，如《住宅法》等；二是立法层次及结构不清，法律规范之间交叉重复的现象严重，再加上现行普遍存在的房屋与土地分管体制，其结果是宏观调控市场能力差，管理不力。这也是房地产业近二十年发展历程中多次大起大落的原因之一。因此，房地产业的可持续发展离不开相关法律及配套政策体系的支持，不仅要完善房地产业的法律体系，还要完善如房地产金融、房地产税收、房地产收益

分配、房地产市场等配套的政策法规。

5. 适时调整房地产业政策，迎接经济全球化挑战

世界贸易组织的基本原则主要有三条：一是非歧视性原则；二是透明性原则；三是市场准入原则。我国的房地产业要与国际接轨，就要适应这些原则，同时，应积极吸收和引进国外房地产业可持续发展的理念、技术和方法。因此，第一，要认真研究我国房地产业与国际接轨后的机遇与挑战，避免由此给我国房地产业的发展造成大起大落的局面，影响房地产业长期的持续稳定发展。第二，要建立内外统一的房地产市场，尤其是针对目前各地普遍存在商品房销售有内销、外销之分的现象，必须从土地供应、土地使用权转让、销售对象等方面加以归并。第三，要利用世界贸易组织提供的市场准入条款和国际惯例，合理保护和规范房地产业内的幼稚行业（如房地产中介服务业），并促进其发展，从而提高幼稚行业的国际竞争力。第三，要清理现行政策法规，研究如何利用世界贸易组织的规则，更好地利用内外两种资源开拓两个市场。

复习思考题

1. 什么是房地产？其有哪些特性？
2. 什么是房地产业？其有哪些特性？其产业定位是怎样的？
3. 如何认识房地产业的产业性质？
4. 试论述房地产业在国民经济中的地位与作用。
5. 如何认识房地产业与国民经济之间的关系？
6. 简述我国房地产业可持续发展的主要内容及可采取的措施。

第三章

地租、地价和区位理论

第一节 地租理论

一、地租的含义

土地是人类社会生产活动中不可缺少的生产要素。在技术水平既定的条件下可使用的数量又极其有限。人类经济生活首先面临着土地这一稀缺资源如何才能达到最优配置的问题。在市场经济条件下，地租正起着调节土地资源配置的作用，而且地租也是理解房地产经济活动领域中其他范畴的关键所在。

地租首先是一个经济范畴，是土地使用者为使用土地而支付给土地所有者的代价，这种代价可以是货币的形式（货币地租），也可以是非货币形式，土地的生产物（农业中的实物地租），或者由使用土地的一方交易者提供等价资产劳动（农业中的劳役地租，资产置换等）。地租是土地所有权在经济上的实现形式。地租又是一个社会历史范畴，在不同的社会形态下，由于土地所有权性质不同，地租的性质、内容和形式也有很大的差异。封建地租、资本主义地租和社会主义条件下的地租，反映了不同的生产关系。地租作为一种经济范畴，不仅反映土地所有者与使用者之间的一般经济利益关系，而且表现在不同的历史发展阶段特定的人与人之间的社会关系，是社会关系在土地方面的直接体现。

在经济学发展的历史过程中，许多经济学家对地租问题做过深入的研究。西方经济学中地租理论的发展过程大致上分为三个阶段：古典政治经济学阶段；庸俗政治经济学阶段；现代西方经济学阶段。下面先简要介绍这三个阶段地租理论的基本观点，在此基础上再详细介绍马克思主义的地租理论和城市地租理论。

（一）古典政治经济学的地租理论

威廉·配第是古典政治经济学的奠基人。他认为，一个人从他的收获物中，扣除自己投入的种子，并扣除自己食用及为换取衣服和其他必需品而给予别人的部分之后，剩下的谷物就是这块土地一年的自然的真正的地租。级差地租的概念最初就是由配第提出来的。他不仅提出由同等面积的土地，因土地的丰度不同产生级差地租，而且还提出由于距离市场的远近不同以及投在等量土地上的劳动生产力的差别而产生的级差地租。他对地租理论做出了极其重要的贡献。

弗朗索瓦·魁奈是法国重农学派的创始人。他的地租理论是"纯产品"学说。他把社会不同的生产部门归并成为两类：一类是使社会财富扩大的部门，另一类是使社会财富相加的部门。农业因为有自然的帮助而为社会创造财富，而自然是不会向人类索取报酬的。所以农业部门的农产品扣除了所消耗的一切以后，还会有剩余品，从而使财富扩大。除了农业部门以外的一切部门，如加工工业等，只能使社会财富数量上相加，而不能使社会财富有所扩大。因此在农业中，由自然界的帮助而生产的剩余产品称为纯产品。这些纯产品以地租形式归土地所有者所有。魁奈提出"纯产品"（即剩余价值）不是流通领域而是生产领域创造出来的观点是其重要的贡献。

亚当·斯密在经济学发展历史上，最先系统地研究了地租。他看到了地租是土地私有制发生以后出现的。在《国民财富的性质和原因的研究》一书中，斯密指出地租是作为使用土地的代价，是为使用土地而支付的价格。这个代价是产品或产品价格超过补偿预付资本和普通利润后的余额。土地所有者把它作为自己土地的地租而占为己有。

古典政治经济学家中大卫·李嘉图（David Ricardo）最充分地研究了级差地租，他指出了一般意义上的地租和经济学意义上地租的不同。一般意义上的地租实际是租金，是农场主每年实际付给土地所有者的一切；经济学意义上的地租仅指"是为使用土地的原有和不可摧毁的生产力而付给地主那一部分的土地产品"。租金中多付的"地租"部分是因为使用了土地所有者投入在土地上的各种设施设备，这个多付部分不是地租，而是土地所有者所有的资本应当获得的利润。因此经济学上的地租很明确，是因为也只是因为使用土地而付给土地所有者的定额才是地租。在李嘉图的地租理论中，不仅考察了级差地租的第一种形态，即耕种优等土地和中等土地而获得的超额收入转化为的地租；而且考察了级差地租的第二种形态，即在同一块土地上追加等量资本和劳动由生产率不同而产生的地租。

（二）庸俗政治经济学的地租理论

萨伊运用效用价值论考察地租问题。他认为"所谓生产，不是创造物质，而是创造效用""人力所创造的不是物质而是效用"。他认为生产出来的物品具有效用时，人们就给这种物品以价值。这样他把商品的价值和使用价值混在一起。在此基础上他提出生产的三要素理论，即劳动、资本和土地。凡生产出来的价值，都应归于劳动、资本和土地三种生产要素作用的结果。因此工资是对劳动服务的补偿，利息是对资本服务的补偿，地租是对使用土地的补偿。

托马斯·罗伯特·马尔萨斯提出地租是总产品价格中的剩余部分，或者用货币来计算是总产品价格中扣除劳动工资和耕种投资利润后的剩余部分。产生这个剩余部分的原因：一是土地的性质（土地的肥力），土地能生产出比维持耕种者的需要还多的生活必需品；二是土地所生产的生活必需品具有特殊的性质，由此，生活必需品在适当分配以后，就能够产生出它自身的需求，如粮食的充裕可以加强人口增长的趋势，形成新的需求，使粮食价格支付各种费用后还有剩余，从而形成地租；三是肥沃土地的相对稀缺性。而土地的性质是剩余产品产生的主要原因。因此地租是"自然对人类的赐予"，它和其他垄断无关。

（三）现代西方经济学的地租理论

阿尔弗雷德·马歇尔是新古典主义经济学著名学者。他认为一般而言地租由原始价值、私有价值和公有价值所组成。土地的私有价值是指土地所有者为改良土地及建造建筑物等投入的资本和劳动所带来的收入。公有价值是国家建设各种基础设施，提高了土地使用效率而带来的增值。土地的原始价值才是经济学意义上的地租，是大自然赋予的收益，是土地供给和需求相互作用的结果，地租是土地供求达到均衡时的均衡价格。

新古典综合派的代表人物保罗·萨缪尔森认为地租是为使用土地所付的代价，由于土地供给数量是固定的、缺乏弹性的，因而地租量完全取决于土地需求者之间的竞争。

现代土地经济学家雷利·巴洛维在《土地资源经济学——不动产经济学》中提出，地租可以简单看作是一种经济剩余，即总产值或总收益减去总要素成本或总成本之后余下的那一部分，各类土地的地租额取决于产品价格水平和成本之间的关系。

上面介绍了一些代表性的地租理论，经济学发展历史上有许多学者对地租理论做出过贡献，限于篇幅本书不再一一介绍，读者可以参照表3-1所列举地租相关理论的基本发展脉络，以了解其他相关地租理论。

表3-1 地租理论

时　期	代 表 人 物	主要观点和贡献
17世纪中叶到19世纪初（古典政治经济学）	威廉·配第	提出级差地租的最初概念。
	弗朗索瓦·魁奈	提出"纯产品"学说：农业中因自然界的帮助而生产的剩余产品（纯产品）以地租的形式归土地所有
	杜尔阁	"纯产品"是由农业劳动者生产出来，由于土地私有权的存在使这部分纯产品归土地所有者所有
	亚当·斯密	系统地研究地租理论的古典经济学家。研究了绝对地租、级差地租、建筑地租、第一性地租、派生性地租等
	安德森	提出了土地相对肥沃的概念。地租来源于生产土地产品的劳动。土地产品的价格决定地租
	威斯特	级差地租以土地耕种的下降序列为前提。土地产品的边际收益是递减的
	李嘉图	在劳动价值论的基础上阐明地租理论。只承认级差地租，否认绝对地租的存在
19世纪上半叶（古典经济学）	萨伊	提出"三位一体"的分配论：工资是劳动的补偿；利息是资本的补偿；地租是使用土地的补偿
	托马斯·罗伯特·马尔萨斯	地租是自然对人类的赐予
	杜能	创建农业区位论。主要研究级差地租Ⅰ中由于位置的优劣不同而产生的地租
19世纪下半叶（马克思主义）	马克思恩格斯	把劳动价值论贯彻到地租理论的始终。资本主义的地租是剩余价值的转化形式之一。地租分为三种形式：绝对地租、级差地租、垄断地租。土地价格是地租的资本化
20世纪初到20世纪下半叶（新古典经济学、现代经济学）	阿尔弗雷德·马歇尔	创立均衡价格论。地租只受土地需求的影响，而决定于土地的边际生产力
	克拉克	地租是土地这个生产要素对产品的生产所做的一种贡献，地租是一种"经济盈余"
	胡佛	建立了竞价曲线理论，这种理论能同时处理不同类型土地使用的竞标
	阿隆索	解决了城市土地地租、地价的计算问题
	丁伯根	土地的影子价格
	康托洛维奇	土地的影子价格
	萨缪尔森	地租是否成为决定价格的成本，取决于观察问题的角度
	哥德伯戈钦洛依	用制度经济学的方法对城市地价进行研究

西方经济学中的地租理论有其科学的成分，应加以吸收和借鉴，但由于其撇开了地租所反映的生产关系，不能科学地阐明地租的本质和源泉。科学的地租理论是由马克思创立的。

（四）马克思主义的地租理论

马克思着重考察了资本主义农业地租，科学地解释了地租产生的原因、条件和源泉。马克思主义认为，在农业的资本主义生产关系中涉及三个阶级之间的关系：一是土地所有者；二是租地的农场主（资本家）；三是农业雇佣工人。农业资本家向土地所有者租来大片土地，雇佣农业工人进行生产，建立起资本主义农场。在资本主义农业中，农业资本家投资于土地，如同将资本投资于工商业部门一样，必须获得平均利润。如果得不到平均利润，他就会将资本转移出农业部门。同时，土地所有者把土地租给农业资本家，作为土地使用者的农业资本家为了得到在这个特殊生产场所使用自己资本的许可，要在一定期限内按契约规定支付给土地所有者一个货币额。如果土地所有者得不到地租，他宁愿让土地荒芜。这样，农业资本家所获得的剩余价值，必须大于平均利润，以便把它分为两部分，其中，相当于平均利润的那部分剩余价值，为农业资本家所有；超过平均利润以上的那部分剩余价值，则以地租的形式付给土地所有者。所以，资本主义地租是农业资本家为了取得土地使用权而缴给土地所有者的超过平均利润以上的那部分剩余价值。它的本质上是农业雇佣工人所创造的剩余价值的一部分。

那么，为什么在农业部门中，农业工人所创造的剩余价值，在农业资本家获取平均利润以后，还有一个余额作为地租缴给土地所有者呢？马克思通过分析资本主义地租的两种形态，即级差地租和绝对地租，科学地回答了上述问题。

1. 级差地租

级差地租是经营较优土地的农业资本家所获得的，并最终归土地所有者占有的超额利润，其来源是产品的个别生产价格与社会生产价格的差额，由于这种地租与土地等级相联系，故称为级差地租。

造成土地等级差异大致有三个原因：一是不同地块在丰度、肥力上具有差异性；二是不同地块的地理位置即区位存在差异性；三是同一块土地上连续投资产生的劳动生产率的差异性。上述差异，使土地客观上具有不同的等级，进而使不同等级的土地，在投入等量劳动的条件下，形成不同的级差生产力。这种以使用不同等级土地或在同一土地上连续追加投资为条件产生的土地级差生产力是产生级差超额利润的物质基础，从而也成为级差地租的物质条件或自然基础。

在任何情况下，用于农业的土地（首先是耕地）其肥力和位置总是有差别的。劳动者在不同肥力或位置的土地上耕种，其劳动生产率必然有差别。在较优土地上产量高，产品个别生产价格较低；相反，在劣等土地上耕种，产量低，产品个别生产价格就相对较高。然而在市场经济条件下，同样产品在市场上是按同一价格销售的。

由于土地面积有限，特别是优、中等地面积有限，仅仅把优、中等地投入农业生产，不能满足社会对农产品的需求，因而劣等地也必然要投入农业生产。进一步说，如果劣等地不投入农业生产，中等地就成了投入农业生产的相对的"劣等地"，结论仍然成立。如果农产品也像工业品一样，由中等生产条件决定市场价格（社会生产价格），那么，经营劣等地的农业资本家就得不到平均利润，最终就要退出农业经营。这样，农产品的产量就不能满足社会需求，价格就要上涨。当价格上涨到使劣等地的经营者也能获得平均利润时，劣等地会重新投入到农业生产。可见，为了满足社会对农产品的需求，必须以劣等地条件决定的个别生产价格作为社会生产价格。这样，经营优、中等地的农业资本家的个别生产价格低于社会生产价格，就能获得一定的超额利润。

由此可见，级差地租产生的条件是自然力，即优越的自然条件。但自然力不是超额利润的源泉，仅是形成超额利润的自然基础，因为它是较高劳动生产率的自然基础。级差地租产生的原因是由土地有限而产生的资本主义经营垄断。正是由于这种有限的优越自然条件被部分经营者垄断，因而能获得持久而稳定的超额利润。而当土地所有权存在的条件下，这部分超额利润就要转化为级差地租，归土地所有者占有。

根据造成土地等级原因的不同，马克思将由于土地丰度（肥力）和位置差异产生的超额利润转化的级差地租称为级差地租Ⅰ。将由于在同一地块上各个连续投资的劳动生产率差异所产生的超额利润转化的级差地租称为级差地租Ⅱ。

（1）级差地租Ⅰ。从表3-2中可见，面积相同的优、中、劣三块土地，虽然投资水平相同（均为10000元），但由于肥沃程度不同，其产量分别为600、500和400个单位。其单位产品的个别生产价格为20元、24元和30元。如果以中等地的个别生产价格为社会生产价格，那么劣等地上生产的产品无法获得社会平均利润，因而会退出生产。因此，在社会整体的需求水平给定时，供给减少，市场价格水平会提高，只有当市场价格提高到使劣等地也能提供同样的平均利润，才会达到均衡。因此，决定社会生产价格的是投入生产的最差等级的土地的个别生产价格。在上例中，以劣等地的个别生产价格（30元）为社会生产价格，那么全部产品的社会生产价格就分别为18000元、15000元和12000元。因此，优、中等地就可以获得6000元和3000元的超额利润，转化为级差地租Ⅰ。

表3-2 级差地租Ⅰ的形成（一）

土地等级	投入资本/元	平均利润/元	产量/单位	个别生产价格/元		社会生产价格/元		级差地租Ⅰ/元
				全部产品	单位产品	全部产品	单位产品	
劣	10000	2000	400	12000	30	12000	30	0
中	10000	2000	500	12000	24	15000	30	3000
优	10000	2000	600	12000	20	18000	30	6000

土地位置（距市场远近）差异也是形成级差地租Ⅰ的条件之一，见表3-3。

表3-3 级差地租Ⅰ的形成（二）

地块	距离市场距离/km	资本投入/元	运输费用/元	资本总支出/元	平均利润（平均利润率为20%）	个别生产价格/元	社会生产价格/元	级差地租Ⅰ/元
甲	10	10000	500	10500	2100	126	132	600
乙	15	10000	750	10750	2150	129	132	300
丙	20	10000	1000	11000	2200	132	132	0

上述三块土地，面积和肥沃程度相同，由于距离市场远近不同，其运费分别为500元、750元和1000元。按20%的平均利润率计算，个别生产价格分别为126元、129元、132元。在市场上按社会生产价格（距市场最远地块丙的个别生产价格）132元出售，则甲乙两块土地分别获得级

差地租 600 元和 300 元。

（2）级差地租 II。随着人口增加和经济发展，农业用地被非农部门大量占用且日益稀缺，农产品也是许多加工业的基本原料来源，这样社会对农产品的需求越来越多，推动农业日益采用集约化经营。实行集约化经营，就是要在同一块土地上连续追加投资，每次投资的劳动生产率必然会有差异，只要高于劣等地的劳动生产率水平，就会产生超额利润。这种由于在同一块土地上各个连续投资劳动生产率的差异而产生的超额利润转化的地租就称为级差地租 II。级差地租 II 的形成见表 3-4。

表 3-4 级差地租 II 的形成

土地等级	投入资本/元	平均利润/元	产量/单位	个别生产价格/元		社会生产价格/元		级差地租 II/元
				全部产品	单位产品	全部产品	单位产品	
劣	10000	2000	400	12000	30	12000	30	0
优	10000	2000	600	12000	24	18000	30	6000（I）
优等以上追加投资	10000	2000	700	12000	17.14	21000	30	9000（II）

由表 3-4 可见，在优等地上追加投资 10000 元，由于新投资的劳动生产率提高，每单位产品的个别生产价格降为 17.14 元。如产品仍按社会生产价格每单位 30 元出售，全部产品可得 21 000 元，其中比劣等地全部产品 12 000 元多出的 9 000 元就是优等地追加投资所得超额利润，它将转化为级差地租 II。

可见，由追加投资带来的超额利润，是级差地租 II 的实体。不论优等地还是劣等地，追加投资所获得的较高劳动生产率形成超额利润，在资本主义土地私有制的条件下，最终都会转化为级差地租 II，落入土地所有者手中。但转化的时间和方式与级差地租 I 不完全相同。地租额的高低是在土地出租时在租约中确定的。地租额一经确定后，在租约有效期间，由农业资本家连续追加投资所生产的超额利润，全部落在农业资本家手里。租约期满后，土地可能产生的级差地租 II，在缔结新租约时，就会全部转归土地所有者。

2．绝对地租

在市场经济条件下，使用级差生产力低下的劣等地不可能产生级差超额利润，因而也不需要支付级差地租，这是否意味着土地所有者可以不要任何代价将这些土地交给使用者使用呢？答案是否定的，土地使用者仍然要向土地所有者支付地租，否则，土地所有权在经济上将得不到实现。马克思把这种只要使用所有者的土地就需要支付的地租称为绝对地租。事实上，不仅使用劣等地要支付绝对地租，而且使用中等地和优等地所支付的地租中，也包含绝对地租。

绝对地租的实体表现为农业中的超额利润，其来源有两种：一是在农业资本有机构成低于社会平均有机构成的条件下，绝对地租来源于土地产品价值高于其生产价格的差额，见表 3-5。由此，因农业资本有机构成低于工业，等量资本在农业中可吸收较多的劳动力，在剩余价值率相等的条件下，可产生较多的剩余价值。在工业生产中，由于不同部门存在以资本转移为特征的自由竞争，因而能引起剩余价值在不同部门之间进行重新分配，形成平均利润率。而在农业中，由于存在土地所有权的垄断，资本的自由流动受到限制，从而农业部门生产的剩余价值不参与平均利润率的形成。这样，由于农业资本有机构成低而多获得的剩余价值就留在农业部门，构成超额利润,即绝对地租的实体。二是农业资本有机构成赶上甚至超过工业的条件下,绝对地租只能来源于土地产品的市场价格高于其价值的差额。

表3-5 绝对地租的形成

生产部门	资本有机构成	剩余价值 （剩余价值率为100%）	平均利润 （平均利润率为20%）	产品价值	生产价格	绝对地租
工业部门	$80C+20V$	20	20	120	120	0
农业部门	$60C+40V$	40	20	140	120	20

注：C不变资本，V可变资本。

3．垄断地租

马克思主义认为,在资本主义制度下,除了级差地租和绝对地租两种基本地租形式之外,还存在着垄断地租。垄断地租是由产品的垄断价格带来的超额利润转化成的地租。某些土地具有特殊的自然条件,能够生产某些特别名贵又非常稀缺的产品。例如,具有特殊风味的名酒就用某些特别地块出产的原料（包括水）酿制而成的。这些产品就可以按照不仅大大超过生产价格,而且也超过其价值的垄断价格出售。这时的垄断价格只由购买者的购买欲望和支付能力决定,而与一般生产价格或产品价值所决定的价格无关。这种垄断价格产生的超额利润,由于土地所有者拥有对这种具有特殊性质的土地的所有权而转化为垄断地租,落入土地所有者手中。

（五）城市地租及其形态

与农业地租相比,城市地租存在一定的特殊性,本部分主要分析包括城市级差地租、城市绝对地租和城市垄断地租在内的地租问题。

城市地租是指住宅经营者或工商企业为建设住宅、工厂、商店、银行、娱乐场所,租用城市土地而交付给土地所有者的地租。在土地私有制的社会里,城市地租为人们所熟识。在社会主义社会,土地私有制被社会主义公有制所取代。在我国,城市土地属于代表全民利益的社会主义国家所有。在相当长的时期内,由于没有树立社会主义初级阶段的观念,没有实行社会主义市场经济体制,人们一直就把地租看成是土地私有制的产物加以否定,与此相联系,在实际工作中实行了城市土地无偿、无限期使用制度。改革开放以来,特别是随着社会主义市场经济理论和体制的确立,人们逐渐认识到社会主义条件下仍然存在城市地租。这是因为:一方面,现阶段,社会生产力还没有极大发展,产品还没有极大丰富,还不具备取消地租的生产力条件;另一方面,地市土地的所有权和使用权仍然处于相分离的状态。在这种状态下,就存在土地所有权如何在经济上实现的问题。当然,在社会主义条件下的城市地租,它不归属于任何私人所有,而是归社会主义国家所有。社会主义土地经营垄断使城市土地级差生产力转化为级差地租。社会主义土地所有权垄断使垄断利润转化为绝对地租。

1．城市级差地租

城市级差地租产生的条件也是土地等级不同。这种等级表现在土地位置距市场中心的远近,交通是否方便,人口流量是否足够大,配套设施是否齐全等方面。这就是说,作为城市地租,它和农业地租一样要受级差地租规律的调节。因为在城市土地所有权与使用权相分离的条件下,由于土地经营权被垄断,工业品或劳务的生产价格也将是由城市劣等地生产这些工业品或劳务的个别生产价格所决定的。不过,在农业部门,土地的丰度和地理位置共同起作用,但以丰度为主,由它决定着级差地租量的多少。至于城市土地,则不是以丰度为主,而是以地理位置为主,由它决定着级差地租量的多少。原因在于城市土地地理位置好坏直接关系到占用该地块的经营者的收益高低,同时也取决于该区位所能带来的集聚效益的大小。

所谓集聚效益,从总体上说是指各种群体和个人在地域空间上集中所产生的经济效益。集聚效益可以分成两大类:一类是企业内部的规模经济效益,它适用于单独的厂商。企业内部的规模经济效益同该企业在城市土地上所处的位置优劣没有直接联系。另一类是企业外部的集聚效益,它包括区域化经济效益和城市化经济效益。区域化经济效益主要是指在一个特定的区域空间内,一个特定行业的厂商享受该区域内同类厂商的数量和功能所带来的经济效益。城市化经济效益则具有更广泛的含义,即一个城市地区内全部经济活动对一个厂商的专业化分工协作上所产生的经济效益,以及城市提供各种专业服务和城市基础设施等系统功能所带来的经济效益。

企业的外部集聚效益主要取决于各企业在城市土地上所处的位置,所处的位置越优越,所获得的企业外部的集聚效益就大,反之亦然。具体而言,首先,城市土地位置的优劣决定着企业距离市场的远近、运输时间的长短和运费的高低。良好的城市土地区位能保证企业以较低的成本、较少的时间获取生产所需的原材料和运输成品。其次,城市土地位置的优劣决定着市场容量的大小,从而直接决定着企业销售额。在一定的区域内,城市作为大量人口和企业群体的载体,意味着城市本身是一个巨大的市场,这不仅使处于城市的企业,通过充分挖掘本地市场而降低其产品销售成本、配货成本和财务成本,而且由于城市内各个区域的人口和企业,特别是商店的集中程度差异,将导致同一城市内各个不同地段具有不等的级差生产力。

商业地租是城市地租最典型的形态,商业对土地位置最为敏感。作为商业地租实体的超额利润是与商业企业所在位置所决定的顾客密度及其营业额等指标成正相关的。如在中心商业区,由于消费者的多元购买行为,使彼此连接成线或成片的商业用地,对消费者具有更大的吸引力。在繁华的商业街区经营商业较之零星散落的商店,更易吸引消费者。这些都造成了同一城市内处于不同位置的土地具有不等的级差生产力。

上述分析说明,城市土地位置优劣不同必然产生不同的级差生产力,较优位置土地的级差生产力必然转化为超额利润。在市场经济条件下,土地所有权和使用权的垄断及其分离,又必然使这种超额利润转化为城市级差地租I。

城市土地和农村土地一样也可以进行集约经营,即在同一块土地上进行连续追加投资,由于各次追加投资生产率的不同,形成了级差生产力。在市场经济条件下,由于土地所有权和经营权垄断及其分离,这种级差生产力也必然转化为级差超额利润,进而转化为城市级差地租II。在城市经济发展过程中,这种连续不断的追加投资是经常发生的,而且是大量的。首先是国家在城市市政基础设施上的追加投资。其次是企业的追加投资。由追加投资所形成的级差超额利润,在国有土地有偿出让期间,归企业所有。土地出让期满后,这部分超额利润会转化为级差地租II归国家所有。

2. 城市绝对地租

在社会主义市场经济条件下,仍然存在绝对地租,这个结论自然也适用于城市土地,即城市同样存在绝对地租。城市土地所有权由国家垄断，任何企业、单位、个人要使用城市土地，都必须向土地的所有者缴纳地租。这个因所有权的垄断而必须缴纳的地租就是城市绝对地租。

城市绝对地租与农村绝对地租相比具有不同的特点。城市绝对地租主要由使用城市土地的二、三产业提供，城市土地是二、三产业活动的场所、基地、立足点和空间条件，它的优劣尺度主要由位置确定。但是，城市绝对地租的实体与农村绝对地租的实体是一样的，仍然是超额利润即劳动者创造的剩余劳动的一部分。而且，城市绝对地租是由农业地租调节，确切地说是由毗邻城市或城市边缘地区的农业用地的地租调节的。城市最低等级的土地即为不提供城市级差地租的土地，它处于城市边缘地区，与周边的农业用地相接；相对于农业用地它曾是农业的优等地，曾经提供农业优等地的地租；在它转为城市用地时，农村集体经济组织把土地所有权有偿出让给国家了，因而国家在出让其使用权时有权向土地使用者收取地租，这个地租就是绝对地租。农业地租是城市绝对地租的基础，城市绝对地租的量不是该土地作为农业用地时的绝对地租量，而是作为农业用地时的全部地租，即绝对地租和级差地租之和。因为作为城市边缘土地是城市土地等级序列中的"劣等"土地，不提供级差地租，但土地使用者仍然要向土地所有者交纳地租，这个地租就是城市绝对地租。其量的低限则是作为农业用地（优等）时的全部地租，如果这个地租量只包含原作为农业用地时的绝对地租量，那么土地所有者就不会改变这些土地的用途。

在城市由于存在土地所有权的垄断，如果不支付绝对地租，会阻碍资本的投入。同样，城市绝对地租的实体仍然来源于企业提供的总剩余价值的一部分，即超过平均利润的那部分超额利润。所以，只要这些工厂、商店或银行等为社会所必需的，那么这些工厂所生产的工业品，以及这些商店或银行所提供的劳务的市场价格，势必高于其成本价格加平均利润，二者之间的差额，就构成城市绝对地租。在城市平均资本有机构成高于农业的条件下，这种绝对地租只能来源于垄断价格，也就是市场价格高于其价值或生产价格的部分。

3. 城市垄断地租

城市地租除了级差地租和绝对地租两种基本形式外，还存在着一种个别的、特殊的地租形式，即城市垄断地租。所谓城市垄断地租，是指城市中由某些特殊地块的稀有功能带来的生产经营商品的垄断价格所形成的垄断超额利润转化来的地租。马克思称垄断地租是一种以真正的垄断价格为基础的地租，这种垄断价格既不是由商品的生产价格决定，也不是由商品的价值决定，而是由购买者的需要和支付能力决定。因而，具有这种购买欲望和支付能力的人越多，其价格也就越高，垄断地租就越多。在城市某些特别繁华的中心地段、特别著名的旅游景点，一定程度上存在着这种垄断地租。

第二节 地 价 理 论

在现代社会中，土地同劳动力、资本一样，都是人类社会最重要的生产要素，在一切产品的价格中，都离不开地价的因素，产品价格必然包括土地价格。土地价格是否合理，不仅关系到土地资源能否合理配置，而且对房地产价格体系的建立和房地产业的发展有着直接影响。地价在房地产价格中占有相当比重，地位至关重要。

一、土地价格及其特点

（一）土地价格的含义

土地的买卖必然产生价格。从买卖的角度看，土地价格是购买土地所有权（或使用权）所支付的货币数额，其实质是地租的资本化。

土地是一种自然资源，本身并不是劳动产品，不具有价值，从而没有劳动价值论意义上的价格。但是土地作为一种有用的并且是有限的自然资源，在商品经济条件下，已经与社会劳动物质产品一样，同样具有商品价格的形式。事实上，现代城市土地绝大部分已不是处于原始的自然状态，而是投入了人类巨大的劳动，已改造为自然与劳动密不可分的有机整体，具有了价值，同时这种物化于土地的价值具有积累和逐渐增值的性质。所以说，城市土地的价格构成中，既包含着自然资源因素，也包含了资产价值因素。

自然资源因素所决定的土地价格构成，是购买土地收益——地租（权利）的代价。它是若干年土地纯收益，即地租贴现值的总和，这部分是土地价格的基本、主要的构成部分，是由土地所有权的存在决定的。

资产价值因素所决定的土地价格构成，是购买土地中凝结的人类物化劳动和活劳动——投入资本的代价。这种投入属于固定资产范畴，要求通过土地经营得到收回，且通常以资本折旧和利息的形式在租金中得以体现。

所以，土地价格应由三部分组成：真正的地租、土地资本折旧及土地资本的利息，即三部分总和的资本化为土地价格。

在我国城市土地所有权与使用权分离的情况下，城市土地价格是国家对土地使用权在一定时期内的出让价格——一定时期内城市地租的资本化价格，或是土地使用权的受让人在法律允许范围内对土地使用权的转让价格——土地使用权剩余使用年限内城市地租的资本化价格。

（二）土地价格的特征

由于土地所具有的特殊自然性质和经济性质，其价格也具有与一般商品不同的特征。

1．土地价格具有双源性

土地价格在构成上有双重来源。城市土地一般是经过人类开发的土地，其价格构成具有双源性。一方面来自土地的资源因素（纯地租因素），另一方面来自土地的资产价值因素。土地价格构成的双源性是土地价格不同于一般商品的最主要特征。

2．土地价格具有区位性

土地价格受区位的影响很大。按照区位理论和地租理论，土地区位不同，级差收益会有明显差异，级差地租相应明显不同，导致资本化后的土地价格也发生很大变化。区位对土地价格的影响可分为两个方面：一是地区性，主要反映宏观的在不同城市区域之间的土地价格差价。相应土地，其价格大城市高于中小城市，沿海城市高于内地城市，市场经济发达的城市高于欠发达城市。

二是地段性，主要表现中观或微观的在同一城市市区范围内不同地段之间的土地差价。好地段与差地段之间存在很大的土地差价，城市中心区地段高于一般市区地段和郊区地段，街角地和临街地（商业用地）高于非街角地和非临街的土地。

3. 土地价格具有权益性

土地价格实际上是土地权益的价格。权益是与物权有关的所有、使用、租赁及其他权利所带来的效益。由于土地位置的固定性，在交易中可以发生转移的，并非是土地本身，而是有关该土地的所有权或其他权利的转移。例如，人们在商场购买电视机，一般说其产权和实物两种转移同时进行，在电视机的所有权从商家转移到消费者的同时，电视机实物也从商场所在地转移到消费者家中。而土地交易只有一种转移，即产权转移。所以，土地价格是获得土地产权的代价，实际上是土地权益的价格。

4. 土地价格形式具有双重性

土地价格既有交换代价的价格，也有使用和收益代价的地租。

土地使用具有永续性，即使考虑到我国实行土地有偿有期限使用，出让年限在 50～70 年，时间也是相当长的。加上土地价值量大，从根本上决定了土地可以有租赁和买卖两种形式，因而土地同时有租金（地租）和价格两种价格形式相对应。土地价格和地租之间存在一定的转换关系，就如同资本的本金与利息的关系一样。若要求取土地价格，需要将地租资本化；相反，若需求取地租，只要把握土地价格和资本化率，也可求得。但要注意，由地价求取地租，只是数量上的计算，不代表土地价格大小可以决定地租的大小。事实上，地租是土地价格的前提，土地的地租收入决定了土地的价格，而不能相反。

5. 土地价格受供求影响的单向性

土地价格同一般的商品一样，也是由市场的供求状况来决定的。但由于人类可利用的土地资源是十分有限的，土地的供给是自然供给，经济供给弹性很小，而对于土地的需求则随着经济的发展变化而弹性很大，从而地价主要由土地需求来决定。市场对土地需求量大，地价则上升；反之，地价则下降。

6. 土地价格具有增值性

土地价格在总体上呈上升的趋势，当然，这种上升是呈"波浪形"的。造成土地价格具有增值性的主要原因有两个方面。首先，土地的稀缺性，使供给弹性很小；同时，由于社会经济的发展和人口的不断增加，对土地的需求持续增加，因而土地价格呈不断上涨趋势。其次，由于整个社会的资本有机构成的提高，使得社会平均利润率下降，导致利率有下降的趋势，从而使土地价格呈上升趋势。

土地的增值程度在不同社会经济状态和不同区位不同。社会稳定、经济发达的时候，土地价格增值较明显；城市市区和郊区土地的增值性较大。

7. 土地价格具有明显的地域性和个别性

不同地域的地价水平不同，一宗土地一个价格。由于土地位置的固定性，不同的区域、不同的城市都会形成具有地域特点的土地市场，以及相应的土地价格及其变化规律，并表现出明显的地域差异性。这种差异是由各地的社会、经济、历史等条件所决定的，并且极大地影响着土地的价格。它告诉我们，要真正把握土地价格的规律，仅仅了解土地价格的一般特点还远远不够，必须要掌握各地区土地价格的特殊性。

由于土地位置的固定性，没有两宗完全相同的土地，而土地的位置不同，使区位难以完全相同，土地价格也自然有所不同。所以，土地市场不具备形成统一的市场价格的条件，土地价格是依交易的需要个别形成的，对土地价格的计算也必须个别分析计算才能求得。

二、马克思主义土地价格理论

马克思主义土地价格理论是马克思劳动价值论在土地问题上的具体运用，是运用劳动价值论阐述土地价格及其形成过程，解释为什么土地不是劳动产品却具有价格等问题的学说。

（一）土地资源和土地资本的价格

现实的土地可以分为两个部分，一部分为土地物质，也称为土地资源；另一部分为土地资产，也称土地资本。这两者的价格形成过程不同，价格的特点也不同，只有区别对待与分析，才能把握土地价格的内涵。正如马克思所说的"把土地物质与土地资本区别开来"。

1．土地资源价格

土地资源是人类赖以生存和发展的物质基础和最基本的自然资源，它的主要组成部分是岩石、沙砾、泥土、水等，是非劳动产品。这就使得其价格的形成具有特殊性。

（1）从土地资源的价值形成过程分析。商品的价值具有价值和使用价值之分，价值是指凝结在商品中的人类的无差别劳动，使用价值则是商品的有用性。土地资源无疑具有使用价值，表现为土地的三大基本功能：承载功能、生育（环境）功能及资源功能，可以满足人们生产、生活的多方面需求，因而土地具有非常重要的、特殊的使用价值。但是，土地资源不是劳动产品，因而不具有价值。

（2）从土地资源的价格形成过程分析。土地资源虽然不是劳动产品，不具有价值（劳动价值论），但是在土地所有制和商品经济的条件下，土地资源却不可避免地被用来在市场上交易。通过交易，土地资源具有了价格的形式，即非价值形成的、虚幻的价格形式。所以，对于那些本身没有价值，不是劳动产品而又非常稀缺的自然资源来说，一方面存在着交换的需要，另一方面存在着交换的条件。其交换的价格决定，并不在于它是花费了大量的劳动实现的，还是偶然实现的，其价格只取决于社会需要。具体形成土地价格的基础条件有以下两个方面。

1）土地作为自然资源具有稀缺性、不可替代性、不可再生性，这是土地价格存在的物质基础。这些来源于土地物质的性质决定了土地具有特殊的使用价值。正是由于这种特殊的使用价值，使得可以凭借对其所有权的垄断而获得地租，也可以使土地这种无交换价值的自然物被当作有价值之物进行交换，并取得相应的价格。

2）土地所有制和商品经济是土地价格存在的社会经济制度基础。当人类社会的发展还不能达到物质的极大丰富、实现全社会生产资料公有制的时候，就必然存在生产资料占有的不平等和对生产资料垄断的现象，对土地所有权的垄断也是同样的道理。同时，既然存在生产资料占有的不平等，也会以必要的手段进行交换，互通有无。商品交换的方式是多样的，但现代社会市场经济是必要的也是最佳的交易方式。由此,当社会还存在土地所有制、存在商品经济,土地会成为商品或具有商品的属性。

土地资源本身不是劳动产品,不具有价值,但凭借对其垄断可以获得真正的地租,使土地资源具有虚幻的价格形式,其价格由真正的地租的资本化决定。

2. 土地资本价格

土地资本是土地的另一个组成部分,指凝结于土地之中的固定资产。土地资本的价值和价格与其他固定资本的价值和价格在经济上是相同的,具有使用价值和价格,其价格不是虚幻的,是真正的价值价格。个别生产价格是由土地开发的成本加上平均利润。

虽然土地资源和土地资本两个价格因素在实际中难以严格地区分开来,但两者在经济性质上的区别却是明显的,即前者是土地权利在经济上的实现形式,后者则是土地的投资及其带来利息性地租的资本的收回。

讨论土地资源和土地资产的价格,不仅可以从理论上阐明土地之所以具有价格的原因,也可以用于分析实际中价格的变化规律,具有重要的理论和实际意义。

(二)对土地价格质和量的规定

1. 质的规定

马克思明确指出:"土地价格当然不过是资本化的地租"。这一观点具有普遍的实用价值,不论是对未开垦利用的土地,还是对已开垦利用的土地都是适用的,所不同的是地租量的多少问题。

未开垦的土地只有虚幻的价格,没有投入劳动,没有价值价格。已开垦的土地,含有土地资本,土地资源与土地资本共同转化为地租,所以地租量增加。

土地所有权者出卖土地,就是把收取地租的权利出卖给他人;购进土地,就是买入别人收取地租的权利。

2. 量的规定

能够带来同地租等量的利息的货币数额,就是地价,即"实际上,这个购买价格不是土地的购买价格,而是土地所提供的地租的购买价格,它是按普通利息率计算的"。按照这一定义,土地价格的计算公式可以表述如下:

$$土地价格=地租/利息率$$

所以,土地所有者在出卖土地时,要考虑出卖土地所得的货币,如果存入银行,其利息和地租的数量要相等;否则,他宁肯保留土地收取地租。

三、西方经济学土地价格理论

1. 关于土地价值、价格的定义

西方经济学对物的价值的解释是广义的,认为价值是指物能"满足欲望的能力",且价值有多种含义,如社会、政治、精神价值等。但是从经济学家所关心的角度来说,最主要的是经济价值。

经济价值主要由三个部分组成:第一,该物对于所有者或使用者来说,必须具备使用价值或效用,有未来期望的收益流和满足流,否则,就不会有人需要它;第二,该物具有稀缺性,其供给是有限的,否则,这种物也只能是一种免费物品;第三,该物品必须是可以被占有的,并可以从一个所有者转给另一个所有者。商品只有具备了有用性、稀缺性及可占有性,才具有了经济价值。

价格是商品在市场上进行交易所形成的,由市场中商品的供求状况决定。商品的价格是商品经济价值的货币表现形式。如果有效需求存在,有购买力的支持,人们对商品的需求欲望能变成现实(愿意购买,且有能力购买),这时商品的价值就可以直接以价格形式表现。

土地价格是土地经济价值(或称效用)在经济上的反映,是用来购买土地或预期经济效益所付出的代价。

2. 土地收益价格

土地价格是土地收益即地租的资本化。土地非人类所生产和创造,原始的土地没有生产成本,所以也没有生产价格。土地经过使用后产生收益,将其收益以一定的利率还原,得到土地的收益价格。

土地收益指经济地租,即土地总收益扣除土地总成本后的余额,它要依据土地未来使用期间可能产生的预期收益通过预测来确定,形成逐年净收益的现金流。土地收益价格是把此现金流资本化,而成为一笔价值,称为土地价格或售价。正如土地经济学家伊利指出的,把预期的土地年收益系列资本化而成为一笔价值资金,这在经济学上就称为土地的资本价值,在流行词汇中称为土地的售价。所以,土地收益是土地价值的主要基础,土地收益决定土地价值及土地价格。其计算公式为:

土地价格=土地收益/利息率(或还原利率)

土地收益是指正常情况下,处于最佳配置(使用)状态的土地的净收益。只有将土地置于最佳状态使用,土地才能取得最高的预期收益。土地使用者在取得最佳的使用效益基础上支付最高的预期收益,土地所有者也因此获得最佳的利益。利息率可以采用多种形式利率,如银行的多年或一年存贷款利率。但根本的还是土地收益率,即土地还原利率。

3. 土地市场价格

土地的市场价格是指土地市场上所形成的正常交易价格。一般物品的价格通常是由市场的供求情况而决定。土地的市场价格也是由土地这一生产要素的供给和需求来决定的。土地的需求曲线与供给曲线的交点,为土地的最终均衡价格。当其他情况不变,需求量大于供给量时,均衡价格会上升;供给量大于需求量时,均衡价格会下降。

影响土地供求的因素很多,这些因素的变化左右着土地市场的变化、影响土地的供求关系。影响土地市场供给的因素主要包括城市基础设施的建设、建筑技术水平、城市发展计划与规划、税收政策及社会、政治环境等。影响土地需求的因素主要有经济发展状况、人口、居民收入水平、城市化发展、投资环境及社会制度等。

总体上来说,土地是供给弹性不足的生产要素。不论竞争与付给它的报酬有多大,土地的供给弹性总是不足的。然而对任何一个厂商或行业而言,该土地的供给量则具有弹性。

土地的市场价格由土地市场的供给与需求关系决定,土地的收益价格则由收入与成本决定,由于土地市场价格与土地收益价格的决定因素不同,所以同一块土地的市场价格与收益价格通常不一致。但土地的市场价格与收益价格也并不是毫无关系,一般情况下,收益价格为土地供给价格的下限,也是土地供给的起点价格,即土地的市场价格通常都高于收益价格。

第三节 区位理论

一、区位的概念、分类及特征

(一)区位概念

"区位"是1882年由W. 高次首次提出。区位在1886年被译为英文"location"。同"位置"不同,区位既有位,也有区,还有被设计的内涵。区位的主要含义是某事物占有的场所,也含有"位置、布局、分布、位置关系"等方面的意义。尽管将区位定义为某事物占有的场所,但现代区位理论并不把诸如动植物占据某特定场所繁殖、生存的行为纳入区位理论范畴,而"区位"定义中的某事物限定在人类为生存与发展而进行的活动,即人类活动或人类行为。从这个意义上讲,区位是人类活动(人类行为)所占有的场所。

区位除了解释为地球上的某一事物的空间几何位置,还强调自然界的各种地理要素和人类经济社会活动之间的相互联系和相互作用在空间位置上的反映。区位就是自然地理区位、经济地理区位和交通地理区位在空间地域上有机结合。因为人类活动的领域和空间的扩展导致区位的发展与变化,因此对于区位的理解与把握也必须从动态和发展的角度入手。

(二)区位的分类

从区位经济活动内容和空间范围两个方面进行分类。

(1) 按人类主要的区位经济活动内容分类

1) 农业区位:指以农业经济活动为基本内容或以土地的农业利用为特征的区位。

2) 工业区位:指以工业经济活动为基本内容或以土地的工业利用为特征的区位。

3) 商业区位:指以商业经济活动为基本内容或以土地的商业利用为特征的区位。

4) 住宅区位:指以住宅的开发经营活动为基本内容或以土地的住宅利用为特征的区位。

5) 其他区位:金融保险业、通信服务业、交通运输业、教育文化业等经济性产业区位。

(2) 按区位的空间范围分类

1) 宏观区位:从宏观区域尺度来考虑、选择的区位。以某个城市或某个区域为基点,在一个国家的范围内来选择。如房地产商在选择哪个城市作为发展的基地时,实际上就是在做宏观区位的选择与设计。

2) 中观区位:从中观区域尺度来考虑、选择的区位。以某个城市内的某片城区为基点,在其城市的范围内来选择。

3) 微观区位:从微观尺度来考虑、选择的区位,即选择某项经济活动在哪个具体的地段上展开。以具体的地段或地点为基点,在一个城市的某片城区范围内来选择。

宏观、中观、微观区位选择范围如图3-1所示。

图 3-1　宏观、中观、微观区位选择范围示意图

（三）区位的特征

（1）多重性

区位既包含地理的概念，又包含自然环境、经济、社会等概念，它是以自然地理位置为依托，以人类经济活动以及人类对经济活动的选择和设计为内容。

（2）动态性

区位的自然地理位置是固定不变的。但是区位由于具有了自然环境、经济、社会等内涵而处于动态变化之中。因为构成区位的自然环境、经济性、社会性等因素一直处于变化之中。例如，原是偏僻小镇的深圳，由于改革开放成为中国的经济特区，构成区位的经济性、社会性特征发生大的改变，区位等级有巨大的提高。

（3）层次性

从区位的选择与设计的内涵出发，可以将区位分为宏观、中观和微观区位。

（4）等级性

区位的等级性即区位质量的等级性。区位质量是指某一区位对特定经济活动带来的社会经济效益的高低，往往由区位效益来衡量。区位效益的好坏，区位质量的高低呈现出因地点不同而不同的差异性。

（5）稀缺性

区位的稀缺性是指人类在进行经济活动时，对优良区位的需求大于对它的供给。区位的稀缺性是导致区位需求者之间进行激烈的区位竞争的根本原因，对商业区位来说，尤其如此。

（6）相对性

同一区位会因区位经济活动类型的差异而产生不同的区位效益，使得区位质量不同，即区位质量的好坏具有相对性。如位于城市郊区风景优美的山地对别墅式住宅开发来说是优良区位，但对于商业活动而言却是一个劣等区位。

（7）设计性

区位的设计性是指区位具有典型的人为设计的色彩。人类可以根据自身经济活动的需要，发挥主观能动性，在不违背生态和经济规律的前提下改善区位质量、提高区位效益。如房地产开发商可以在住宅小区建造小区花园和文化娱乐设施，提高住宅小区的美学价值和文化品位，进而提高住宅区位质量。区位的动态性和设计性要求我们应科学地制定和编制城市土地利用规划和城市规划，以使得对城市区位发展和变化有预见性和引导性。通过对旧城区的改造和再开发，新城区的建设，合理发展房地产业，优化商业、金融、信息等产业部门的布局，达到土地区位利用的优化，提高土地利用效率的目的。

二、区位理论

区位理论是关于人类活动的空间分布及其空间中的相互关系的学说,具体地讲,是研究人类经济行为的空间区位选择及空间区内经济活动优化组合的理论。它研究人类活动的空间选择及空间内人类活动的组合,主要探索人类活动的一般空间法则。

人类活动有政治活动,文化活动,经济活动等,活动内容或实体,称为区位主体,即区位中占有其场所的事物。讨论经济活动的区位理论则构成经济区位理论。进一步区分经济活动的内容,像农业,工业,商业等相关区位的理论则分别构成农业区位理论,工业区位理论以及商业区位理论。区位理论还包括对经济活动在内的所有人类活动的一般性的空间法则的探索;在这些人类活动基础上所形成的以村落,都市的空间秩序为研究对象的聚落区位理论等。

以下对农业区位理论、工业区位理论、中心地理论以及城市空间结构的典型模式进行逐一介绍。

(一) 农业区位理论

农业区位理论的创始人是德国经济学家冯·杜能,他于1826年完成了农业区位论专著——《孤立国同农业和国民经济的关系》(简称《孤立国》),是世界上第一部关于区位理论的名著。

1. 杜能"孤立国"前提条件

(1) 在孤立国中只有一个城市,且位于中心,其他都是农村和农业土地。农村只与该城市发生联系,即城市是"孤立国"中商品和农产品的唯一销售市场,而农村则靠该城市供应工业品。

(2) "孤立国"内没有可通航的河流和运河,马车是城市与农村间联系的唯一交通工具。

(3) "孤立国"是一块天然均质的大平原,并位于中纬度,各地农业发展的自然条件等都完全相同,宜于植物、农作物生长。平原上农业区之外为不能耕作的荒地,只供狩猎之用,荒地圈的存在使孤立国与外部世界隔绝。

(4) 农产品的运费和重量与产地到消费市场的距离成正比关系。

(5) 农业经营者以获取最大经济收益为目的,并根据市场供求关系调整他们的经营品种。

2. 杜能农业区位理论的主要内容

(1) 杜能区位理论的基本经济分析。根据其理论前提,杜能认为市场上的农产品的销售价格决定农业经营的产品和经营方式;农产品的销售成本为生产成本和运输成本之和;运输费用决定着农产品的总生产成本。因此,某个经营者是否能在单位面积土地上获得最大利润(P),将由农业生产成本(E)、农产品的市场价格(V)和把农产品从产地运到市场所需费用(T)三个因素所决定,它们之间的变化关系可用公式表示为:

$$P = V - (E + T)$$

按照杜能理论的假设前提进一步分析,"孤立国"中的城市是全国各地商品和农产品的唯一销售市场,故农产品的市场价格都要由这个城市市场来决定。因此,在一定时期内"孤立国"的各种农产品的市场价格应是固定的,即V是个常数。杜能还假定,"孤立国"各地发展农业生产的条件完全相同,所以各地生产同一农产品的成本也是固定的,即 E 也是个常数。因此 V 和 E 之差也是常数,故上式可改写成:

$$P+T=V-E=K$$

式中 K 表示常数,也就是说,利润加运费等于一个常数。其意义是只有把运费支出压缩到最小,才能将利润增至最大。因此,杜能农业区位论所要解决的主要问题归为一点,就是如何通过合理的布局使农业生产节约运费,从而最大限度地增加利润。

(2)杜能圈。根据区位经济分析和区位地租理论,杜能在其《孤立国》一书中提到六种耕作制度,各种耕作制度构成一个区域,而每个区域都以城市为中心,围绕城市呈同心圆状分布,这就是著名的"杜能圈",如图 3-2 所示。

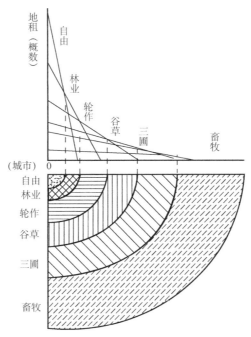

图 3-2　杜能圈形成机制与圈层结构示意图

第一圈为自由农作区。是距离市场最近的一圈,主要生产易腐难运的农产品。

第二圈为林业区。主要生产木材,以解决城市居民所需薪材以及提供建筑和家具所需的木材。

第三圈为轮作农业区。主要生产粮食。

第四圈是谷草农业区。提供的商品和农产品主要为谷物与畜产品。

第五圈为三圃式农作区。圈内 1/3 土地用来种黑麦,1/3 种燕麦,其余 1/3 空闲。

第六圈为放牧区,或叫畜牧业区。

(3)杜能圈的修正模型。杜能根据假设前提,得出的农业空间地域模型过于理论化,与实际不太相符。为了使其区位图式更加符合实际条件,他在《孤立国》第一卷第二部分中将假设前提予以修正,指出现实存在的国家与"孤立国"有以下区别:

① 在现实存在的国家中,找不到与"孤立国"中所设想的自然条件、土壤肥力和土壤的物理性状都完全相同的土地。

② 在现实国家中，不可能有那种唯一的大城市，它既不靠河流边、也不在通航的运河边。

③ 在具有一定国土面积的国家中，除了它的首都，还有许多小城市分散在全国各地。

针对以上情况，杜能根据市场价格的变化和可通航河流的存在对"孤立国"农业区位模式产生的巨大影响，对杜能圈进行了修正。他假设当有一条通航河流可达中心城市时，若水运的费用只及马车运费的 1/10，于是一个距 100 英里且位于河流边上的农场，与一个同城市相距 10 英里远且位于公路边上的农场是等同的。这时，农作物轮作制将沿着河流两岸延伸至边界。

杜能还考虑了在"孤立国"范围出现其他小城市的可能。这样大小城市就会在产品供应等方面展开市场竞争。根据实力和需要形成各自的市场范围。大城市人口多，需求量大，不仅市场范围大，市场价格和地租亦高。小城市则市场价格低，地租亦低，市场波及范围也小。

(4) 杜能理论的贡献。杜能对农业区位论的研究从级差地租出发，阐明了市场距离对农业生产集约程度和土地利用类型的影响，并得出结论：农业布局应该按由近及远配置不同的作物，其经营方式也应由集约到粗放而变化。

从建立农业分圈层实现农业化与各圈层多种作物合理组合的理论，引申出农作物的最优区位。首次确定了两个很重要的概念，即土地利用方式的区位存在着客观规律性和优势区位的相对性。

(二) 工业区位理论

工业区位理论的奠基人是德国经济学家阿尔申尔德·韦伯。理论的核心是通过对运输、劳动力及集聚因素相互作用的分析和计算，找出工业产品的生产成本最低点，作为配置工业企业的理想区位。

1. 韦伯工业区位理论假设条件

为了研究演绎的需要，与杜能一样，韦伯首先作了下列基本假设：

(1) 研究的对象是一个均质的国家或特定的地区，在此范围内只探讨影响工业区位的经济因素，而不涉及其他因素。

(2) 工业原料、燃料产地分布在特定地点，并假设该地点为已知。

(3) 工业产品的消费地点和范围为已知，且需求量不变。

(4) 劳动力供给亦为已知，劳动力不能流动，且在工资率固定情况下，劳动力的供给是充裕的。

(5) 运费是重量与距离的函数。

(6) 仅就同一产品讨论其生产和销售问题。

2. 以运输成本定向的工业区位分析

以运输成本定向的工业区位分析，是假定在没有其他因素影响下，仅就运输与工业区位之间的关系而言。韦伯认为，工厂企业自然应选择在原料和成品的总运费为最小的地方。因此，运费的大小主要取决于运输距离和货物重量，即运费是运输物的重量和距离的函数，即运费与运输吨公里成正比关系。

在货物重量方面，韦伯认为，货物的绝对重量和相对重量（原料重量与成本重量间的比例）对运费的影响是不同的，后者比前者更为重要。为此，他对工业用原料进行了分类：一是遍布性原料，指到处都有的原料，此类原料对工业区位影响不大。二是限地性原料，也称地方性原料，指只分布在某些固定地点的原料。它对工业区位模式产生重大影响。

根据以上分类，韦伯提出原料指数的概念，以此来论证运输费用对工业区位的影响。所谓原料指数，是指需要运输的限地性原料总重量和制成品总重量之比：

原料指数=限地性原料总重量/制成品总重量

按此公式推算，可得到在工业生产过程中使用不同种类原料的原料指数。使用遍布性原料的指数为0，纯原料的指数为1，失重性原料的指数大于1。限地性原料加上遍布性原料，其指数都可能大于1。由此可知，限地性原料的失重程度越大，原料指数也越大；遍布性原料的参用程度越大，原料指数则越小。而原料指数的不同将导致工业区位的趋向不同。因此，当在原料指数不同的情况下，只有在原料、燃料与市场间找到最小运输点，才能找到工业的理想区位。

3．劳动成本影响工业区位趋向的分析

韦伯从运输成本的关系论述了工业区位模式以后，对影响工业区位的第二项因素——劳动成本进行了分析。他认为劳动成本是导致以运输成本确定的工业区位模式产生第一次变形的因素。劳动成本，是指每单位产品中所包含的工人工资额，或称劳动力费用。

当劳动成本（工资）在特定区位对工厂配置有利时，可能使一个工厂放弃运输成本最小的区位，而移向廉价劳动力（工资较低）的地区选址建厂。前提是在工资率固定，劳动力供给充裕的条件之下，工厂从旧址迁往新址，所需原料和制成品的追加运费小于节省的劳动力费用。在具体选择工厂区位时，韦伯使用了单位原料或单位产品等运费点的连线，即等费用线的方法加以分析。同时，还考虑了劳动成本指数（即每单位产品之平均工资成本）与所需运输的（原料和成品）总重量的比值，即劳工系数的影响。

4．集聚与分散因素影响工业区位的分析

集聚因素如同劳工成本可以克服运输成本最小区位的引力一样，由其形成的聚集经济效益也可使运费和工资定向的工业区位产生偏离，而形成工业区位的第二次变形。

（1）集聚因素。指促使工业向一定地区集中的因素，又可分为一般集聚因素和特殊集聚因素。它们主要通过以下两个方面对工业企业的经济效益产生影响。

① 生产或技术集聚，又称"纯集聚"。它对工业效益的影响主要有两种方式：由工厂企业规模的扩大带来的；同一个工业部门中，企业间的协作使各企业的生产在地域上集中，且分工序列化。

② 社会集聚，又称"偶然集聚"，是由企业外部因素引起的。包括两方面：大城市的吸引，交通便利以及矿产资源丰富使工业集中；一个企业选择了与其他企业相邻的位置，获得额外利益。

生产集聚是一般集中因素，社会集聚则是特殊集中因素。前者是集聚的固定内在因素，而后者是偶然的外在因素。所以在讨论工业区位时，主要注意一般集中因素，而不必注意特殊集中因素。

（2）分散因素。与"集中因素"相反，指不利于工业集中到一定区位的因素。因此，一些工厂宁愿离开工业集聚区，搬到工厂较少的地点去。但前提条件要看集聚给企业带来的利益大还是因房地产价格上涨造成的损失大，即取决于集中与分散的比较利益大小。

5．韦伯理论的贡献

韦伯将数学与土地经济学应用于土地规划，是运用现代计量方式研究土地经济问题的先驱，其所提出的追求成本费用最低点的思想尽管有不合理之处，但仍是现代产业活动追求经济效益的

核心。但是，韦伯的理论忽视和掩盖了社会经济因素的作用，对社会科学的应用认识不足，低估了其作用。

（三）中心地理论

中心地理论是由德国著名的地理学家克里斯塔勒提出的。

1. 中心地理论基本概念

（1）中心地。指相对于一个区域而言的中心点，不是泛指的城镇或居民点。确切地说是区域内向其周围地域的居民点居民提供各种货物和服务的中心城市或中心居民点。

（2）中心地职能。由中心地提供的商品和服务就称为中心地职能。主要以商业、服务业的活动为主，同时还包括社会、文化等方面的活动，但不包括中心地制造业方面的活动。

（3）中心性。中心性或者中心度，可理解为一个中心地对周围地区的影响程度，或者说中心地职能的空间作用大小，中心性可以用"高""低""强""弱""一般""特殊"等概念来形容和比较。

（4）需求门槛。指某中心地能维持供应某种商品和劳务所需的最低购买力和服务水平。实际上，需求门槛多用能维持一家商服企业的最低收入所需的最低人口数来表示。这里的最低人口数，称为门槛人口。

（5）商品销售范围。如果其他条件不变，消费者购买某种商品的数量取决于他们准备为之付出的实际价格。此价格就是商品的销售价格加上为购买这种商品所花费的交通费用。显然，实际价格是随消费者选择商品供应点的距离远近而变化的。距离越短，交通花费越少，商品的实际价格越低，结果该商品的需求量也就越大，否则相反。由此可见，商品消费范围就是消费者为获取商品和服务所希望通达的最远路程，或者是指中心地提供商品和劳务的最大销售距离和服务半径。

2. 克里斯塔勒的中心地理论

（1）假设条件。克氏理论的假设条件如下：

① 研究的区域是一块均质的平原，其人口均匀分布，居民的收入水平和消费方式完全一致。
② 有一个统一的交通系统，对同一等级规模的城市的便捷性相同，交通费用和距离成正比。
③ 厂商和消费者都是经济人。
④ 平原上货物可以完全自由地向各方向流动，不受任何关税或者非关税壁垒的限制。

（2）六边形网络。克氏探讨了中心地对周围地区担负中心服务的范围（如何分布更合理），认为距离最近，最便于提供货物和服务的地点，应位于圆形商业地区的中心。他指出，对于一个孤立的中心地的市场区而言，圆形是最合理的市场区图形，圆的半径是最佳服务半径。但在多个中心地并存的情况下，圆形市场区就不再是最合理的市场区图形，因为这时相邻中心地的服务范围会产生空白或交叉，从而得不到最佳的效果。克氏根据周边最短而面积最大和不留空当的弥合性原则，认为最有效、最合理的市场区图形是正六边形体系。

（3）等级体系的形成。由于中心地提供的货物和服务有高级、低级之分，且一般低级货物和服务的门槛较低，相应的最大销售距离和范围也较小；高级货物和服务的门槛较高，最大销售距离和服务范围也较大。不同的货物和服务的提供点都能够按照一定的规则排列成有顺序的等级体系，一定等级体系的中心地不仅提供相应级别的货物和服务，还提供所有低于那一级别的货物和服务。

克氏进一步认为，按照三种不同的原则，可以建立三种中心地等级体系，这三种原则为：市场（供求）最优原则，交通最优原则，行政最优原则。

① 市场最优原则。社会分工和市场经济的发展，往往导致地区中心成为商业市场，即为商业和服务机构集中设置地，城镇按照市场最优的原则分布，将有利于商业和服务业的活动。

② 交通最优原则。交通网线交叉点经常产生集镇，在交通网线最经济合理的前提下，城镇网的结构应是：两个同级中心地之间交通线中点形成次一级中心，即许多小城镇可能位于较大城市的交通线上。

③ 行政最优原则。设立各种行政中心，对城镇体系的形成有重大影响。克氏认为，最便于行政管理的中心地体系，应由彼此距离相等、均匀分布于国家的基层单位组成，且位于六边形的各角。

以 K 表示基本区域的度，即在不同的市场空间组织原则下，中心地相对于由它服务，供应，管辖的区域排列关系及其中的数量关系。其计算规则为：六边形区域内点的数量，加上区域边界上点的数量的 1/2，或加上六边形顶点上的数量的 1/3。这样，可以得到以上三种原则的 K 值分别为：市场最优原则 $K=3$，交通最优原则 $K=4$，行政最优原则 $K=7$。

以上三种原则的共同点是：立足于服务职能，把城镇作为体系加以研究。由于在不同的区域各原则的特点不同，因此各个原则所起的作用也不同。但是，无论在什么区域，三个原则均共同发挥作用并影响着城镇体系的形成。

3．中心地理论的主要贡献

中心地理论主要论述一定区域（国家）内城镇等级、规模、职能间的关系，及其空间结构的规律性，并采用六边形图式对城镇等级与规模关系加以概括，它同杜能与韦伯的理论一起，对国外人文地理学、经济学、区域规划和城市规划等领域产生很大的影响。

其后，艾萨德 1956 年将杜能和韦伯克里斯塔勒等人的模型整合到一个统一的框架之下，把区位问题重新表述为：厂商可以被看作是在权衡运输成本与生产成本，正如他们做出其他任何成本最小化或利润最大化的决策一样。而阿朗索于 1964 年出版的《区位和土地利用》一书，则用经常在城市与农村来回穿梭的"通勤者"替代农民，用中央商务区替代城市，建立了一个"单中心城市模型"描绘出一幅比杜能"孤立国"更令人满意的图景。

（四）城市空间结构理论

城市空间结构理论主要包括伯吉斯的"同心圆模式"，霍伊特的"扇形和楔形模式"和哈里斯和厄尔曼的"多核模式"。

1．同心圆模式

伯吉斯以 20 世纪 20 年代的美国芝加哥作为研究对象，其中心商业区（CBD）位于都市中央邻近密歇根湖畔，白天为繁盛的商业区，夜晚人潮散去，中心商业区几乎没有居民。商业区外是住宅区，首先是少数民族聚集区，是贫民聚集的旧区，之后是高级住宅区，沿着北边的湖畔成圆环状分布，远离工业区。芝加哥的市郊已经有市郊化出现，城市外围环绕着广大的通勤带，每天大量人口进入中心商业区。通过对芝加哥的研究，进而推论出城市土地利用分布的形成。

伯吉斯基于一系列的假设而描绘出同心圆模式，假设在均质的区域，不存在地形地势上的差异,所有方向的运输同样容易。假设土地利用仍由生态过程引致,包括竞争,优势,侵入和演替。通过出价地租机制,地价由市中心向外下降,由于市中心的可达度高,能产生最高的回报,因此土地的竞争最剧烈,是最高地价所在。而越远离市中心,运输成本越高,地租则越便宜。即从商业中心区开始向外围延展,地价呈随距离递减的现象,从市中心向外下降,由于不同土地用途有不同的付租能力,因而形成圆环结构。以此类推,城市土地利用空间结构模式可划分为五个圆形或环状地带:商业中心区,过渡地带,工人住宅区,中产阶级住宅区,通勤带。

2. 扇形和楔形模式

霍伊特将现在交通运输模式的影响纳入考虑范围,对伯吉斯的同心圆模式进行了修正。他在1939年提出了扇形和楔形模式,保留了同心圆模式的经济地租机制,加上放射状交通线路的影响,使城市向外扩展的方向成不规则式。他把中心的易达性称为基本易达性,把沿着辐射运输线路所增加的易达性称为附加易达性。轻工业和批发商业对运输线路的附加易达性最为敏感,所以呈楔形分布。至于住宅区,平民住在环绕工商业土地利用的地段,而中产阶级和富人则沿着交通干线或河流、湖滨、高地向外发展,自成一区,不与平民混杂。城市土地利用功能区呈扇形或楔形。

3. 多核模式

伯吉斯和霍伊特的城市内部结构模式均为单中心模式,哈里斯和厄尔曼则于1945年提出多核模式。模式中假设城市内部主要结构除了核心CBD外,尚有次要经济中心,这些次要经济中心包括中心地系统内各低级中心地、城市形成过程中的其他生长点。这些中心地和成长点皆随着整个城市的运输网、工业区或各种专业服务业(如大学,研究中心)等的发展而发展。其中交通位置最优越的地区最后成为中心商业区,即CBD,其他中心则分别发展成为外围的商业中心。哈里斯和厄尔曼还考虑到,易达性所吸引的商业、工业或居民,本身便有排斥高级住宅的倾向,因为后者的区位因素之一便是要远离这些有碍环境的土地利用,介于两者之间的为中级住宅区。

第四节 土地区位的利用

不管是农业经济活动、工业经济活动还是商业经济活动,其空间分布规律的分析与区位经济活动的决策,都是为了追求对特定区位土地的投资收益,均是对土地的区位经济利用。

随着城市化水平的日益提高和房地产业的快速发展,城市土地区位已变得越来越重要,特别是商业用地显示出强烈而且敏感的区位效益,下面我们对城市土地区位因素进行分类分析。

一、城市土地区位因素

为什么人类活动并不是均匀地分布在地球的表面,而是仅仅在局部地点(场所)上进行呢。究其原因是不同的场所并不是能同样地满足人类所从事某项活动的要求,即不同性质经济活动的场所有着不同的区位因素。所谓区位因素是指影响区位经济活动的因素,又称作区位因子。不同类型的区位其区位因素的组合不同;同一区位因素对不同的经济活动的区位决策的重要性也不同。

城市土地区位因素按影响的空间范围可以划分为一般因素、区域因素、个别因素三类。也可以按区位因素的性质划分为自然区位因素、经济区位因素、社会和制度环境区位因素三个方面。城市土地区位因素体系如图3-3所示。

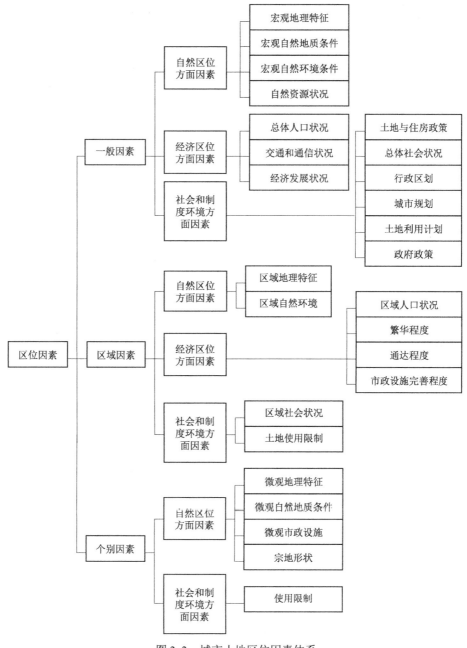

图3-3 城市土地区位因素体系

（一）一般因素

一般因素是指对一个城市具有普遍性、一般性和共同性的区位因素。这些区位因素对城市内具体地段的区位影响不具有差异性，但它们决定各个地块的总体效益和基础水平，影响一个城市在全国或地区中的宏观区位质量。

1. 自然区位方面因素

（1）宏观地理特征。主要指一个城市在国家或地区中的位置特征，如是否沿江、沿湖、临海、沿边境；是否位于首都、省会、经济特区等政治中心或经济中心。它会影响到一个城市的发展基础和发展潜力，影响到原材料、产品等的运距，因而影响到运费。它是决定和形成土地区位的最基本因素。

（2）宏观自然地质条件。主要指城市整体范围内地质构造、土质、地形和地势情况等。地质稳定、坚固，土质坚实，地势平坦，有利于各类建筑物和构筑物的建造，从而对土地区位产生积极的影响。

（3）宏观自然环境条件。主要指城市整体地貌、水文、气候等，对有特殊要求的产业、旅游、居住等用途土地的区位产生影响。

（4）自然资源状况。指矿产资源和旅游资源等情况，相应地对工业区位和旅游业区位产生影响。

2. 经济区位方面因素

（1）总体人口状况。人口状况对土地区位的影响是多方面的，这里主要指城市总的人口数量、总体人口密度和人口素质状况的影响。

人口数量包括常住人口、上班人口和流动人口。它关系到劳动力市场和消费。

市场的总规模。人口密度是单位土地面积上的人口数量，直接反映的是人地之间的相互关系。由于人是最活跃的因素，因此它对土地区位的好坏产生重大影响。人口数量越大，人口密度越高，购买力越强，则有利于促进商业中心的形成；作为城市基础设施的使用对象，也只有达到一定的人口数量和密度，才开始配套建设比较完善的城市基础设施和服务设施。从这个意义上讲，人口数量越大，人口密度越高，土地利用的集约化程度也相应提高，土地的区位就越好。

但应注意，人口的集聚效益是有一定限度的，当人口密度超过了合理的环境容量，非但不能继续产生新的效益，反而使城市环境恶化、交通拥挤、市容脏乱，从而影响土地的区位。因此必须保持一个合理的人口密度，才有利于城市发展，使城市土地发挥最佳的经济效益。

人口素质是人口的收入水平、受教育程度、职业等条件的综合反映，直接或间接地对土地的利用产生作用，影响土地条件的变化。收入水平的差异直接影响人们的消费水平，决定人们对房地产产品标准的要求，影响到对土地的利用效益。人们受教育程度以及所从事职业的差别，直接影响人们的消费观念、消费水平，从而影响到土地的利用效益。

区位质量与人口数量、人口密度和经济收入成正比。人口数量多、人口密集和收入水平高的地域是区位的最佳候选地，特别是现代区位选择主要为接近消费地。各大城市成为主要的区位候选地的原因之一就在于此。

（2）交通和通信状况。指城市对外（其他城市、地区和国家）的交通和通信条件。它是决定城市土地区位的重要因素，不仅关系到原材料采购、产品生产和销售过程中的费用、时间及便利程度，也关系到能否及时准确地获得经营决策所需要的经济信息。

（3）经济发展状况。经济发展状况是一个综合性因素，可以用国民收入、物价变动、利率水平、消费水平等指标的变化来衡量。总体来说，经济发展发展状况好、水平高，有利于提高区位效益，进而提高区位质量。

3．社会和制度环境区位方面因素

（1）土地与住房政策。土地制度规定着土地所有者、使用者以及其他主体对土地的占有、使用、收益以及处分等权利，直接影响各个主体的经济行为。合理有效的制度规定，不仅有利于土地的合理配置，对土地的有效开发与利用，获得土地最大的利用效益，也会保证各利益主体的权益，利于社会的安定，创造良好的经济环境。我国土地使用制度由无偿使用到有偿使用所带来的巨大变化，如城市土地的高效、集约利用，土地市场机制的建立与发展等，为国民经济的发展奠定了重要基础。

（2）总体社会状况。社会状况指政治安定状况、社会治安程度等。政治安定、政局稳定，社会治安情况良好，则房地产投资的运转渠道正常，投资风险小，可以增加房地产投资者的信心，带动地价上涨。政局不稳，则会直接影响房地产投资成本的回收和利润的获取，影响对房地产的投资。

（3）行政区划。行政区划的变化主要有两种情况：行政级别升格，行政界限发生变化。行政级别升格，意味着投资环境的改善，投资机遇的增加，将有利于提高地区的地价水平；行政界限的变更，如将原属于较落后地区的地方划归另一较发达地区管辖，同样会增加投资的机会，有利于改善地区的投资环境。

（4）城市规划。合理安排好城市各类用地，是城市规划的主要内容。虽然规划涉及的土地利用是未来的目标，但土地区位的优劣在现实的土地市场中就会表现出来。例如在城市郊区的农地，一旦被城市规划确定为近期开发的建设用地后，地价就会急剧上升，自然这些土地区位也就变得越来越好。

（5）土地利用计划。政府的土地利用计划直接影响土地一级市场的供给状况，并对整个房地产市场的供求关系产生重要的作用。合理的土地利用计划，会促进土地市场的运作，带动地价的上涨；否则，不合理的土地利用计划会干扰土地和房地产市场的正常运转，阻碍市场的发展。

（6）政府政策。政府的税收政策、金融政策对房地产投资有着直接的影响，可以起到抑制投资或促进、鼓励投资的作用。

（二）区域因素

区域因素是指对一个城市内部某个城区具有普遍性、一般性和共同性的区位因素，它同样对城市内具体地段的区位影响不具有差异性。区域因素决定城市的中观区位特征。

1．自然区位方面因素

（1）区位地理特征。指城市内部某一相对独立，如地理上或行政上的一个区域在城市中的位置特征，如是否在城市中心区、是否在开发区等。它决定了一个区域土地区位的总体特征，是形成区域土地区位的最基本因素。

（2）区位自然环境。指城市内部某一区域的自然环境。一个区域内自然环境状况良好，例如有充足的园林绿地，对净化空气、美化环境、改善城市小气候、丰富城市居民室外活动都有经济作用，是城市环境与生态系统的主要组成部分。在工业化和城市化的过程中，环境问题不仅困扰着城市的发展，损害居民的切身利益，同时也直接影响土地区位的优劣。

2．经济区位方面因素

（1）区域人口状况。指城市某一区域内的人口状况，主要是人口密度和人口素质因素。

在一个城市中，人口密度和土地区位的关系基本遵循这一规律，即，城区人口密度最高，边缘区次之，郊区最小，与此相对应，土地区位也随之由城市中心向外逐渐变差。因而，区域人口密度对区域土地区位的影响是明显的。

区域内人口素质对区域土地区位也有很大影响。人口素质高，受教育程度、收入水平和职业地位一般也高，从而在居住和居住环境、文化娱乐、日常生活等方面有较高的要求和消费能力，进而影响到土地的利用程度。在西方国家城市中，往往划分有明显的富人区和穷人区，两者的差异巨大。在富人区，住房条件好、基础设施以及公用设施完备，相应的地价水平也很高。而在穷人区，除了各项设施条件差以外，还存在着严重的社会治安问题，地价水平自然不会高。

（2）繁华程度。所谓繁华，是指城市某些职能的集聚，对各企业和居民产生巨大的引力的结果。繁华地区能创造高额的收益和利润，在外观上则表现为城市生活中交往最频繁、最活跃。由于商业的集聚具有很大的吸引力，而且获得级差收益最高，因此商业服务设施的集聚程度可以用来表示繁华程度。

商业服务业的集聚程度可以用商业的集聚经济效益表示。商业的集聚经济效益主要来源于它的互补性。在一个中心商业区里，通常集中数百家不同类型的商店及相应的服务设施。由于商品繁多，服务项目齐全，社会需求的物品几乎应有尽有，可供选择的余地大，因而具有很大的吸引力，能够形成巨大的客流量。而顾客多又意味着收益多，利润高。商业集聚的互补性还表现在，顾客到此的目的绝非光顾一家商店，大部分人都要综合利用，会产生冲动性购买。这就是为什么商业集聚中心吸引的顾客及盈利要比分散布置的商店高得多的原因。

（3）通达程度。通达程度就是把通行距离和时间作为一个整体，既要求通行距离短，以节约运费，同时又要有四通八达的交通网络，把出行时间减少到最低程度。

反映通达程度的因素主要包括道路功能、道路宽度、道路网密度、公交便捷度和对外设施的分布状况等。

（4）市政设施完善程度。市政设施包括城市基础设施和城市公用设施。城市的基础设施主要指交通、能源、给水、排水、通信、环境保护、抗灾防灾等设施，是城市发展必不可少的物质基础，其配套程度和质量直接影响生产、生活等。城市公用设施与城市居民正常生活和工作有密切关系，它包括医疗、教育、银行、储蓄、邮政、商业服务业、行政管理机构等设施，对城市的经济效益和社会效益能产生间接影响。

3．社会和制度环境区位方面因素

（1）区域社会状况。指城市中某一区域内的政治安定状况、社会治安状况、社会风俗和道德状况等。区域社会状况良好，有利于吸引人们来投资、置业、安家，形成良性的小环境，带动房地产价格和地价上升，使土地的区位向好的方向发展。

（2）土地使用限制。指城市规划以及环境保护等对土地开发、利用的各项条件的规定，从而对土地的区位造成影响。

（三）个别因素

个别因素是指与宗地直接相关的因素，包括自然区位、社会和制度环境两个方面的因素。个别因素决定土地的微观区位，即地段、地块的区位质量。

1. 自然区位方面因素

（1）微观地理特征。指具体宗地坐落地点的特征，是决定和形成具体地块区位的最基本因素。如居住用地周围是否安静和景观优美，是否面向绿地、公园、广场、海滩，出入是否方便等。商业用地是否在商业集中区，是否临街，位于十字路口还是丁字路口，临街的宽度，道路状况等，都对其土地利用的满足程度、经济收入产生直接影响。

（2）微观自然地质条件。指具体地块的地形、坡度、土地承载力、洪水淹没及排水状况、地质构造等，直接影响土地使用条件和价格。

（3）微观市政设施。指具体地块所在地的各项设施条件，影响土地的投资效益。

（4）宗地形状。一般来说，规则的宗地要比非规则的宗地好用，而在规则的宗地中又以长方形（长宽的比例要适当）的利用效果最好。

2. 社会和制度环境方面因素

只有使用限制因素一项，主要是指城市规划对宗地利用的限制，包括用途、容积率、建筑密度、建筑高度等条件的限制。因为影响到对土地的利用程度和地价，它对微观土地的区位也具有较大的影响。

二、房地产业的区位选择

宏观层次的区位选择，是指在全国各城市范围内进行的工业、农业、交通运输业用地的空间布局选择；介于宏观和微观之间的中观层次的区位选择，主要是指城市内部的功能分区；微观层次的区位选择，是指各类用地者对具体的最优用地区位的选择。因房屋是建在土地上的，房屋的区位除了楼层和朝向因素外，其他与土地区位完全相同。故房地产区位的选择，也就是土地用地区位的选择。

对土地用地区位的选择在很大程度上取决于区位因素的条件的好坏。区位因素是相对于区位主体，即土地用途而言的。土地用途不同，区位因素随之不同。例如，在选择工业区位时，原料、能源、运输、市场、资本、劳动力等是主要的区位因素；而在选择农业区位时，光热与温度、土壤、劳动力、交通以及市场则构成主要的区位条件。区位因素还会随时间而变化。例如，就选择工业区位而言，由于交通运输技术的发展、工业活动本身制造工艺技术进步以及生产中的物耗水平和投入比例的变化，在区位选择中的原料、能源、运输等区位因素的地位相对下降，相反，劳动力尤其是高技能劳动力、地区智力密集程度、市场等区位因素地位大大提高。

（一）工业用房地产宏观区位的选择

工业化、城市化高度发展的现代社会的市场，是一国范围内高度统一的市场。随着经济全球化的发展，各个国家越来越普遍地参与国际的合作与竞争，在越来越大的程度上要形成国际统一的大市场。所以，工业用房地产的区位选择是全国性、甚至是国际性的，是一种宏观区位选择。

从国内的角度看，它的区位选择除了取决于国家的产业政策外，更主要的是取决于国家工业的宏观空间布局。国家工业的宏观空间布局确定了，工业用房地产的宏观区位选择也就随之确定了。

决定和形成工业用房地产区位的因素很多，但影响其区位选择的因素主要有原料、能源、运输、市场、资本、劳动力等。因此，在进行工业用房地产宏观区位的选择时，一般可采用原材料指向、能源指向、市场指向、原材料与市场双重指向、科技指向等来安排工业部门的布局。

原材料指向的工业，一般其产品在生产过程中，原料失重程度大，单位产品的原料消耗量大大高于产成品的重量，同时，还有部分原料不宜运输和储藏，因而对于大多数农产品、矿产品的加工工业，一般都要求布局在原料产地。能源指向的工业在生产过程中，单位产品能耗量大，能源消耗占总成本的比重高（能源费占成本一般20%～30%，高的达50%），故一般要求布局在能源产地。市场指向的工业与原材料指向的工业正好相反，需长途运输的原料在生产过程中失重程度小甚至增重，或产成品不宜运输，如玻璃、家具、大多数食品、消费品等工业，一般要求布局在消费地。科技指向的工业是指产品的科技含量高，需要得到大量科学、技术的帮助和智力支持的工业，如生物工程、计算机等高科技产业，一般要求布局在科研单位及高等院校比较集中、劳动力素质比较高、环境比较优美的城市里。

在具体对工业宏观区位进行布局时，要应用可行性研究方法对各种方案的技术经济指标进行测算和比较，力求选出最优的实施方案。另外，对工业区位的宏观布局除考虑技术经济因素外，还应考虑社会生产力的平衡，在特定情况下还要考虑军事、政治等因素。

（二）城市土地利用的功能分区

城市房地产中观区位的选择主要是在城市内部功能分区的基础上，完成各类房地产的区位选择。由于城市一般可分为商业、工业、居住等若干功能区，需要对这些功能区分别阐明其各自的特征，以便于进行区位选择。

1．商业区

商业区按其功能程度可分为中央商业区、城区商业区和街区商业区。它一般处于大城市中心、交通路口、繁华街道两侧、大型公共设施周围等。商业用地在城市经济中具有非常重要的作用，因为它一方面是连接生产和消费的纽带，另一方面又是城市土地利用中经济效益最高的利用类型。

（1）中央商业区。在经济比较发达的大城市或特大城市中，一般总存在一个具有全市商业、交通和信息中心功能的区域，这个区域就称为中央商业区。中央商业区主要具有如下特征：区域内汇集的大公司及机构，如商业公司、银行、保险公司和公司的总部或分支机构，各种咨询机构等，种类繁多，影响范围很大；土地区位形成全市标准区位，地租（地价）最高，劳动力成本也较高；客流量和信息流量高度集中；基础设施和各种配套设施完善。

（2）城区商业区。它是城市的二级商业中心，在规模和影响方面都次于中央商业区，是城市中某一城区的商业、交通和信息中心。

（3）街区商业区。它是城市最低一级的商业中心，供应的商品大多是购买频率高的日用消费品，它的功能主要是方便居民生活，服务范围大致为7000～20000人。

2．工业区

根据各种工业的特点，如污染状况、占地面积等，工业区可分为内圈工业区、外圈工业区和远郊工业区。内圈工业区占地面积小，主要面向当地消费市场，且要求与中央商业区中的企事业单位建立密切联系，及时了解市场信息并获得技术支持，一般处在中央商业区外侧，如高档服装、首饰、食品、印刷、精密仪表等。外圈工业区里的工业一般是装备有自动化生产线，机械实行平面布局，产品体积大，所需的仓库和厂房较大、产品多属标准化的定型产品，适于大批量生产，如家用电器等；技术要求高，对环境污染较轻的工业，包括大部分轻工业和重工业中的机械制造、金属加工业等，处在城市的边缘地区，这里地价低，交通方便，距离住宅区也较近。远郊工业区一般是规模大、占地多、污染严重的工业，如冶金、石油化工、重型机械及造纸等工业。

3．居住区

居住区是人们生活、休闲的场所。它一般位于中央商业区与内圈工业区之间，或内圈工业区与外圈工业区之间。要求交通便利，环境优美无污染，治安良好，文化教育设施齐全，购物、娱乐便捷，人际交往方便等。随着城市化的发展和人们生活水平、健康意识的提高，伴随着大城市病的日益显现和突出，城市住宅区，尤其是高档住宅区有向空气清新、山水景观独特的城市郊区甚至远郊发展的趋势。

（三）城市房地产微观区位的选择

房地产开发商和投资者、使用人、银行利用区位理论，可以确认当地市场范围内的风险较小或有更大优势的区位，可以深入了解具体项目的特定区位与总体环境的关系，更好地评估预期收益的风险和机会。政府可以利用区位理论提供的依据，对房地产微观区位选择进行调控，以提高土地利用效率。

1．城市房地产微观区位选择的标准

我国城市房地产开发的主体是房地产开发投资企业，主要投资商业房地产和居住房地产，其区位的选择标准如下。

（1）选择商业房地产微观区位的标准：①应处在商业区，以利于利用其外部经济效益。②临街或道路状况良好，即至少要一面临街，街道标准较高，路况较好。③交通及通信方便。④有足够的人口流量。⑤有较好的增值潜力。

（2）选择居住房地产微观区位的标准：①周围应有优雅、舒适、清静的自然环境，如临水及靠近绿地更好。高档住宅会因高度和美好的景色而愿意选在起伏不平或小山较多的地方。②交通、通信和人际交往要方便。③生活服务配套设施齐全。④有便利的购物、出行条件。⑤有良好的社区文化环境，包括完善的文化娱乐设施、健康而积极的风俗习惯和良好的治安状况。⑥具有较高的增值潜力。

2．微观区位的选择与土地的最佳用途

所谓土地的最佳用途，是指特定的城市区位的土地可为整个城市带来最大经济效益，即土地不仅要考虑微观上获得的经济效益，还要考虑宏观上的社会效益和生态效益。对于一宗具体区位的城市土地来说，虽然其用途可能有很多种，如用于工业用地、商业用地、居住用地或其他类型用地等，但在这些用途中必然存在一个最好的用途（单一的或两种以上相结合用途）。因此，我们在选择微观区位时，应尽量使其达到最佳用途，实现城市土地资源的优化配置。

3. 政府对土地微观区位选择的调整

为正确引导各微观经济利益主体的行为，规范其在土地利用中的市场竞争秩序，提高土地的利用效率，国家和各级政府应以土地所有权者或管理者的身份实施其调控职能。具体的调控手段和途径为：一是可运用土地利用规划来约束和规范各土地使用者的选择行为，将其纳入到国家宏观优化配置土地资源的轨道上；二是利用经济手段，主要是运用地租机制或税收政策来引导各用地者的用地行为。这些政策措施可对各微观经济利益主体的土地使用决策产生明显影响，促使城市土地空间布局得到优化，使全社会获得最大的经济效益、社会效益和生态效益。

复习思考题

1. 什么是地租？什么是绝对地租、级差地租、垄断地租？
2. 绝对地租与级差地租有什么关系？
3. 简述地价的含义和特征。
4. 地价的实质是什么？试论述土地价格的特征。
5. 马克思主义地价理论的主要观点是什么？
6. 土地收益价格与土地市场价格的含义与区别是什么？
7. 城市土地区位的区位因素从影响范围和性质上来看如何分类？
8. 什么是区位？简述农业区位理论的主要观点。
9. 应用区位理论能够解决房地产经济中的哪些问题？
10. 城市土地区位的影响因素有哪些？
11. 如何进行城市房地产微观区位的选择？
12. 住宅用地区位选择的因素与商业用地区位选择的因素有何不同？

第四章

房地产投资

第一节 房地产投资概述

一、房地产投资的含义

房地产投资是指国家、集体或个人等投资主体，将一定的资金直接或间接地投入到房地产开发、经营、管理、服务和消费等活动中，期望获得未来房地产增值或收益的经济行为。从某种意义上讲，房地产投资是为了获得房地产产权（置业投资），或者是在进行房地产开发后，利用房地产（产权）交易来实现资本增值（开发投资）的行为。

房地产投资的对象，从广义上来说，包括房地产资产和房地产资产权益。前者拥有的是实物资产，属于直接投资（如房地产开发投资和房地产置业投资等）；后者拥有的是权益资产，属于间接投资（如购买房地产企业发行的股票、债券，以及购买房地产支持的证券或债券等）。

二、房地产投资的特征

根据房地产和房地产业的特性，房地产投资通常具有下列特征：

1. **投资周期长、投资额巨大**

房地产投资的过程，实际上就是房地产的开发过程，要一直持续到项目结束。这中间要经过许多环节，从土地的获得、建筑物的建造，一直到建筑物的投入使用，时间少则一两年，多则三五年，甚至有可能更长。房地产投资的资金回收期长，其原因：一是房地产投资不是一个简单的资金投入过程，它要受各方面因素的制约，尤其是房屋建筑安装工程需要较长时间（在我国北方，一年中施工期只有六个月）。投资者把资金投入房地产市场，往往要经过较长时间才能获得利润。二是由于房地产总价高，加之市场竞争比较激烈，其购买决策过程比较长。很多消费者在购买时，需申请按揭贷款，从目前趋势看，按揭贷款到达开发商的账户上所需时间越来越长。有时为了促进销售，还需要进行付款方式的创新，降低购房者的首期付款额度，以扩大客源覆盖面。这些因素都大大延长了房地产投资回收期。第三，如果房地产是以租赁方式进行经营的，则由于租金回收的时间较长，会使整个房地产投资回收期更长。

房地产投资额巨大，少则数百万元，多则数千万元甚至数亿元，主要源于以下原因：一是土地的购买和开发需支付巨额资金。由于土地资源具有不可替代性，其稀缺程度较高，随着经济的不断发展，城市基础设施的不断改善，地价也在不断上涨。在城市市区，尤其是繁华地段，土地的拆迁成本也非常高。如在北京市区，有的房地产项目的拆迁成本要占房价的20%～30%，甚至更高。同时作为自然资源的土地，不能被社会直接利用，必须投入一定的资本进行开发。所有这些因素都使土地的购买与开发的成本提高。二是房屋建造成本及费用比较高。房屋建造成本包括建筑安装工程费、基础设施建设费、市政配套费等。除此以外，还包括其他一些成本费用，如管理费用、财务费用等。三是房地产的运作、经营成本比较高。一般而言，房地产开发周期长、环节多，涉及的管理部门及社会各方面的关系也多。这使得房地产开发在其运行过程中，包括广告费、促销费、公关费都比较高，从而也增大了房地产投资成本。

2. 投资具有高风险和高收益性

房地产开发周期长，投资数额巨大，投资回收期远远长于一般商品经营。在投资过程中，有很多不确定性因素，使项目面临较大的风险和威胁。这些潜在的风险和威胁可能来自经济、政策、政治、市场或其他方面。较大的风险使投资者不得不谨慎从事，不惜时间和精力，进行投资前期调查研究和分析，以使项目的开发风险降到最低。

由于土地资源的稀缺性和不可再生性，以及人类对土地资源需求的日益增长，造成房地产尤其是住宅，经常处于供不应求的状态。这一特定的条件决定了房地产的增值性与保值性，因而房地产投资成为抵御通货膨胀冲击，可以保值增值的最引人注目的投资项目。尽管由于经济周期的作用及经济环境的影响，暂时的、短期的波动在所难免，但从长期看，房地产投资的保值与增值特性是十分明显的。这使得房地产投资具有高收益的特征。

3. 投资对金融的依赖性较强

房地产的巨额投资，使房地产投资者无法完全依赖自有资本，必须在很大程度上依赖金融部门的支持。另一方面，房地产价值量巨大，消费者也难以完全依赖自己的资金实现消费，需要银行信贷的支持。也就是说，房地产投资在开发和消费两个环节上严重依赖于金融支持，如果没有金融机构的参与，房地产经济的持续发展几乎是不可能的。房地产投资的这一特征与其他产业有很大的不同。

4. 投资受城市规划与环境制约较大

房地产投资所形成的建筑物是整个城市中的一个组成部分，它必然要受到城市规划的制约。城市规划对于土地用途、建筑高度、容积率、建筑密度、建筑物退红线距离、建筑间距、建筑物色彩等方面都有非常严格的要求，这对于房地产投资有很大的限制和制约作用。城市规划约束及其所蕴含的风险是投资者不能不慎重考虑的一个重要因素。

5. 投资受宏观国民经济和政府政策影响较大

房地产业是宏观国民经济不可分割的一个重要组成部分，经济增长率、国民收入与消费水平、物价与通货膨胀率等宏观经济变量对房地产业发展有着重要影响。在现实经济运行过程中，宏观经济对于一个房地产投资项目的影响是不能忽视的，随着市场竞争的日益激烈，房地产投资者必须具备适应宏观经济环境的能力。作为一个投资商和开发商，要建造各种房屋并出售给消费者，就必须了解房地产市场上消费的各种变化，其都是以宏观经济因素的变化为基础。任何一个房地产项目开发，都是一个长期的过程，投资者一定要考察项目的发展前景和增值潜力。这就要求投资者和开发商对项目所在地的经济状况有一定的预测。

房地产投资是固定资产投资的重要组成部分，每一次国家对经济进行调控，固定资产投资都是受到影响最大的一个方面，房地产投资自然也不例外。尤其房地产业对金融业的严重依赖，使得房地产业的风险直接牵扯到金融安全。因此，国家非常重视对房地产业发展的调控，国家的投资政策、金融政策、产业政策、财政政策对房地产投资都有着非常重要的影响。例如，1993年，在房地产业发展过热，危及国民经济安全与健康、协调发展的情况下，国家对房地产业进行宏观调控，收紧"银根"，很多房地产项目由于资金链断裂，后续资金无以为继，不得不停工搁置。当时，很多投资者的损失都是非常惨重的。

6．投资所形成的资产流动性低

房地产投资的对象是土地、土地上的建筑物及建筑物的附属物，这些资产都具有固定性和不可移动性。有些时候由于某种原因需要建筑物的用途有所改变，因而对建筑物进行改造，或者重新建造，那也是一个较长的时间过程。虽然从广义的角度讲，房地产投资不仅仅是这些实物性资产的投资，还包括金融性资产的投资，但金融性的资产仍然是基于实物资产形态的。

房地产投资成本高，又有不可移动性和独一无二性，使得同一房地产的买卖不频繁，一旦需要交易，不像一般商品买卖可以在短时间内马上完成，通常需要相对长的时间才能完成交易。因此，当急需资金时，不易将房地产变现；如果要快速变现，只有相当幅度的降价。所以说，房地产投资所形成的资产的流动性和灵活性都较低。当然房地产投资也有既耐久又能保值的优点。房地产商品一旦在房地产管理部门登记入册，获取相应的产权凭证后，即得到了法律上的认可和保护，其耐久保值性能要高于其他投资对象。

7．投资具有保值增值性

房地产投资的保值增值性是由房地产商品的保值增值性决定的。房地产商品不同于其他商品的最重要的特征，就是其保值增值性。保值指的是即便在发生通货膨胀的情况下，房地产商品所包含的社会实际购买力也不会因此而减少；增值是指从长期趋势来看，房地产商品所包含的社会实际购买力不断递增的一种经济现象。房地产的保值增值性主要来源于土地的保值增值性，因为房屋建筑本身从建成之日起，就在不断地耗损、贬值，只有土地是在不断增值的。房地产投资的保值增值性为房地产投资设置了一道安全屏障，但由于房地产投资所形成的资产流动性低，使这一优势大打折扣。

三、房地产投资的一般原则

房地产投资的一般原则是指房地产投资者在进行房地产投资决策时应遵循的一般规范或标准。

1．注重市场调研与策划

房地产投资的目的在于获取利润，但能不能实现预期利润，最终取决于所开发的房地产能不能顺利租售出去。这就需要投资者在做出投资决策前，要对区域房地产市场进行全面深入的调研，并根据调研结果对拟开发楼盘进行准确定位，制定切实、有效的营销推广方案，以保证楼盘的顺利租售。

房地产投资前的市场调研涉及很多方面，具体包括区域宏观经济分析、区域房地产市场调查与分析、拟开发地块的基本情况、竞争楼盘调查与分析、目标客户调查与分析以及地块SWOT分析等。现在多数的房地产项目在启动前都做市场调查，只是市场调查的科学性和有效性有所区别。而市场调查的关键就在于其科学性和有效性，是一项专业性很强、工作量较大的工作。鉴于此，投资者应委托专业的房地产服务公司来完成。

在保证市场调查的科学性、有效性的基础上，结合各方面因素对项目进行准确定位，并制定切实可行的营销推广方案，是项目成功的重要保证。项目定位是一项技术含量非常高的工作，定位准确与否直接关系到项目的成败。准确的定位意味着成功了一半，但错误的定位一定会导致项目百分之百的失败。营销方案的好坏要求以销售状况作为衡量标准，营销方案不一定要做得很美，但一定要有实效。房子要卖（租）得好、卖（租）得快，这需要方案的制定者有丰富的推广经验，较强的市场把握能力。鉴于该项工作的专业性，与市场调查一样，也往往需要委托专业的房地产服务公司来完成。

2. 注重投资规模

西方经济学中的规模收益理论对房地产投资具有一定的指导作用。根据该理论，规模过大或过小均不能够获得最大的收益。只有当边际收益与边际成本相等时，才能够获得最可观的收益。因此，房地产投资规模的大小应根据投资者自身的实际情况通过认真分析与估算再确定。

3. 注重收益与风险相匹配

风险收益对称原则是投资行为须遵循的基本准则。该原则要求当一项投资的风险较大时，必须有较高的收益与之相匹配；当风险相对较小时，收益相对较低也可以为投资者所接受，原因在于可能出现的风险较小。这要求投资者在进行投资决策时应对投资风险与投资收益进行充分权衡，避免做出错误决策。

4. 实物资产投资与金融资产投资并重

房地产实物资产投资回收期都比较长，在较长的投资回收过程中，不确定性因素非常多，可能发生各种意外事件导致投资失败。房地产投资者不应将全部资金都投入到回收期较长项目上，应备有应急资金。通常做法是将一部分资金投入到变现性比较强的房地产金融资产上，作为机动资金，以备投资者在现金流不好时将这些金融资产变现，满足对现金的需要。

5. 注重投资的安全性

安全性原则是一般投资行为必须遵循的首要原则，房地产投资也不例外。可能的收益再高，但只要潜在风险超过了能够承受的范围，风险出现的可能性又比较大，投资者在进行该项投资的决策时就应非常慎重。在能够保证投资安全的情况下，收益率的高低才具有实际意义。

6. 注重财务杠杆的运用

房地产业是财务杠杆系数比较高的行业。有一种说法，房地产业是用别人的钱来做自己的事业。充分运用银行贷款等渠道的资金，只要收益率能够超过借款成本，借的钱越多，赚的钱就越多，资本收益率也就越高。房地产投资者应善于运用财务杠杆原则"借鸡生蛋"，用较小的代价获取较大的收益。当然负债比例也须适当控制,以避免无限制地扩大财务杠杆的运用造成债务危机。

7. 注重创新

房地产投资的最大风险就是因循守旧,不能够根据市场形势的变化进行创新。无论在什么时候,创新都是房地产企业最重要的竞争力。注重创新的房地产投资,往往竞争力强,吸引力大,所以投资回报常常很高。对房地产投资进行创新,最主要的是进行产品创新,有的时候,物业管理服务等附加产品也可以作为创新的对象。

8. 注重长期战略

由于房地产投资回收期长,投资效益往往要经过相当长的时间才体现出来。所以房地产投资者多以追求中长期收益为目标。因此,房地产投资不像期货、外汇、股票等投资那样,很快即可获利。房地产投资不仅着眼于近期利益,更期望于长期利益。不仅重视房地产投资的具体战术,更重视房地产投资的总体战略,战略重于战术的房地产投资原则,在新区开发和旧城成片改造时,体现尤为明显。

四、房地产投资的类别

房地产投资多种多样,依据不同的标准,可以划分为不同的类型。

1. 按房地产投资形式划分

按房地产投资形式,可以将其划分为直接投资和间接投资两大类。二者的主要区别在于投资者是否直接参与房地产相关投资管理工作。

(1) 房地产直接投资。指投资者直接参与房地产开发或购买房地产的过程并参与有关的管理工作,包括从购地开始的开发投资和物业建成后的置业投资两种形式。房地产开发投资是指投资者从购买土地使用权开始,经过项目策划、规划设计和施工建设等过程获得房地产商品,然后将其推向市场,转让给新的投资使用者,并通过转让过程收回投资、实现开发商收益目标的投资活动。房地产开发投资包括商品房开发投资和土地开发投资。房地产置业投资是指投资者购买开发商新建成的房地产(市场上的增量房地产)或市场上的二手房(市场上的存量房地产),以满足自身生产经营需要或出租经营需要,并在不愿意持有该物业时可以将其转售给他人以获取转售收益的一种投资活动。这类投资的目的有两个:一是满足自身生活居住或生产经营的需要;二是作为投资将购入的物业出售(租)给最终的使用者,获取较为稳定的经营性收入。置业投资一般从长期投资的角度出发,可获得保值、增值、收益和消费四个方面的利益。

(2) 房地产间接投资。指投资者投资于与房地产相关的证券市场的行为,间接投资者不需要直接参与房地产经营管理活动。具体形式包括购买房地产开发、投资企业的股票或债券,投资房地产投资信托基金或房地产抵押贷款证券等。

2. 按房地产投资的用途划分

按房地产投资的用途,可以将其划分为住宅房地产投资、商业房地产投资、工业房地产投资和特殊用途房地产投资。

（1）住宅房地产投资。住宅房地产为人们提供生活居住的场所，包括普通商品住宅、高档公寓和别墅等类型。住宅是人类最基本的生存条件之一，因此，在房地产投资中，住宅房地产投资市场潜力最大，投资风险也相对较小。

（2）商业房地产投资。商业房地产也称为经营性房地产，包括写字楼、商场、酒店和旅馆等，这类房地产主要以出租经营为主，收益较高，但同时承担的风险也较大。

（3）工业房地产投资。工业房地产通常为人们的生产活动提供空间，包括轻工业厂房、重工业厂房、高新技术产业用房等。由于受到生产工艺及要素的限制，工业房地产的变现性较差，投资风险较大。

（4）特殊用途房地产投资。特殊用途房地产是除去住宅、商业、工业等典型房地产类型后剩下来的非典型、不具有代表性的各种房地产的统称，主要包括加油站、停车场、高尔夫球场、休闲旅游房地产、温泉、码头车站、高速公路等。这类房地产交易量小，其经营的内容通常要得到政府的特许，因此这类房地产的投资多属于长期投资，投资者靠日常经营活动的收益来回收投资，取得投资收益。一般来说，特殊用途房地产适用性较差，投资风险也较大。

3．按房地产投资经营方式划分

按房地产投资经营方式，可将其划分为出售型房地产投资、出租型房地产投资和混合型房地产投资。

（1）出售型房地产投资。房地产投资预售或开发完成后以出售的方式得到收入回收开发资金、获取开发收益，以达到预期投资目标。

（2）出租型房地产投资。房地产投资预租或开发完成后以出租的方式得到收入、回收开发资金、获取开发收益，以达到预期投资目标。

（3）混合型房地产投资。混合型房地产投资是出售型和出租型的综合，是指房地产投资预售、预租或开发完成后，以出售、出租、自营的各种组合方式得到收入、回收开发资金、获取开发收益，以达到预期投资目标。

五、房地产开发项目投资的影响因素

影响房地产投资的因素较多，主要因素有经济因素、社会因素、政治和行政因素、政策法规因素和技术因素等。

1．经济因素

主要有经济发展状况、居民储蓄、消费水平、财政收支及金融状况、居民收入水平等。

2．社会因素

主要有社会秩序、城市化水平、人口水平等。社会秩序包括当地社会的稳定性、安全性；当地居民对本地经济发展的参与感，对外来经济实力的认同感等。一个地区社会秩序好，就会优化投资环境，尤其是房地产的投资环境。城市化意味着人口向城市地区集中，造成城市房地产的需求不断增加，从而带动房地产投资增加。人口的不断增长，每个人都需要一定的生活空间，从而会增加对房地产的需求，使得房地产价格上扬，进而刺激房地产投资。

3. 政治和行政因素

主要有政治局势、行政隶属变更、城市发展战略和城市规划等。一个国家或者某一地区政局稳定，奉行连续的有利于经济发展的政策，就会吸引国内外投资者投资于房地产，促进房地产业的发展。由于行政隶属变更，如将某个非建制镇升级为建制镇，或将某个市由原来的较低级别升为较高级别，无疑会促使该地区的房地产价格上涨，从而促进房地产投资。城市发展战略、城市规划、土地利用规划等对房地产投资都有很大的影响，特别是城市规划对房地产用途、建筑高度、容积率等的规定对投资的影响非常大。

4. 政策法规因素

主要有房地产政策、金融政策、税收政策；法规因素主要是指房地产相关法律法规。

房地产政策的变化直接影响到房地产投资的政策保障制度、市场变化、运作模式等。金融政策方面，因为房地产投资很大一部分来自贷款，金融政策对房地产投资收益有非常重要的影响。有关房地产的税收政策是否合理，直接关系到房地产投资收益的高低。

法规方面，影响因素主要是土地和房地产以及投资的相关法律的完整性、法治的稳定性和执法的公正性。完整性是指投资项目所依赖的法律条文的覆盖面，稳定性是指法规是否变动频繁，公正性是指法律纠纷争议仲裁过程中的客观性。相关的法律越完整，法制越稳定，执法越公正，对房地产投资的促进作用也就越大。

5. 技术因素

主要包括施工技术、房屋装修技术等。良好的施工技术能够保证房地产物质实体的高质量，对房地产投资是非常有利的。此外，房屋的装修技术也是房地产价值增值的有效影响因素。

第二节　房地产投资风险

一、房地产投资风险的主要类型

风险简单说就是损失或失败的可能性，就是发生不愿发生的不幸事件的概率。日常生活中的风险是无处不在的，只是有的风险概率较大，有的风险概率甚微。房地产投资经营如同一切经济活动一样，也存在风险。一般房地产市场的风险，大都是指从事房地产投资经营而遭遇损失的可能性。这种损失可能是投入资本的减少与丧失，也可能是实际收益与预期收益的差额损失。

二、房地产投资风险的主要类型

房地产投资风险是指由于不确定性因素的影响所导致的房地产投资收益偏离预期收益的程度。由于房地产投资回收周期长、投资额大、影响因素复杂等，房地产投资面临的风险因素非常多，风险因素引起的后果也特别严重。所以风险因素的判断与分析在房地产投资分析中显得十分重要。常见的房地产投资风险有：

(一) 市场竞争风险

是指由于房地产市场上同类楼盘供给过多，市场销售竞争激烈，最终给投资者带来的推广成本提高或楼盘滞销的风险。当房地产市场为买方市场时，众多开发商提供的商品房，市场竞争非常激烈，能否销售出去，关系到投资的成败。市场风险的出现主要源于开发商对房地产市场调查分析不够，对市场的把握和判断能力欠缺。所以，销售风险是市场竞争风险中的主要风险。

(二) 购买力风险

由于物价上涨（通货膨胀）导致购买力下降给投资者带来的风险，即由于通货膨胀的发生而导致实际收益降低的风险。通货膨胀是不可避免的，所以房地产投资的购买力风险也是不可避免的。投资回收期越长，房地产投资购买力风险越大。对于房地产投资而言，通货膨胀将会使房地产投资项目的现金收入贬值，使房地产投资项目的实际净现值减小。

购买力风险也会影响到购房者，在货币购买力水平普遍下降的情况下，人们会把有限的购买力用于急需的消费上，从而影响了对房地产的购买。虽然房地产本身能够保值，但由于人们降低了对它的需求，由此将导致房地产投资者遭受一定的损失。

(三) 变现性风险

房地产具有不可移动性，无法在区域间互通有无。而且房地产投资周期长，销售周期长，使用周期更长。一笔资金投入房地产开发后，要经过相当长的时间才能将房地产投放到市场上去，进入市场后，还必须经过一段时间才能在市场上脱手，造成了房地产投资的变现性较差。如果急于出手，必然要以低价成交，这给投资者造成了损失，大大影响了投资收益率。对于某些用途比较专业化的房地产，其投资变现风险更大。

房地产投资变现风险的影响因素主要包括市场行情、所处地段、工程形象进度、房地产价值量的大小、净现金流量等。

(四) 金融风险

房地产投资额巨大，投资回收期长，对金融的依赖性较大，金融业的变化直接影响房地产的发展变化。由于金融业的可变因素甚多，所以房地产投资金融风险的影响因素也很多。金融政策的调整以及银行催还贷款等都会对房地产投资产生威胁性影响，风险一旦发生，给投资者造成的损失是巨大的。

房地产投资的金融风险是指利率风险。房地产投资由于利率的变化会产生风险，一方面是因为利率代表着房地产投资的机会成本，贷款利率提高，会直接增加开发成本；另一方面，贷款利率的高低直接影响着消费者购买住宅的能力。利率降低，消费者贷款购房的积极性提高，反之则降低。

(五) 社会风险

由于政治、经济以及政策的变动，引起房地产需求和价格的跌落所造成的风险。当经济发展处于高潮期，房地产价格上涨；当各种政治风波出现、经济衰退时，原有发展规划改变、项目削减，造成房地产需求下降进而引起房地产价格急剧下降。

（六）经营风险

由于房地产投资经营上的失误造成的实际经营结果偏离于期望值的可能性。这种风险可能来自于企业内部，也可能来自于外部经济环境。来自于企业内部的经营风险又可以有三种情况：一是由于市场信息掌握不充分导致经营决策失误；二是由于投资者忽略或不熟悉房地产交易的相关法律、法规等造成投资失败；三是投资者专业化程度低，经营管理水平差，操作楼盘失误而产生的风险。来自于外部经济环境的风险是指周围经济条件没有原来预料的那样好，导致出售率或出租率很低；或者价格、租金下降等，都会给投资者造成经营风险。来自于外部经济环境的风险是由投资者经营管理水平差，决策能力不足，市场把握能力低等造成的。

（七）财务风险

房地产投资者运用财务杠杆的情况下，所增加的营业收入不足以偿还债务的可能性。预期利润率和贷款利率的利差称为财务杠杆率，财务杠杆率受预期利润率和贷款利率两方面的影响。财务杠杆的使用在提高可能的税前年收益的期望值和可能收益的同时，也扩大了年收益的波动范围，降低了可能收益的下限，下端风险增大了；加上抵押贷款贷方对净收入有优先要求权，而投资者的税前现金流量是还贷后的余额，所以增加贷款量的同时，也增加了营业收入不足以偿还债务的可能性。

（八）自然风险

由于自然条件等不可抗力给房地产投资带来的风险，如自然灾害，自然环境的突变等引起房地产投资经济损失的风险。这种风险控制起来很难。房屋自身情况、保险保障制度的建立情况、投资者的管理水平及抗灾自救能力都会影响到不可抗力风险。

三、房地产投资风险的识别

（一）风险识别的含义

由于每一个房地产项目本身就是一个复杂的系统，影响因素众多，而且各风险因素所引起的后果的严重程度也不相同。风险识别就是从系统的观点出发，从横向上观察房地产投资项目所涉及的各个方面，从纵向上观察项目建设发展过程中的各个环节，将引起风险的极其复杂的事物分解成比较简单、容易被识别的基本单元。在众多影响因素中抓住主要因素，分析它们引起投资效果变化的严重程度。

（二）风险识别的方法

风险识别的主要方法有头脑风暴法、德尔菲法、幕景分析法、故障树分析法和筛选监测诊断技术法等。

1. 头脑风暴法

（1）含义。头脑风暴法又称专家会议法，由美国人奥斯于1939年首创，出自"头脑风暴"一词，该词最早是精神病理学上的用语，针对精神病患者的精神错乱状态而提出的，现为无限制的自由联想和讨论，其目的在于产生新观念或激发创新设想。在房地产投资领域，该方法应用于概率的确定，主要是根据确定房地产投资各个不确定因素发生概率，邀请房地产投资专家和其他相关专家，通过会议的形式对拟定的房地产投资不确定因素展开讨论分析，最后综合意见，作出判断，得出房地产投资各个不确定因素发生的概率。

该方法可在一个小组内进行，也可以由各专家单独完成，然后由负责人将他们的意见汇集起来，报送专业投资分析人员。

（2）适用范围。一般用于问题简单、目标明确的情况。如果决策分析的问题较为复杂，是一个综合决策问题，应先将问题分解成几个子系统问题进行研究。经过合适的分解，可以使待分析的问题简化，待解决的任务更为突出、目标更为明确。运用头脑风暴法进行有关风险识别的讨论时，与会成员的讨论指向能趋于集中，效果将更加突出。

（3）注意事项。组织头脑风暴会议，一般应注意以下事项：

① 与会成员的选择与待分析决策问题的性质要一致，同时又要选择不同特点的专家参加。如既要有方法论学者，又要有擅长理论分析的专家，还要有丰富实践经验的专家等。

② 参加小组讨论的专家最好是互不相识，会上不公布专家所在的单位、年龄、职称和职务，让每一位与会成员感觉到大家都是平等的。便于大家在讨论时不会因某些已知的信息（如对方的职务、职称等）而影响到观点思想的表达和陈述。

③ 创造自由的、无拘无束的会议环境。会议主持人应说明会议的召开方式及特点，使与会成员没有任何顾虑，做到畅所欲言，最大限度地激发思维，使与会成员真正产生思维共振、交融与相互启迪。

④ 鼓励与会成员对已经提出的想法进行修正和完善，并为其提供发言的机会。

⑤ 主持人还应在适当的时候做诱导性发言，启发专家的思维，引导与会成员开展讨论和提出质疑。

2．德尔菲法

（1）含义。德尔菲法又称专家意见法，是在20世纪40年代由O.赫尔姆和N.达尔克首创，经过 T.J.戈尔登和兰德公司进一步发展而成的。依据系统的程序，采用匿名发表意见的方式，即专家之间不得互相讨论，不发生横向联系，只能与调查人员发生关系。通过多轮次调查专家对问卷所提问题的看法，经过反复征询、归纳、修改，最后汇总成专家基本一致的看法，作为预测的结果。

（2）实施步骤

① 组成专家小组。按照课题所涉及的知识范围，确定专家。专家人数的多少，可根据预测课题的大小和涉及面的宽窄而定，一般不超过20人。

② 向所有专家提出所要预测的问题及有关要求，并附上有关问题的所有背景材料，同时请专家提出还需要什么材料。然后，由专家提出书面答复。

③ 各个专家根据他们所收集到的材料，提出自己的预测意见，并说明自己是怎样利用这些材料并提出预测值的。

④ 将各位专家第一次判断意见汇总，列成图表，进行对比，再分发给各位专家，让专家比较自己同他人的意见，修改自己的意见和判断。也可以把各位专家的意见加以整理，或请身份更高的其他专家加以评论，然后把这些意见再分给各位专家，以便他们参考后修改自己的意见。

⑤ 将所有专家的修改意见收集起来汇总，再次分发给各位专家，做第二次修改。逐轮收集意见并为专家反馈信息是德尔菲法的主要环节。收集意见和信息反馈一般要经过三四轮。在向专家进行反馈的时候，只给出各种意见，并不说明每个发表意见专家的具体姓名。这一过程重复进行，直到每一个专家不再改变自己的意见为止。

⑥ 对专家的意见进行综合处理。

（3）注意事项

① 由于专家组成员之间存在身份和地位上的差别以及其他社会原因，有可能使其中一些人因不愿意批评或否定其他人的观点而放弃自己的合理主张。要防止这类问题的出现，必须避免专家们面对面的集体讨论，而是由专家单独提出意见。

② 对专家的挑选应基于其对企业内外部情况的了解程度。专家可以是第一线的管理人员，也可以是企业高层管理人员和外请专家。例如，同样在估计未来企业对劳动力需求时，企业可以挑选人事、计划、市场、生产及销售部门的经理作为专家。

③ 为专家提供充分的信息，使其有足够的根据作出判断。例如同样在估计未来企业对劳动力需求时，应为专家提供所收集的有关企业人员安排及经营趋势的历史资料和统计分析结果等。

④ 所提出的问题应是专家能够回答的问题。

⑤ 允许专家粗略的估计数字，不要求精确。但可以要求专家说明估计数字的准确程度。

⑥ 尽可能将过程简化，不问与预测无关的问题。

⑦ 保证所有专家能够从同一角度去理解相关定义。

⑧ 向专家讲明预测的重要性，以争取他们对德尔菲法的支持。

（4）适用范围。德尔菲法作为一种主观、定性的方法，不仅可以用于预测领域，而且可以广泛应用于各种评价指标体系的建立和具体指标的确定过程。

例如，在考虑一项投资项目时，需要对该项目的市场经济吸引力做出评价。可以列出同市场吸引力有关的若干因素，包括整体市场规模、年市场增长率、历史毛利率、竞争强度、对技术的要求、对能源的要求、对环境的影响等。市场吸引力这一综合指标就等于上述因素的追加求和。每个因素在构成市场吸引力时的重要性，即权重和该因素的得分，需要由管理人员的主观判断来确定。这时，同样可以采用德尔菲法。

3．幕景分析法

（1）含义。幕景分析法是一种能在风险分析中帮助辨识引起风险的关键因素及其影响程度的方法。所谓幕景是对一个决策对象（例如，一个房地产投资项目，一个企业的发展问题）的未来某种状态的描述，包括用图表、曲线或数据的描述。现代的大型风险决策问题，一般都必须依赖计算机才能完成复杂的计算和分析任务。幕景分析，正是在计算机上实现各种状态变化条件下的模拟分析。当某种因素发生不同的变化，对整个决策问题会产生什么影响？影响程度如何？有哪些严重后果？像电影上的镜头一样可以一幕一幕地展现出来，供分析人员进行比较研究。

幕景分析的结果分为两类：一类是对未来某种状态的描述，另一类是描述目标问题的发展过程，预测未来一段时间内目标问题的变化链和演变轨迹。例如，对一项投资方案的风险分析，幕景分析可以提供未来三年内该投资方案最好、最可能发生和最坏的前景，并且可以详细给出这三种不同情况下可能发生的事件和风险，为决策提供参考依据。

（2）适用范围

① 提醒决策者注意因措施或政策可能引起的风险及后果。

② 建议需要监视的风险范围。

③ 研究某些关键性因素对未来过程的影响。

④ 当存在各种相互矛盾的结果时，应用幕景分析可以在几个幕景中进行选择。

4．故障树分析法

（1）含义。故障树分析技术是美国贝尔电报公司的电话实验室于1962年开发的，它采用逻辑的方法，形象地进行危险的分析工作，特点直观、明了、思路清晰、逻辑性强，可以做定性分析，也可以做定量分析。体现了以系统工程方法研究安全问题的系统性、准确性和预测性，是安全系统工程的主要分析方法之一。安全系统工程的发展也是以故障树分析为主要标志的。

1974年美国原子能委员会发表了关于核电站危险性评价报告，即"拉姆森报告"，大量、有效地应用了FTA，从而迅速推动了该方法的发展。

故障树分析法原理是将复杂的事物分解成比较简单的、容易被认识的事物。具体做法是利用图解的形式将大的故障分解成各种小的故障，或对各种引起故障的原因进行分解、细化。故障树作为一种有效的风险识别方法，故障树实际上变成了风险树。此时可以将企业面临的主要风险分解成许多细小的风险，将产生风险的原因一层又一层地分析，排除无关的因素，从而准确地找到对房地产投资者真正产生影响的风险及原因。

（2）实施步骤。故障树分析法的基本实施步骤包括九个：

① 熟悉系统。要详细了解系统状态及各种参数，绘出业务流程图或布置图。

② 调查事故。收集事故案例，进行事故统计，设想给定系统可能发生的事故。

③ 确定顶上事件。要分析的对象即为顶上事件。对所调查的事故进行全面分析，从中找出后果严重且较易发生的事故作为顶上事件。

④ 确定目标值。根据经验教训和事故案例，经统计分析后，求解事故发生的概率（频率），以此作为要控制的事故目标值。

⑤ 确定原因事件。调查与事故有关的所有原因事件和各种因素。

⑥ 画出故障树。从顶上事件起，逐级找出直接原因的事件，直至索要分析的深度，按其逻辑关系，画出故障树。

⑦ 分析。按故障树结构进行简化，确定各基本事件的结构重要度。

⑧ 事故发生概率。确定所有事故发生概率，标在故障树上，并进而求出顶上事件（事故）的发生概率。

⑨ 比较。比较分为可维修系统和不可维修系统，前者要进行对比，后者求出顶上事件的发生概率即可。

原则上是上述九个步骤，在分析时可视具体问题灵活掌握，如果故障树规模很大，可借助计算机进行。目前我国故障树分析一般都考虑到第七步进行定性分析为止，也能取得较好效果。

（3）故障树分析法的优缺点

① 优点。

故障树的因果关系清晰、形象。对导致事故的各种原因及逻辑关系能做出全面、简洁、形象的描述，从而使有关人员了解和掌握安全控制的要点和措施。

根据各基本事件发生故障的频率数据，确定各基本事件对导致事故发生的影响程度——结构重要度。

既可进行定性分析，又可进行定量分析和系统评价。通过定性分析，确定各基本事件对事故影响的大小，从而可确定对各基本事件进行安全控制所应该采取措施的优先顺序，为定制科学、合理的安全控制措施提供基本的依据。通过定量分析，依据各基本事件发生的概率，计算出顶上事件（事故）发生的概率，为实现系统的最佳安全目标提供一个量的概念，有助于其他各项指标的量化处理。

② 缺点

FTA可以很好地用来分析事故原因，但在推测导致事故发生原因的可能性上略有欠缺。

FTA分析是针对一个特定事故做分析，而不是针对一个过程或设备系统做分析，因而具有局部性。

FTA要求分析人员必须非常熟悉所分析的对象系统，能准确和熟练地应用分析法。在运用FTA时，往往会出现不同分析人员编制的事故树和分析结果不同的现象。

对于复杂系统，编制事故树的步骤较多，编制的事故树也较为庞大，计算也较为复杂，给进行定性、定量分析带来困难。

在对系统进行定量分析前，必须确定所有各基本事件发生的概率，否则无法进行定量分析。

5．筛选监测诊断技术法

筛选是依据某种程序将具有潜在影响房地产投资的风险因素进行分类、选择的过程；监测是对应于某种险情及其后果进行监测、记录和分析显示的过程；诊断则是根据症状或其后果与可能的起因等关系进行评价和判断，找出可疑的起因并进行仔细检查。

筛选、监测和诊断是紧密相连的。由于客观事物的复杂性和可变性，往往一次"筛选——监测——诊断"过程不能彻底解决问题，在诊断之后还有可能会产生新的风险因素，因此需重复进行这一过程。上述过程都使用相似元素，即疑因估计、仔细检查和征兆鉴别，其具体顺序如下所示。

筛选：仔细检查——征兆鉴别——疑因估计

监测：疑因估计——仔细检查——征兆鉴别

诊断：征兆鉴别——疑因估计——仔细检查

由于幕景分析法、故障树分析法和筛选监测诊断技术法均需借助计算机系统，而不同的分析目标又需要不同的计算机程序，在房地产投资分析中应用成本较高，难度也较大。头脑风暴法和德尔菲法使用方式较为简单，运用范围广泛，成本较低，效率较高，故在房地产投资分析中得到了广泛运用。

总之，每一种识别方法兼有缺点和优点，在充分认识其优缺点的基础上，才能准确地划分出其应用领域。一个项目的识别，本身是个复杂过程，而且在一个小的阶段过程中，还可能涉及许多不同的方面。所以，在实践应用中，根据各阶段特征，可以将各种识别方法合理结合进行使用。

四、房地产投资风险的规避

规避房地产投资风险,首先应准确识别和预测风险,投资者要降低风险,在作出投资决策前,必须进行深入的可行性研究和风险预测,分析、评估项目投资可能遭遇的各种不确定性风险;其次要针对可能出现的风险制定规避措施。在房地产投资活动中,风险是客观存在的,是不以人的意志为转移的。投资风险的规避在于及时地发现或预测到各种潜在风险的同时,能够采取相应的有效措施,化解、减轻、控制这种风险,最大限度减少投资者预期收益损失的可能性。规避和控制风险的基本思想是对某种损失的可能性进行调整,进而尽可能降低这种可能性。如果造成损失的不确定因素有可能出现,也有可能不出现,那么在投资过程中尽量避免可能出现的情况。如果造成损失的不确定因素出现的可能性有大有小,则要采取措施使出现的可能性尽量减小,进而减少损失的可能性。针对不同类型的风险,其规避和控制的具体方法有所不同。

(一)市场竞争风险的规避

市场的容量是有限的,如果竞争对手夺去了多一些的市场份额,留给我们的市场份额就会相应减少。所以,对于一个楼盘来讲,深入调查竞争楼盘的详细情况,针对竞争楼盘的情况制定本项目的竞争策略,对于本项目投资收益大小有着决定性的影响。很多投资者在研究竞争对手时,比较注重在售的同类项目,却忽视了潜在的同类项目。事实上,潜在项目才是最真实的竞争对手。规避市场竞争风险,首先要确定竞争对手,在明确竞争对手后,应调查清楚竞争对手的详细信息,包括推出的产品有多大规模,主力户型是什么,主力面积有多大,户型设计有什么优缺点,各户型的销售情况如何,最低价、最高价、均价、付款方式,不同付款方式的折扣有多大,什么时候推向市场,采取什么方式推广等。这些问题清楚后,方能知己知彼,将项目的风险降至最低。

(二)购买力风险的规避

规避购买力风险,要求投资者对通货膨胀有全面、足够的认识。由于通货膨胀的影响,投资者未来收益的实际价值会有所降低。为避免盲目投资造成的损失,房地产投资方案的评价应在充分考虑通货膨胀的基础上进行。同时,为加速资金周转,缩短项目的投资回收期。投资者可采用预售或预租的方式,迅速回收资金,降低项目的投资风险和财务成本。

(三)变现性风险的规避

投资者应根据实际情况注意以下几方面:①做好房地产投资管理。投资管理工作是降低房地产投资变现风险的最根本对策,管理工作做得好,影响房地产投资变现性风险的各种因素都会得到充分考虑和有效控制。②处理好房地产实物资产投资与房地产金融资产投资的搭配比例,保证在需要时有足够的可迅速变现的资产,满足临时需求。③优先选择容易分割出售的房地产进行投资,因为,容易分割出售的房地产的变现性要好于不易分割出售的房地产。④由于"半截子"工程会造成一定的或很大的资金缺口,投资者应避免进行这类房地产投资。如果某一"半截子"工程确实市场潜力很大,投资者也应在投资决策前,在保证资金供应的同时,聘请专业的房地产服务公司对项目重新定位,重新包装,选择合适时机推向市场。⑤由于房地产市场处于不断的变动之中，对投资的房地产的市场价格影响很大，从而可能引发变现性风险。所以房地产投资者在投资前，必须充分考虑，保证有能力持有房地产足够时间，以便在市场繁荣时期出售该房地产。如果不能持有房地产足够时间，就有可能在市场萧条时被迫出售，将会遭受难以估量的损失，且有可能是致命的损失。

（四）金融风险的规避

金融风险来自金融政策的调整和贷款利率的提高，规避金融风险也应从这两个方面着手。第一，充分把握国家金融政策。国家金融政策的调整一般情况下都是有先兆的。为规避房地产投资的金融风险，投资者必须密切关注国家金融政策的任何变化，通过种种迹象判断可能出现的政策调整，从而在国家金融调整政策出台之前，及早作出安排，利用金融政策的调整来获取盈利，或者降低金融政策的调整所带来的损失。国家金融政策的调整是和经济周期、房地产周期的发展变化密切相关的，只有认清国家经济发展的形势，才能更好地降低房地产投资金融风险。第二，预测银行贷款利率的变化。银行贷款利率提高发生频率相当高。为规避由此带来的金融风险，在签订银行贷款合同时，选择固定利息率；在评价投资方案时，按可能升高的银行贷款利率来进行，预先对银行贷款利率的提高采取防范措施；在进行投资方案评价时，对银行贷款利率进行敏感性分析，充分考虑贷款利率提高可能带来的金融风险。

（五）社会风险的规避

经济周期、政治风波以及国家政策的变化，都会给房地产投资带来很大的风险。

经济的衰退和萧条阶段，投资规模和需求总量都会大大萎缩，原有发展规划和投资计划发生削减，造成房地产需求减少、房地产价格下降，从而加大了房地产投资的社会风险。这要求投资者在作出投资决策前，应对国家和投资所在城市的宏观经济进行深入的调查研究，准确判断宏观经济走势，以避免受宏观经济影响而造成不应有的损失。经济周期在各国家和地区是有规律可循的，在深入研究经济周期的同时，时刻关注宏观经济的变化，关注各主要宏观经济指标的走向，对于识别风险是有益的。

政治和经济密不可分，政治或军事因素对房地产投资的社会风险的影响是巨大的，投资者应引起高度的重视。政治风波一旦发生，必然导致经济震荡，从而使房地产价值发生骤变，加大房地产投资的风险。政资风波本身虽是突发的，但有时是可以判断一二的，这对投资者的警觉性和嗅觉性提出了要求。但通常情况下，这种风险不好预测，一旦发生时，投资者都是非常被动的。所以，应把握好的是，对于存在潜在政治或军事风波的国家和地区，要慎重投资。

国家房地产政策的改变，尤其是调整性政策的出台，必然导致某些房地产受到不利影响，从而导致此类房地产项目的社会风险加大。在房地产投资中，楼堂馆所投资的商业风险，受政策的影响最大。因为每当中国经济状况出现过热，或者中国经济实行政策调整时，压缩固定资产投资规模几乎成了惯用的手段，而每当压缩固定资产投资规模时，楼堂馆所必然首当其冲地受到压缩。政策变化也是形成房地产周期最主要的因素。房地产周期本身又是形成投资社会风险的一个因素。由于房地产投资的周期较长，决定了投资者在投资全面启动前，需准确判断2~3年后，房地产市场还有没有空间。如果市场只是存在暂时的空间，就要求投资者一定要慎重决策，以免因贸然投资造成巨大损失。

（六）经营风险的规避

房地产管理水平的高低，决定了房地产项目收入支出的大小，也决定了房地产项目抵御经营风险的能力。管理水平高的房地产项目，其经营支出低而经营收益高，保证了尽快收回投资，保证了在外部环境变坏的情况下也能维持，其抵御经营风险的能力强。相同类型的房地产项目，有的亏损，有的盈利，很大程度上取决于房地产的管理水平。房地产投资者在投资时，为了降低经营风险，必须对房地产项目经营过程中的管理水平作出准确评价。必要时，可以高薪聘请专业管理公司进行房地产管理，保证房地产管理的高水准。

（七）财务风险的规避

财务风险主要是投资收益不足以偿付贷款利息，进而导致投资失败。贷款利息过高，原因有两个方面，一是贷款利率本身就高于投资收益率，二是投资回收期过长，导致财务成本过高，侵蚀了投资收益，带来财务风险。对于前一种情况，主要规避办法为：投资前对贷款利率的变化趋势有一个准确估计。在对项目投资收益有一个基本认识的情况下，如果投资收益确有较大潜力可挖掘，则通过精心策划、积极运作、努力提高投资收益；如果投资收益缺乏提升空间，则在充分科学论证后，放弃该项投资。对于后一种情况，主要规避办法为通过采取各种有效措施，尽力缩短项目的销售周期，进而缩短投资回收期，降低投资的财务成本，避免财务风险的发生。

（八）自然风险的规避

自然灾害、意外事故、战争和政变等不可抗力的发生，大多事先都有预兆。如果房地产投资者加强管理，做好预防工作，就可以提前防范，从而降低风险。例如，在估计不可抗力将发生之前，将房地产迅速变现，就可充分避免不可抗力造成的风险。

此外，投资者通过投保，可以将自然灾害风险和意外事故风险转嫁给保险公司，从而保证在发生灾害时，得到一定的赔偿。当然，房地产投资者在投保时，需要支付保险金。但所支付的保险金数额，与发生灾害时获取的赔偿是相差悬殊的，所以，房地产投资者投保以降低自然灾害和意外事故风险的做法是值得和必要的。

第三节　房地产投资决策与可行性研究

一、房地产投资决策科学化

投资前，对房地产投资项目的市场可行性、财务可行性及技术可行性进行全面、深入论证，最大限度降低投资风险，是整个房地产投资过程的首要环节，也是房地产投资能否顺利进行并最终获取收益的重要条件。

（一）房地产投资决策的含义

决策就是在目标既定的情况下，寻找可以达到目标的各种可行方案，然后对这些方案进行比较分析，最终选出一个最优方案的过程。房地产投资决策就是分析拟建房地产投资项目的必要性和可行性，对可以达到目标的不同方案进行比较和评价，并作出判断，选择最优方案的过程。

房地产投资决策对房地产业的稳定、健康发展具有重要意义。房地产项目在空间上是不可移动的，一旦实施了投资方案，就很难变更。而项目启动后，投资回收的迫切性也要求尽量缩短工期，以便在最佳时机投入市场，因此项目也很难终止。同时房地产投资还涉及经济发展和城市建设，它的总量确定、空间布局十分复杂。这些情况都决定了房地产投资决策的重要性。房地产投资决策的科学水平，表明了房地产业和房地产市场发育的成熟程度。

（二）房地产投资决策过程

房地产投资决策过程是指在房地产投资决策中提出问题、分析问题、解决问题的过程，包括以下各项程序。

1. 确定决策目标

房地产投资决策过程始于决策目标的确定。在展开相应的工作前，应明确决策目标是什么，只有在确定了决策目标后，才能够遵循该目标进行决策。确定决策目标是整个投资过程的关键环节。

2. 市场调查

市场调查是房地产投资决策活动的前提和基础。在地块已选定的条件下，房地产投资决策前的市场调查工作主要是弄清楚投资项目所在城市的宏观环境与房地产市场、区域环境与房地产市场、地块基本情况、竞争楼盘、目标客户需求特征等。其目的在于明确投资环境、竞争对手及客户需求，以便为投资决策提供依据。

3. 拟定备选投资方案

根据房地产投资决策目标和市场调查所获信息，初步拟定备选投资方案，并要求整体详尽性与相互排斥性相结合，以避免方案选择过程中的偏差。整体详尽性是指拟定的各种备选方案应尽量包括有可能找到的方案，因为方案的数量越多、质量越好，选择的余地就越大。相互排斥性指在不同方案中只能选用一个方案，在拟定备选方案的过程中，还应考虑可能出现的意外变动，并对主要的参数及可能出现的误差和变动，进行预测性分析。

4. 房地产投资方案评估及方案选择

方案评估就是根据确立的决策目标和所提出的各种可行性方案以及衡量效益的标准、预期的结果等，分别对各方案进行衡量。方案的选择是就每一个方案的结果进行比较，选出最可能实现决策预期目标或期望收益最大的方案，作为初步最佳方案。方案评估的标准包括方案的作用、效果、利益、意义等，应具有技术可能性和经济合理性。选择方案的方法通常有经验判断法、数学分析法和试验法三类。经验判断法是依靠决策者的经验进行判断，常用的有淘汰法、排队法、归类法等。数学分析法是应用决策论的定量化方法进行方案选择，常用的有概率法、效用法、期望值、决策树等。试验法则是在管理决策中，特别是在新方法的采用、新工艺的试验中所采用的一种选择方法，可视为正式决策前的试验。

5. 实施房地产投资决策方案

方案的实施是决策过程中至关重要的一步，在方案选定以后，就可制定实施方案的具体措施和政策。

6. 追踪调查方案实施

执行一个大规模的决策方案通常需要较长的时间，在这段时间中，情况可能会发生变化。而初步分析只产生对于该问题的一个初步估计。因此，在进行方案计划的设置及解决不确定性问题时，方案应不断加以变动和完善。同样，任何连续性活动过程由于涉及多阶段控制，定期的分析也是必要的。这是在变动的环境中获取最优结果的唯一途径。另一方面，外部环境和内部条件的不断变动也需要通过不断修正方案来消除不确定性，以适应变化的情况，进行必要的调整。

（三）房地产投资决策的类型和方法

房地产投资决策贯穿于整个房地产投资活动的全过程。从不同的角度对决策过程加以分类，将有助于决策者把握各类决策的特点，根据所要决策问题的特征，采用相应的方法，进行有效决策。

1. 长期决策和短期决策

按决策影响的时间长短进行分类。长期决策是指有关组织今后发展方向的长远性、全局性的重大决策，又称长期战略决策，如投资方向选择、投资规模的确定等。短期决策则是实现长期战略目标所采取的短期策略手段，又称短期战术决策，如日常的资金分配等。

2. 战略决策、战术决策和业务决策

按决策的重要性进行分类。战略决策是所有决策中最重要的。战略决策所要解决的是全局性的问题，即确定一个长远的房地产投资目标或方向。战术决策所要解决的是局部性、短期性的问题，是为保证战略决策实施而采用的项目投资决策。业务决策，又称执行性决策，是日常工作中为提高生产效率、工作效率所作的决策，涉及范围较小，对投资活动只产生局部影响。

3. 程序化决策和非程序化决策

按决策问题的重复程度进行分类。程序化决策是指按原来规定的程序、处理方法和标准去解决管理中经常重复出现的问题，又称重复性决策、定型化决策、常规决策。它可以通过制定规定程序、决策模型和选择方案的标准，由计算机处理。非程序化决策是解决以往无先例可循的新问题，具有极大的偶然性和随机性，很少发生重复。这类决策又称一次性决策、非定型化决策和非常规决策，通常是有关重大战略问题的决策，由于非定型化决策需要考虑内外部条件变动及其他不可量化的因素，除采用定量分析外，决策者个人的经验、知识、洞察力和直觉、价值观等主观因素对决策有很大的影响。

4. 确定型决策、非确定型决策和风险型决策

按决策问题的可控程度进行分类。确定型决策是指决策者确知自然状态的发生，在稳定或者可控条件下进行的决策，每一方案只有一个确定的结果，方案的选择结果取决于对各方案结果的直接比较。风险型决策也称随机决策，即决策方案未来的自然状态不能预先肯定，可能有几种状态，但每种自然状态发生的概率是可以作出客观估计的，所以不管哪个决策方案都是有风险的。这类决策的关键在于如何得出各备选方案成败的可能性（概率），并以此衡量各自的利弊，作出最优选择。非确定型决策是在不稳定条件下进行的决策，决策方案未来的自然状态可能有多种，但无法预先作出明确估计，且各种自然状态的概率亦无法确定，似乎每一个备选方案有可能获得成功，也隐藏着失败的可能。在不稳定条件下进行有效的决策，关键在于决策人员对信息资料掌握的程度，信息资料的质量以及对未来形势的准确判断。这类决策主要是根据决策人员的直觉、经验和判断能力来进行的。

二、房地产投资可行性研究

（一）房地产项目可行性研究的含义

可行性通常指"可能的，行得通的，可以实现或可以成功的"的意思。与可能性是同义语。这里的"可行性"，是可行而不是最优，但可行性研究应做到尽量最优，在可行的基础上去保持最优。

可行性研究最早出现于美国。20世纪30年代初期美国为开发田纳西流域，开始采用这种方法，把可行性研究列入流域开发程序，作为开发规划的必要程序，保证了工程的顺利进行，取得了较好的经济效益。第二次世界大战以后，这种方法发展迅速，可行性研究不仅应用在工程建设方面，而且在生产领域中得到运用和推广。通过几十年的不断充实和完善，扩大到很多领域，目前已形成一整套系统、科学的研究方法。虽然各国对可行性研究的内容、作用、阶段划分有所不同，但作为一门科学已被各国所公认。各国对这门科学的命名并不一致，西方国家叫作可行性研究，俄罗斯和其他一些东欧国家叫作技术经济论证，日本叫作投资前研究。

房地产开发是较复杂的综合性行业，它除了具备一般行业所具有的生产、流通、消费和服务等特征，还具有投资额度大、生产周期长、资金周转慢、产品体量大、生产环节多、经济风险高和社会环境影响大等特点。所以在做房地产项目决策之前，对该项目进行可行性研究分析已日益重要且必要。

房地产项目可行性研究于20世纪70年代末期引入我国，在投资决策之前对拟开发的项目进行全面、系统的调查研究和分析，运用科学的技术评价方法，得出一系列评价指标值，以最终确定该项目是否可行。可行性研究是以市场供需为立足点，以资源投入为限度，以科学方法为手段，以系列评价指标为结果。它通常要解决两方面的问题：一是要确定项目在技术上能否实施；二是如何才能取得最佳的效益（主要是经济效益）。房地产开发项目的可行性研究是对开发项目的必要性、项目实施的市场条件（供给和需求）、项目选址和开发规模、企业的投融资能力、项目开发模式、开发经营周期、投资效益等方面所做的调查研究和全面的技术经济分析论证。它是决定一个开发项目是否应该投资，并以最小的投入获得最大的产出，即以最小的开发成本取得最佳经济效益的科学手段，为开发项目决策提供科学依据的一种科学分析方法。它是开发商投资决策和项目策划的科学参考依据，是开发项目立项的必要文件，是环保等政府职能部门进行社会、环境评价的依据，是房地产开发项目实施的指导性文件。

房地产项目可行性研究有三个层次，且为层层递进、层层深入。具体如下：

1. 投资机会研究阶段

该阶段的主要任务是对投资项目或投资方向提供建议，即在一定的地区和部门内，以自然资源和市场的调查预测为基础，寻找最有利的投资机会。

投资机会研究也就是根据投资意向，进行初步分析、评价，形成投资建议。其主要任务是寻找投资机会,选择开发项目,形成投资建议。投资机会研究就是在城市规划区内,以城市规划、市场预测为前提,寻找最有利的投资机会;进行调查研究,收集资料,进行现场踏勘,进行项目开发;根据掌握的市场信息,进行粗略的分析和计算,分析项目是否可行;在项目可行的基础上,写出项目建议书。

投资机会研究的目的在于激发投资者的兴趣,寻找最有利的投资机会,即以某种类型的开发项目为研究对象进行投资机会的分析,具有机会研究的典型含义。因为研究是对某一个项目而言的,如果可行,就会使意向变为投资建议,就可以促进项目下一阶段的研究。

投资机会研究相当粗略,主要依靠笼统的估计而不是详细的分析。该阶段投资估算的精确度为±30%,研究费用一般占总投资的 0.2%~0.8%。如果投资机会研究认为可行的,就可以进行下一阶段的工作。

2. 初步可行性研究阶段

初步可行性研究主要是进一步判断投资机会研究的结论是否正确,是否可以投资,同时也决定后面的详细可行性研究是否进行。初步可行性研究是介于投资机会研究和最终可行性研究的中间阶段。当然,那些不需要进行投资机会研究的项目,如已经拟定的开发项目,就可以直接进行初步可行性研究。这就是说,初步可行性研究有些是在投资机会研究基础上进行的,有些则不是。

初步可行性研究的深度和广度都比投资机会研究进了一步。其研究内容基本上与详细可行性研究相同,但在深度上与最终可行性研究比较,仍然是粗浅的,对房地产开发的投资估算、经济评价等,仍采用简便方法进行。在初步可行性研究中,如果认为某些部分对项目取舍具有决定性作用,则可以对这一部分进行独立的专题研究,有时也叫辅助研究。辅助研究有区域性房地产市场供求研究、开发产品定位研究、租售价格研究、营销研究、开发时机研究、开发模式研究等。辅助研究可以和初步可行性研究同时进行,也可以分别进行。辅助研究可以否定初步可行性研究,如果在详细可行性研究之后进行辅助研究,辅助研究还可以否定详细可行性研究。所以虽然名为辅助研究,实为关键性研究。初步可行性研究对项目所需投资和收益的计算,是在投资机会研究的基础上,进一步对项目建设的可能性与潜在效益进行论证分析。初步可行性研究阶段投资估算精度可达±20%,所需费用约占总投资的 0.25%~1.5%。

3. 详细可行性研究阶段

详细可行性研究是在初步可行性研究的基础上,采用最新的资料和数据,对房地产开发项目进行深入的技术经济论证,对开发项目是否可行作出判断,对项目实施提出建议,是委托方确定最优开发方案和科学决策的依据。详细可行性研究是详尽、全面的论证,要在科学、准备的资料和数据的基础上,设计出多种方案,进行比较、分析。详细可行性研究对项目所需投资和收益的计算,误差允许在±10%范围内。

详细可行性研究就是通常所说的可行性研究。详细可行性研究是开发建设项目投资决策的基础,是分析项目在技术上、财务上、经济上的可行性后作出投资与否的关键步骤。

这一阶段对建设投资估算的精度在±10%,所需费用:小型项目约占投资的 1.0%~3.0%,大型复杂的项目约占 0.2%~1.0%。

投资机会研究、初步可行性研究和详细可行性研究,三者并不存在必然的因果关系,主要是按研究的深度和粗细程度划分的，不是实际工作阶段的顺序。在实际研究工作中，根据项目规模大小和繁简程度以及实际要求，可以实行三阶段研究，也可以只进行两阶段或一阶段研究，但详细可行性研究是不可缺少的。在实行三阶段研究时，如果在投资机会研究之后，项目决策尚在两可之间，初步可行性研究就必须进行；如果已有足够的数据可供决策，就可以直接进入详细可行性研究阶段。一般规模的项目和简单项目，则只做详细可行性研究。

（二）房地产投资可行性研究的作用

1．作为项目投资决策的依据

房地产开发具有投资量大、涉及面广、建设期长等特点。因此，在投资前，为了避免和减少投资决策的盲目性，提高开发项目综合效益，应在市场预测和投资环境分析的基础上，对拟建项目在技术上是否适用、经济上是否合理、财务上是否盈利、建设上是否可能等进行综合论证。通过可行性研究，明确该开发项目是否可行，从而为投资决策提供科学的、可靠的依据。

可行性研究报告是投资决策者的决策依据，科学的决策会减少项目实施过程中的损失和浪费。可行性研究报告能够全面提供项目决策所需的重要数据和信息，明确开发的房地产产品的供求状况、市场竞争能力、成本与收益和风险程度，从而得出项目是否可行、建议采用何种方案和重点控制的敏感性因素等结论供决策者分析和决策。

2．作为项目筹集资金的依据

房地产开发所需的巨额资金一般通过银行信贷、保险公司投资、企事业单位集资以及发行建设债券和股票等途径筹集。目前，开发项目的资金主要来源于银行的信用贷款。房地产开发企业向银行申请贷款时，必须附有开发项目的可行性研究报告，经银行审查，确认该项目在规定的时间内具有偿还能力，不会承担过大的风险时，银行才会同意贷款。同样，其他途径的主要资金来源方，在投放资金前，也必须对项目的可行性报告进行审查。

此外，当房地产开发项目的所需资金来源于多种途径时，投资方应进行可行性分析，确定最佳的资金筹措方式，以减少资金利息和开发项目的总投资。

3．作为项目规划设计的依据

项目规划设计是房地产开发的重要前期工作，为了保证开发产品的质量并按期交付使用，就必须提供可行的设计方案。可行性研究报告能够为规划设计提供大量、详细的调查和研究结果，为编制出较高质量的规划设计方案提供保证。

房地产开发项目可行性研究，根据开发场地的规划要求，对拟开发项目的占地面积、建设性质和规模、建筑密度、容积率以及其他设计条件都提出了明确要求。并对开发场地的工程地质条件和原来使用情况做了调查分析，为编制设计文件和规划设计提供了依据。

4．作为申请市政配套的依据

可行性研究报告对项目用地的条件进行了详细的分析调查，初步估算出项目所需的水、电、燃气等用量，以这些数据为依据可以向自来水公司、供电局、煤气公司、电信局、市政局等部门提出配套和增容申请，保证项目按进度计划实施。

由于房地产开发涉及面广，为保证开发项目顺利进行，与有关部门需签订协议或合同，明确双方的权利和义务，并使其受到法律的约束和监督。在可行性研究中，对诸如土地征用、拆迁方案、主要材料供应、设备选型、开发项目的总造价等有关问题做了论证和估算,为与有关部门签订协议或合同提供了依据。

5. 作为申请建设执照的依据

房地产开发应符合城市经济社会发展计划和城市规划的要求,符合各种法规要求。可行性研究报告,对开发场地、总体布局以及建设方案做了论证,为申请建设场地和建设执照提供了依据。

6. 作为项目投资有序性的保证

由于房地产项目涉及面广、周期长、风险高,如果没有一个投资计划安排就难以保证项目投资活动正常运行。特别是房地产项目可行性研究中的资金筹措和还贷计划为房地产项目的资金运用提供了一套有效的执行程序,保证了资金的正常运转。

(三)房地产投资可行性研究的特点

房地产项目可行性研究的特点可以归纳为以下五个方面:

1. 独立性

指受托方进行可行性研究工作时,不受委托方业已形成的项目评价意见约束,而是按实际情况进行可行性研究分析,这是确保可行性研究成果的客观、公正和可信的重要前提。如果可行性研究中的论证和评价,只是委托方已经定下的开发模式、产品和功能定位、租售价格、经济指标等形式上的书面报告,而非评价和论证,那么这样的研究意义将大打折扣。所以坚持独立性,真正按房地产开发的内在规律和客观情况进行研究和分析,是确保经济评价和技术论证正确性的重要条件,也是对可行性研究人员的基本要求。

2. 系统性

主要体现在全面和系统分析的方法上。"全面"是指可行性研究的评价和论证必须以房地产开发项目的整体最优为目标,这是可行性研究不同于其他任何局部或单方面研究的重要特点;"系统"则是指可行性研究是在一个系统范围内反复进行的综合平衡,在市场调查分析、市场定位、规划设计方案、经营方式、租售价格等作为房地产项目开发可行性研究重要内容的因素之间,既相互联系又相互影响和制约。

3. 客观性

一切论证和评价都要以客观的数据资料为基础。只要依据定量指标体系和定性评价标准,确保取得的资料是真实的、可靠的,采用的数据(如开发成本、取费标准和市场供求水平等)是符合实际的,分析过程是科学的、合理的,便能保证论证和评价结论的客观性。

4. 预测性

房地产项目可行性研究对拟开发项目的一切评价结论都是建立在科学预测的基础之上的。这些预测包括:

(1)市场预测,主要是对未来房地产市场同类产品的供给和需求的预测、消费群体的分析和判断以及市场发展前景的预测等。

(2)成本费用预测,成本费用包括拟开发项目的土地取得成本、开发建设成本、管理费用、财务费用和其他费用等。

(3) 总收益预测，可行性研究过程中采用的租售价格和租售时间是通过一定的方法预测的，这种预测方法无论多么科学，但与实际情况肯定是有差距的。

5．优选性

房地产项目可行性研究应根据委托方提供的基本资料，在项目策划方案（或开发思路）的基础上，设计多种可供选择的实施方案，从中选出最优方案或进行排序。多方案比较的方法是可行性研究的最大特点，尤其适用于房地产开发项目。房地产项目可行性研究应根据可能发生的几种方案提供研究结论供决策者评价和判断。但实际上，目前相当一部分的房地产开发可行性研究报告只是按确定的意向，从技术经济分析的角度去补充论证其可行性而已。

（四）房地产投资可行性研究的原则和依据

1．**房地产项目可行性研究的原则**

（1）科学性原则。按客观规律办事，这是可行性研究分析工作必须遵循的最基本的原则。

1）用科学的方法和认真的态度来收集、分析和处理原始的数据和资料，确保它们的真实可靠。

2）每一项技术与经济的决定，都有科学的依据，是经过认真地分析计算得出的。

3）可行性研究分析报告和结论必须是分析研究的合乎逻辑的结果，而不是主观意愿的表达。

（2）客观性原则。坚持从实际出发，实事求是的原则。编制人员能正确认识各种客观存在的规划要求、建设条件和经济能力，排除主观臆想，从实际出发，实事求是地运用客观的资料，作出符合科学和实际的决定和结论。

（3）公正性原则。站在公正的立场上，不偏不倚，坚持科学性与客观性原则。当然，不同的研究报告有其特定的阅读者，研究人员应该站在委托者的立场上来编写。

（4）准确性原则。在收集资料过程中，要本着客观实际的原则，去伪存真，去粗取精。在利用资料进行分析时要仔细准确。

（5）可靠性原则。资料来源要可靠，不能不经过鉴别就直接取用资料。

2．**房地产项目可行性研究的依据**

房地产项目可行性研究需要进行经济评价和科学论证，而评价和论证的结论或结果是以大量资料为基础，通过对这些资料进行综合分析、比较和处理而得到的。因此，进行可行性研究时，广泛搜集各种有关基础资料是工作顺利开展的前提条件。这些资料包括：

（1）国家和地区经济建设的方针、政策和法规。

（2）委托单位关于拟开发项目的基本资料和初步设想。

（3）所在城市的总体规划、详细规划、交通等市政配套设施规划。

（4）可靠的自然、地理、气象、水文、地质、经济、社会等基础资料。

（5）有关的技术标准、规范、参考指标等。

（6）国家颁布的有关项目评价的通用参数。

（7）拟开发项目的土地利用条件、规划设计条件以及初步设计计划书。

（五）房地产投资可行性研究的内容

房地产项目可行性研究主要包括下列九个方面的内容，其中市场调查分析和财务评价两部分内容最为重要。

1. 项目概况分析

包括项目基本情况介绍、项目开发企业介绍、项目的产生背景和建设必要性介绍等。具体来说，可以有项目的名称、性质、宗地位置、总占地面积、总建筑面积、建筑密度、容积率、各类建筑的构成、投资总额、总工期等基本情况。介绍项目合作单位、承担可行性研究的单位和各项经济技术指标，并尽量详细介绍项目开发企业的情况，最后说明项目产生的背景和开发建设的必要性，特别是对实现城市总体规划、发展地区经济的意义。

2. 市场调查分析

主要包括项目投资环境分析、项目市场状况分析、项目客户群分析、项目 SWOT 分析和项目定位。具体的调查分析内容如下：

（1）项目投资环境分析，包括全国和城市的政策环境分析、全国和城市的经济环境分析、城市社会文化分析（包括自然地理、历史文化和人口情况）、宗地现状分析（包括用地情况、周边环境、地上和地下情况、配套设施、城市规划以及基础设施）。

（2）项目市场状况分析，包括全国和城市的房地产市场分析、板块竞争对手分析和楼盘竞争对手分析。

（3）项目客户群分析，包括客户群购买能力分析、客户群消费动机分析、客户群年龄结构分析、客户群家庭人口因素分析、客户群教育水平分析和客户群考虑因素分析。

（4）项目 SWOT 分析，包括项目优势分析、项目劣势分析、项目机会分析和项目威胁分析。

（5）项目定位，包括项目客户定位、项目产品定位和项目价格定位。

3. 项目规划设计建议与进度安排

项目规划设计建议与进度安排就是对房地产项目产品的规划设计提出建议，对各项技术方案提出说明，并对项目的开发进度、施工进度和销售进度作出安排。

（1）项目规划设计建议可包括设计依据、设计指导思想、总平面规划建议、建筑立面建议、户型设计建议、景观设计建议、消防与人防设计建议和配套设施配置建议。

（2）项目技术方案说明可包括经济技术指标说明、结构设计说明、给水排水设计说明、强弱电设计说明、燃气设计说明、暖通空调设计说明、消防设计说明和建筑节能设计说明。

（3）项目开发进度安排可包括建设周期安排、施工进度安排和销售周期安排。

4. 项目费用估算

主要包括项目开发成本估算、项目开发费用估算、开发期经营税费的估算，并编写投资成本费用估算表。具体来说：

（1）项目开发成本估算包括土地费用的估算、建筑安装工程费用的估算、前期工程费用的估算、基础设施建筑费用的估算、公共配套设施建设费用的估算、项目开发相关税费的估算、不可预见费用的估算、其他费用的估算。

（2）项目开发费用估算包括管理费用的估算、财务费用的估算和销售费用的估算。

（3）开发期经营税费的估算包括与交易有关的税费估算、土地增值税的估算和企业所得税的估算，编写与交易有关的税费表。

5．项目资金筹措

主要是对资金来源的计算和对资金运用的分析。

项目的资金来源主要有三部分，即资本金、预租售收入及借贷资金。这部分需要编写与收入估算有关的表格，如销售收入与经营税金及附加估算表、出租收入与经营税金及附加估算表、自营收入与经营税金及附加估算表。

项目资金的运用分析主要是编写资金来源与运用表、投资计划与资金筹措表。

如果资金来源中涉及借款，就需要对借贷的偿还制订一个计划，这就是借贷偿还计划。与借款偿还相关的表格就是借款偿还表或借款还本付息表。

最后，视企业的需要还可以对资金使用的管理进行研究。

6．项目财务评价

在房地产市场调查与分析、项目策划、费用估算、资金筹措（尤其是收入估算）等基本资料和数据的基础上，通过计算财务评价指标，编制基本财务报表，对房地产项目的财务盈利能力、清偿能力和资金平衡情况进行分析。

项目财务评价首先根据实际需要在各种财务评价指标中选择适当的指标。项目财务评价主要包括项目盈利能力分析、项目清偿能力分析和项目资金平衡分析等。其中最重要的就是项目盈利能力分析。

项目盈利能力分析分为静态盈利能力分析和动态盈利能力分析。

静态盈利能力分析需要编制损益表（或称利润表），特别需要对利润总额、投资利润率、投资净利率、资本金利润率、销售净利率、销售毛利率、启动资金获利倍数、成本利润率、静态投资回收期等财务评价指标进行计算。

动态盈利能力分析需要编制现金流量表（包括全部投资财务现金流量表、资本金现金流量表和投资者各方现金流量表），特别需要对财务内部收益率 FIRR、财务净现值 FNPV、动态投资回收期等财务评价指标进行计算。

项目清偿能力分析需要编制资产负债表，特别需要对借贷利息、借款偿还期、资金负债率、流动比率、速动比率等财务评价指标进行计算。

项目资金平衡分析需要编制资金来源与运用表、投资计划与资金筹措表，来考察房地产项目开发经营期间的资金平衡状况。

7．项目风险分析

包括定量分析和定性分析。

定量分析即不确定性分析，主要是通过数学方法来计量风险的情况，主要包括敏感性分析、临界点分析及概率分析三大部分。其中主要是对最低销售价格和最高土地价格的敏感性分析和临界点分析。

定性分析即用文字阐述及说明项目的各种风险影响因素，如法律政策风险、市场风险、经营管理风险、金融财务风险等。

8．项目社会评价

从区域社会经济发展的角度，分析和计算房地产项目对区域社会经济的效益和费用，考察项目对社会经济的净贡献，判断项目的社会经济合理性。房地产项目综合评价包括综合盈利能力分析和社会影响分析，在开发商递交给政府部门审批的可行性研究报告中较常见。

9. 结论与建议

项目可行性研究的结论与建议是房地产项目可行性研究报告的最后一部分，是对可行性研究分析作出总结并提出相关建议，也就是根据前面所有的研究分析结果，对项目在技术上、经济上进行全面的评价，对建议方案进行总结，提供结论性意见和建议。

（六）房地产投资可行性研究报告的编写步骤

房地产项目可行性研究报告是项目可行性研究的成果，是书面总结性文件，也是房地产投资者进行投资决策的依据，更是房地产项目相关审批部门和融资机构审批所需书面文件。因此，为保证其编写质量，需要有一套科学合理的编写步骤。

1. 签订委托协议

房地产项目可行性研究报告的委托方与受委托方经过协商，就项目可行性研究报告的编制范围、重点、深度、时间、费用和质量等方面签订协议书，据此开展可行性研究工作和编写报告。

2. 委托方提供相应资料

房地产项目可行性研究报告的委托方应该向受委托方（即报告编制方）提供有关项目建设背景的资料、项目前期策划阶段所完成的成果材料、委托方的具体要求等必要资料。

委托方需要支付一定经费给受委托方，以使受委托方能够有效开展前期准备工作和正式调查研究工作。

3. 受委托方成立项目工作小组

受委托方根据项目可行性研究的工作量、内容、技术要求、时间要求等成立工作小组，由房地产市场调查和营销专家、房地产规划设计和施工技术专家、房地产投资分析和财务评价专家等组成。受委托方成立项目工作小组后，根据实际工作内容在与委托方交换意见的情况下制订工作计划。

4. 市场调查分析

市场调查分析工作主要由房地产市场调查和营销专家为主。对项目投资环境和市场状况的调查分析一般采用查阅、购买相关资料和亲身踩盘、拍照、分析相结合。项目客户群分析一般采用问卷调查、个人访问、开座谈会等形式。接着对以上的市场调查结果进行项目 SWOT 分析，并对客户、产品、价格作出初步定位。

5. 进行规划设计建议和进度安排

规划设计建议与进度安排，主要以房地产规划设计和施工技术专家为主，加上房地产营销专家进行研究并编写报告相应部分的内容。

6. 进行项目费用估算和资金筹措分析

项目费用估算和资金筹措，主要以房地产投资分析和财务评价专家为主。对于有多方案需要论证的项目，需要对每个方案的费用进行估算，对每个方案的资金筹措进行分析，并编写报告相应部分的内容。

7. 进行项目财务评价

项目财务评价工作主要由房地产投资分析和财务评价专家为主执行。财务评价工作的内容主要有盈利能力分析、清偿能力分析和资金平衡分析。对于有多方案需要论证的项目，需要对每个方案进行财务评价，并编写报告相应部分的内容。

8. 进行项目风险分析

项目风险分析工作主要由房地产投资分析和财务评价专家为主执行。项目风险分析包括不确定的定量分析和用文字阐述的定性分析。不确定的定量分析主要是针对销售价格和土地价格的敏感性分析和临界点分析。对于有多方案需要论证的项目，需要对每个方案进行风险分析，并编写报告相应部分的内容。

9. 进行方案比选并作出评价

在对项目的各种开发方案进行评价分析之后，需要对待选方案进行论证、比选、优化后提出推荐开发方案，并对推荐的开发方案作出财务评价、环境评价、社会评价和风险评价。

10. 结论与建议

推荐的开发方案作出财务、环境、社会和风险等方面的分析评价结论及合理的建议。当有关的评价指标结论不足以支持方案成立时，应该对原方案进行调整或重新设计。

11. 编写项目可行性研究报告初稿

项目可行性研究报告所涉及的各种方案，在经过经济技术论证和优化之后，可由各种专业人员分工编写，由项目负责人协调汇总出报告初稿。

项目可行性研究报告包括封面、摘要、目录、正文、附件和附图六个部分，正文部分的详略安排和取舍可视不同情况而定。

（1）封面。反映可行性研究报告的名称、专业研究编写机构名称及编写报告的时间三个内容。

（2）摘要。是用简洁明了的语言概述项目的概况、市场情况，可行性研究的结论及有关说明或假设条件。要突出重点，假设条件清楚，使读者能在短时间内了解全报告的精要。也可以不写摘要，因为可行性研究报告事关重大，阅读者理应仔细全面阅读。

（3）目录。一份可行性报告少则十余页，多则数十页。为了便于写作者和阅读人员将报告的前后关系、假设条件及具体内容条理搞清楚，必须编写目录。

（4）正文。是可行性报告的主体，其内容主要就是刚前面讲到的"房地产项目可行性研究的内容"。

（5）附件。包含可行性研究的主要依据，是可行性研究报告必不可少的部分。一个项目在做正式的可行性研究时，必须有政府相关部门的批准文件、委托协议书所规定的研究内容和要求、某些具体计算过程、会议纪要以及相应的调查问卷和统计表格等。专业人员必须依照委托书、上述文件以及相应的法律法规编写项目可行性研究报告。

（6）附图。可行性研究报告包括以下附图：项目的位置图、地形图、规划红线图、设计方案的平面图和项目所在区域的总体规划图等。

12. 提交项目可行性研究报告初稿

受委托方将项目可行性研究报告初稿提交给委托方。委托方需要支付大部分经费给受委托方。

13. 形成项目可行性研究报告终稿

受委托方与委托方交换意见，修改完善并形成终稿。

研究工作已全部完成，委托方需要支付剩余全部费用给受委托方。

复习思考题

1. 什么是房地产投资，有哪些特征？
2. 房地产投资类别？
3. 房地产投资的影响因素有哪些？
4. 房地产投资风险的主要类型有哪些？
5. 试述如何规避各类房地产投资风险。
6. 试述房地产投资决策的含义、过程、类型及方法。
7. 什么是房地产项目可行性研究，其作用有哪些？
8. 简述房地产投资可行性研究的内容及工作步骤。

运行篇

第五章　房地产市场总论
第六章　土地开发整理与土地市场
第七章　房地产开发与房地产二三级市场
第八章　物业管理与物业管理市场
第九章　房地产中介与房地产中介服务市场建设
第十章　房地产金融与房地产金融市场

第五章

房地产市场总论

第一节 房地产需求与供给

房地产需求和供给是影响房地产市场构成的两大要素。分析房地产市场运行必须从研究房地产供给和需求开始。房地产供给和需求之间存在着相互制约、相互促进的辩证关系,由于房地产需求是房地产供给的目的,在供求关系中处于决定性地位,因此首先从需求分析开始。

一、房地产需求

(一)房地产需求的含义、特点与类型

1. 房地产需求的含义

房地产需求的概念应该从微观和宏观两个角度理解。从微观角度看,房地产需求指消费者在特定时期内,在每一价格水平上愿意而且能够购买的房地产商品的量。从宏观角度看,房地产需求指房地产总需求,即某一时期全社会或某一地区房地产需求的总量。

这里的需求是一种有效需求,既有购买愿望,又有购买能力,二者缺一不可。只有有效需求才能够形成价格,仅有需要而无支付能力(即想买但没有钱),或者虽然有支付能力但不需要(即有钱但不想买),都不能使购买行为发生,从而不能形成价格。例如,对于一套总价为50万元的住房,甲、乙、丙、丁四个家庭中,甲家庭虽然需要,但是买不起;乙家庭虽然买得起,但是不需要;丙家庭既不需要,也买不起;丁家庭既需要,也买得起。在这种情况下,只有丁家庭对这套住房具有有效需求,能够形成价格。

2. 房地产需求的特点

(1)普遍性。房屋建筑既是生产资料,又是必需的生活资料,它能够满足人们的生产和生活需求,任何人、任何企业和组织,无论何时何地都离不开房地产。房屋作为生产资料是社会生产得以进行的最基本前提条件;房屋作为生活资料涉及家家户户和每一个社会成员。随着经济的发展和人们生活水平的提高,人们对房地产的需求呈普遍增长的趋势。

(2)层次性。按照著名心理学家马斯洛的观点,人的需要具有层次性,按层次高低可分为生存需求、生理需求、社会需求以及享受、自我实现需求。显然,人们对于房地产的需求符合马斯洛的需求层次理论。随着社会经济的发展和人们收入水平的不断提高,以及居民支付能力的不同,人们对房地产的需求也呈现出层次性:低收入阶层以满足基本的居住需求为目标,更偏好实用、

价格较低的房地产；高收入阶层不仅要满足基本生活的需求，而且追求美观、舒适和享受，更偏好别墅类高档住宅。以住宅为例，住宅可以分为大户型和小户型、高档房和低档房、高价房和低价房等，这些分类都是房地产需求层次性的具体表现。

（3）区域性。房地产具有不可移动性，不可能像其他商品那样从一个地区调往另一个地区。一个地区（如一个城市）的房地产需求基本上来自于这个地区（城市）的工商企业及居民，中小城市的房地产需求的区域性则更加明显。房地产需求的区域性还表现在同一城市的不同地段，房地产需求的差异性很大，特别是商业用房和服务业用房，在城市黄金地段，即使价格较高，需求仍然不减；在偏远地段，即使价格较低，其需求仍然不旺。不了解房地产需求的区域性，开发商品房就会出现盲目性。

（4）间断性。对整个社会来说，对房屋的需求是连续的。也就是每时每刻都有人口和住户的增加，每时每刻也都有房屋的建造、购买和租赁的发生，即使在战争环境下，局部地区的房屋需求仍然是存在的。对于一个企业、团体、个人和家庭来说，房屋的需求并不是连续的，而是间断发生的。旧的需求满足后，通常需要间隔一段时间才会产生新的需求，才会到市场上寻求满足新需求的房屋。因为房屋比其他商品有较大的耐用性且价格高。对于某些需求者，对房屋的需求是一次性的，大多数需求者对房屋的需求也只有数次，且不会很频繁。

3. 房地产需求的类型

房地产需求是多种多样的，根据需求性质大致可分为以下三种类型。

（1）生产性需求：由工、商、服务业等行业的生产、经营场所的需要而形成的房地产需求，需求主体是各类企事业单位及个体工商业者。

（2）消费性需求：由人们的居住需要而形成的房地产需求，即住宅房地产需求，其需求主体是居民户。这类需求具有普遍性和广泛性，一般要占到房地产总需求的70%～80%。

（3）投资性需求：指人们购置房地产不是为了生产和消费，而是加以储存，在合适的时候再出售或出租，以达到保值增值的目的。房地产投资性需求可分为两种：一种是长期性投资，购房后长期出租，等待房价上涨时再出售；另一种是短期性投机炒作，购买后炒高房价再在短期内转手获利。

此外，从需求对象来划分，房地产需求又可分为本地人士需求、外地人士需求和境外人士需求三种。

（二）房地产需求的影响因素

1. 国民经济发展水平

一个国家或地区的国民经济发展水平是影响房地产需求的决定性因素。房地产需求水平与国民经济发展水平呈现出一种正相关的关系，即一个国家或地区经济发展水平高，相应房地产需求的水平也比较高；反之亦然。某一时期国民经济发展速度快，则这个时期房地产需求增长也比较快；反之亦然。国民经济发展水平对房地产需求的影响主要来自两个方面：一是投资规模，投资规模的扩大拉动了对工业厂房、商铺、办公用房等的需求；二是国民收入水平，国民收入增加、企业的扩大再生产能力提高和个人的可支配收入增长等，必然会增加对房地产的生产性需求和消费性需求。我国改革开放以来，国民经济快速增长，促进了各类房地产需求，由此推动我国房地产业出现繁荣局面。

2. 居民收入水平和消费结构

从住宅需求的角度分析，住房价格既定的前提下，居民的收入水平和消费结构对住房需求具有决定性的作用。首先，居民收入水平与房地产需求呈同方向变动的关系，居民收入水平的提高直接拉动居住消费需求。我国城镇居民长期以来收入水平比较低，因此，其居住水平和居住质量也都比较低。改革开放以后，随着居民收入的大幅度增加，城镇居民迫切地希望改善住房条件，从而促使住宅的需求数量和质量急速提高。其次，居民收入水平的提高促使居民的消费结构发生重大的质的变化，恩格尔系数不断下降，即花费在食品方面的比重减少，而花费在"住"和"行"上的比重增加。近些年来，我国城镇居民居住消费在居民总消费中的比重不断提升，人均居住支出占总消费支出的比重由 1990 年的 4.8%提高到 2012 年的 8.9%，占人均可支配收入的比重由 4%提高到 6%。而发达国家住房消费支出一般占家庭年收入的 1/3 左右。随着经济发展和居民收入的提高，我国城镇居民的消费结构将进一步优化，这种消费结构的变化也直接促进了城市房地产业的兴旺与发达。

3. 房地产价格

房地产商品与其他一般商品一样，价格和需求量之间存在着反方向变动的关系。即在其他条件不变的情况下，房地产价格提高，会限制消费者对房地产商品的需求量；反之，房地产价格下降，会促使消费者对房地产商品的需求量上升。可见，房地产价格的高低对房地产需求具有重要的调节作用。但由于房地产是与土地相联系的特殊商品，其价格和需求都有一定的特点，因而房地产价格对房地产需求的影响在实践中表现出复杂的关系，如投机性需求占据房地产市场主导地位时，房地产需求则与房地产价格之间会呈现出一种正向变动的关系，此时房地产市场会出现如股票市场一样的"买涨不买跌"的现象。

4. 城市化水平

城市化是我国社会经济发展的必然趋势。城市化包括城市数量的增加、城市规模的扩大和城市人口的增多等。城市化水平的高低也是影响房地产需求的重要因素，主要体现在：一是伴随着城市数量的增加和规模的扩大，必须要加快城市建设，例如，工厂、商店、银行、学校、医院以及基础设施建设，从而增加对各类房地产的需求。二是城市人口的增多，既增加了对城市住宅的巨大需求，又增加了对安排就业的生产经营性房地产的需求。我国目前正处于城市化的加速发展阶段，我国快速城镇化的趋势将保持 15～20 年，2011～2015 年每年约有 1340 万人口，约 432 万个家庭相继进入城镇。若以城镇人均住房面积为 $32m^2$ 来计算，每年就需要新建住宅 4.28 亿 m^2，建造成本以 1300 元/m^2 计算，每年拉动住房投资就高达 5574 亿元。目前，世界各国城市化平均水平为 60%左右，发达国家高达 80%。2013 年中国的城市化率在 53%左右，预计到 2020 年将提高到 60%，大量农村人口将进城就业和生活，房地产市场的潜在需求很大。三是城市建设的发展，需要进行旧城区改造和实施重大建设工程，由此必然要进行旧城区的动拆迁，导致动拆迁户的大量住房需求。城市化已经、必将继续成为我国房地产业发展的主要内在动力之一。

5. 国家有关经济政策

房地产需求还受到国家有关经济政策的制约。国家的土地政策、财政政策、货币政策和产业政策，对房地产的生产性需求、消费性需求和投资性需求都会产生相当大的影响。

国家的土地政策和财政政策的调整，会对房地产价格产生重大的影响，进而影响房地产需求。

同时，房地产税收政策的变动还会增加或减少购房者的负担，起到抑制或促进居民购房需求的作用。例如，在房地产市场需求不振时，通过降低契税税率、减少购房负担，可以鼓励居民买房。

国家利率政策的调整，也会对房地产生产性需求、投资性需求和消费型需求产生重大影响。首先是贷款利率的升高或降低，会影响投资成本和收益率，从而抑制或促进生产性需求和投资性需求。其次是贷款利率的升高或降低会从两方面影响房地产消费性需求：一是开发商贷款利率的高低，会直接影响房地产商品的价格变化，从而影响消费性房地产需求；二是居民的住房贷款利率的变化，会增加或减少购房支出，也会影响消费性房地产需求。

国家的住房政策也是影响住房需求的重要因素。我国原有的福利分房制度，抑制了居民对商品住房的需求；改革以后实施住房分配货币化政策，则促使居民购买商品房，扩大了其对商品住房的需求。

6．消费者对未来的预期

这是一种消费心理对房地产需求的影响，带有主观的色彩，但在一定程度上也反映了对房地产价格和需求的科学预测。其中，主要是对未来经济发展形势的预测，若预测乐观，则对房地产的需求就会增加；反之，则相反。同时，也取决于对未来房价变化的预测，一般消费者都存在"买涨不买跌"的心理，当房价上升时，若消费者预期房价还会上涨，即使当前价格偏高，但今后存在上升空间，未来收益会促使消费者需求提前释放，形成现实需求增长。这种情况在投资性需求方面表现得尤为明显，因为投资性购房者的目的是投资获利，预期房价上涨吸引其投资买房。而当房价下跌时，若消费者预期还会下跌，则他们往往会持币待购，迟迟不肯入市，导致延期消费。此外，还有一种消费心理即"负债消费"观念也会影响房地产需求。例如，长期以来的"即期消费"观念，对住房消费信贷难以接受，会因购房支付能力的不足而影响住房需求。而当树立起"负债消费"的现代消费观念，在未来收入预期的基础上，敢于"用明天的钱圆今天的住房梦"，就会借助住房抵押贷款进入房市，从而扩大住宅市场需求。

7．其他

影响房地产需求的其他因素包括人们生活方式的变化、政治与社会稳定状况、国际环境等。

改革开放后，尤其是住房商品化之后，城市居民的生活方式发生了深刻的变革，而生活方式的变化对房地产市场需求的影响也日益加剧。首先，社会关系模式的转变促使房地产需求的增加，表现比较显著的是婚姻关系以及核心家庭人口数量等方面的变化。譬如平均结婚年龄的推迟、离婚率的提升、三口之家的日益普遍等。其次，随着经济发展，跨地域公司及从业人员需要在另一个地方置业也带来额外的房地产需求。再次，随着人们越来越重视子女的教育问题，往往要争取把子女送到好的小学或者中学读书，如果这些好的小学或者中学不在自己原来住宅附近，就产生了对学区房的需求。此外，富裕人群城里有豪宅、郊区有别墅的情况也十分普遍。

政治安定状况、社会治安程度等也会影响房地产市场需求。政治生活不安定、社会动荡，房地产需求就会下降。

国际环境主要包括国际政治环境和国际经济环境。我国已经加入WTO，成为世界经济的重要组成部分，世界经济运行状况良好，大量外资涌入我国房地产市场，都会引起房价的上涨，特别是在北京、上海、深圳等经济发达、对外联系密切的地区。而国与国之间的政治对立、经济封锁甚至军事冲突等则可能导致房地产需求的下降。

（三）房地产需求函数和需求曲线

一种商品的需求量是所有影响该商品需求量的因素的函数，房地产市场上影响需求数量的因素很多，如房地产价格、购买者的收入水平、偏好和消费结构、对房地产的价格预期等。因此，可以用需求函数来表示房地产的需求数量和影响该需求数量的各种因素之间的相互关系。影响需求数量的各个因素是自变量，需求数量是因变量，房地产的需求量是所有影响房地产需求数量的因素的函数，即

$$Q_d = f(P, N, E, \omega) \tag{5-1}$$

式中　Q_d——房地产在一定时期的市场需求量；

　　　P——房地产价格；

　　　N——人口数量；

　　　E——房地产预期价格变化；

　　　ω——政策因素或其他影响因素。

式（5-1）说明，在一定时期内消费者对房地产的需求量，是一个多变量的函数。通常对房地产需求量影响最大的是房地产价格，其他因素的影响则相对弱一些和间接一些，为使研究的问题简化，可以对影响需求量的其他因素忽略不计，即在假定其他因素不变的情况下，研究房地产需求量与价格之间的变化规律。当房地产价格下降时，需求量就会增加；而当其价格上升时，需求量就会下降。把这种关系表现在直角坐标系上，如图5-1所示。曲线 D 就是房地产需求曲线，它较好地表现了房地产需求量和房地产价格的关系。

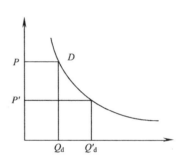

图5-1　房地产需求曲线

图5-1的房地产需求曲线是一条曲线。实际上，房地产需求曲线可以是直线型的，也可以是曲线型的。当房地产需求函数为线性函数时，相应的房地产需求曲线是一条直线，直线上各点的斜率是相等的。当房地产需求函数为非线性函数时，相应的房地产需求曲线是一条曲线，曲线上各点的斜率是不相等的。房地产需求曲线具有一个明显的特征，即向右下方倾斜，斜率为负值。表示房地产的价格和房地产需求量之间呈反方向变动的关系。

（四）房地产需求弹性

1. 房地产需求的价格弹性

根据经济学原理，房地产需求的价格弹性指房地产商品的价格变化的比率所引起的房地产需求量变动的比率，它表示了房地产需求量变动对房地产价格变动的反应程度。

$$E_d = \frac{\Delta Q / Q}{\Delta P / P} \tag{5-2}$$

式中　E_d——房地产商品需求的价格弹性系数；

　　　ΔQ——房地产商品需求的变动量；

　　　Q——房地产商品的需求量；

ΔP —— 房地产商品的价格变动量；

P —— 房地产商品价格。

由于价格与需求量变动互为反向，所以房地产需求的价格弹性系数应为负值，在实际运用时为了方便起见，都取其绝对值，即 $E_d>0$。当 $0<E_d<1$ 时，称这种商品需求缺乏价格弹性，即需求量变动对价格变动的反应小，也就是需求变动比率小于价格变动比率；而当 $E_d>1$ 时，称这种商品需求富有价格弹性，即需求量变动对价格变动的反应大，也就是需求量变动比率大于价格变动比率。

当房地产价格在一定幅度内变动时，房地产需求缺乏价格弹性。因为对商品用房而言，区位条件至关重要，又难以替代。因此，此时价格变动对需求量的影响程度不大。对住房而言，由于是生活必需品，根据国外经验，当住宅的售价相当于住户当年收入的 3~6 倍时，这时的需求缺乏价格弹性，但当房地产价格超过一定幅度而继续上涨时，房地产需求的价格弹性较大。因为房地产是耐用品，并且具有一定的容纳弹性，因此当价格偏高时，消费者会紧缩正常需求量，导致住房需求量减少。我国近年来住房价格偏高，导致住房需求量减少，引起住房空置率过高的严峻现实，就是一个明证。

2. 房地产需求的收入弹性

房地产需求的收入弹性是指收入变动的比率所引起的房地产需求量变动的比率，它表示了房地产需求量变动对收入变动的反应程度。

$$E_M = \frac{\Delta Q / Q}{\Delta M / M} \tag{5-3}$$

式中　E_M —— 房地产需求的收入弹性系数；

　　　ΔQ —— 房地产商品需求的变动量；

　　　Q —— 房地产商品的需求量；

　　　ΔM —— 消费者的可支配收入的变动量；

　　　M —— 消费者的可支配收入。

由于收入与需求量同方向变动，所以房地产需求的收入弹性系数为正值，即 $E_M>0$。当 $0<E_M<1$ 时，称这种商品需求缺乏收入弹性，即需求量变动对收入变动的反应小，也称需求量变动比率小于收入变动比率；当 $E_M>1$ 时，称这种商品需求富有收入弹性，即需求量变动对收入变动的反应大，需求量变动比率大于收入变动比率。

从一般意义上讲，房地产需求的收入弹性与一个国家或一个地区的经济发展水平和国民收入水平有密切的联系。主要是由于不同的经济发展水平和阶段，对居民的消费结构的变化有着不同的影响。在发达国家，人们认为房地产需求是缺乏收入弹性的，即房地产需求变动对居民收入变动是不敏感的。然而在中国现阶段，随着住房制度改革的深化和居民收入水平的提高，城镇居民正在把消费热点转向住房，房地产需求是富有收入弹性的，这是收入增加和消费结构升级共同作用的结果。

从特殊意义上讲，不同的房地产商品，其需求的收入弹性是不同的。如，普通住宅面向广大工薪阶层，其需求的收入弹性较大；别墅、高档住宅面向外商和高收入阶层，其需求的收入弹性较小。

二、房地产供给

（一）房地产供给的含义

房地产供给的概念可以从微观和宏观两个角度理解。从微观角度看，房地产供给是指生产者在某一特定时期，在每一价格水平上愿意而且能够租售的房地产商品的量。在生产者的供给中既包括新生产的房地产商品（俗称增量房），也包括过去的存货（俗称存量房）。在现实经济生活中，新增商品房供给包括现房和期房。按供给方式的不同，可分为出售的商品房供给和出租的商品房供给。从宏观角度看，房地产供给是指房地产总供给，即某一时期内全社会或某一地区内房地产供给的总量，既包括以公顷、幢、平方米等为单位的房地产实物总量，也包括以元、万元等为单位的房地产价值总量。

房地产供给要具备两个条件：一是出售或出租的愿望，主要取决于以价格为主的交易条件；二是供给能力，主要取决于房地产开发商的经济实力和经营管理水平。两个条件缺一不可，在市场经济条件下，以价格为主的交易条件是主要条件。

（二）房地产供给的特点

房地产商品是一种特殊商品，房地产供给具有自身的一些显著的特点，可以归纳为以下几个方面。

1. 城市土地供应的刚性和一级市场的垄断性

城市土地是指作为城市房地产基础的土地，它的供给分自然供给和经济供给，自然供给是土地天然可供人类利用的部分，它是有限的、相对稳定的，土地的自然供给没有弹性。经济供给是指在自然供给基础上，经过开发成为人类可直接用于生产、生活的土地供给。土地的经济供给由于受自然供给的制约，是缺乏弹性的。因此，从总体上说，城市土地的供给是有限的、刚性的。我国城市土地归国家所有，国家是城市土地所有权市场的唯一供给主体，因此城市土地一级市场是一种垄断性市场。

房地产供给的这一特点，使其受土地供应量、供应方式和供应结构的制约特别明显。国家把住土地供应的龙头，便可以达到有效调节房地产供给总量和供给结构的目的，因而土地供应也就成为政府实施宏观调控的重要手段。

2. 房地产供给的层次性

房地产供给一般可分为三个层次：一是现实供给层次，即已经进入流通领域，可以随时销售或出租的房地产，又称房地产上市量，主要部分是现房，也包括期房。这是房地产供给的主导和基本的层次。它是房地产供给方的行为状态，并不等于房地产商品价值的实现。房地产商品价值的实现取决于供给和需求的统一。二是储备供给层次，即可以进入市场但是房地产生产者出于一定考虑暂时储备起来不上市的这部分房地产。这是生产者的主动商业行为，与通常所说的空置房不同。三是潜在供给层次，即已经开工正在建造的或者已竣工而未交付使用的未上市房地产，以及一部分过去属于非房地产商品但在未来可能改变属性进入市场的房地产产品。认真分析房地产的三个供给层次，对于科学把握供给状况和预测未来供给都具有重要意义。

3．房地产供给的滞后性

房地产商品的生产开发周期长，一般要两三年，甚至数年。较长的生产周期决定了房地产供给相对于需求的变化存在着滞后性，这种滞后性又导致了房地产投资的高风险性。房地产生产者往往依据现时的房地产市场状况制订开发计划，但当房屋建成投入市场时，市场则很可能已发生变化，由此可能造成积压和滞销。因此，对未来宏观经济形势和房地产市场变化的预测非常重要，对房地产市场调查以及可行性研究的要求也很高。

4．房地产供给的时期性

房地产供给的时期分为特短期、短期和长期三种。

特短期又称市场期，是指市场上所有房地产生产资源固定不变，从而房地产供给量固定不变的一段时期；短期是指土地等固定要素不变，但可变要素是可以变动的一段时期，短期内，房地产的供给量可以发生较小幅度的变化；长期是指不但房地产所有生产要素都可以变动，而且可以与社会其他行业的资本互相流动，从而对房地产供给产生较大影响的一段时期。长期内，土地供应量变动，房屋供应量变动更大。

认识上述特点，对有效组织房地产供应，实现市场供求平衡有着重要的指导作用。

（三）房地产供给的影响因素

影响房地产供给的因素主要有：

1．房地产市场价格

房地产市场价格是影响房地产供给的首要因素，因为在成本既定的情况下，市场价格的高低将决定房地产开发企业是否盈利和盈利多少。当价格低于某一特定的水平，则不会有房地产供给，高于这一水平，才会产生房地产供给，而且其价格与供给量之间是同方向变动的关系，即在其他条件不变的情况下，供给量随着价格的上升而增加，随着价格的下降而减少。

2．房地产开发成本

房地产开发成本的高低决定着开发利润的多寡。在房地产开发过程中，开发商必须投入大量的资金、劳动力、技术等，如果相关要素价格发生变化，势必影响开发成本，在房价不变或增幅低于成本增幅时，开发利润势必下降，下一生产周期的房地产供给可能相对减少；反之，下一生产周期的房地产供给可能相对增加。

3．城市土地的供给数量

城市房地产的供给能力，很大程度上取决于能够供给城市使用土地的数量。一个国家经济发展水平越高，特别是农业生产力越高，可提供给城市使用的土地就越多。改革开放以来，我国的农业发展迅速，为城市土地的扩大创造了条件。但我国人多地少，人地矛盾十分尖锐，对于不恰当的过多占用耕地，必须加以制止。

4．资金供应量和利率

由于房地产的价值量大，因此，房地产的开发建设需要投入大量资金，这其中包括自有资金、贷款、利用外资等。资金中很大一部分为房地产开发企业的预收款和定金，而预收款又有大部分是由银行的住房按揭贷款提供。可以说，房地产开发资金对银行贷款的依存度很高，因此，国家的货币政策对房地产供给产生巨大影响。若货币供应量紧缩，给企业的开发贷款减少，建设资金紧缺，就会导致房地产供给量下降；反之，当货币供应量扩张，给企业的开发贷款增加，建设资金充裕，则房地产供给量上升。同时，房地产开发贷款利率的高低也会对房地产供给带来重大影响，若银行的贷款利率提高，会增加利息成本，在销售价格不变的情况下势必减少利润，影响开发积极性，导致供给量减少，反之则相反。所以，银行的信贷政策是调节房地产供给的重要工具。

5. 国家的相关政策

政府的土地供应计划、财政金融政策等都会影响房地产市场的供给。扩大土地供给量，地价就可能下降，房地产开发成本就可能减少，随后的房地产供给量就会增加；反之，紧缩土地供给量，地价上升，房地产开发成本增加，房地产的供给量就减少。政府通过税收、财政补贴和政府投资等财政政策也可以对房地产的供给进行调节，提高房地产业的税率，可以减少开发商的利润，降低房地产的供给；反之，降低房地产业的税率，可以增加开发商的利润，增加房地产的供给。财政补贴可看作是一种负税收，与税收的作用正好相反。此外，金融政策对房地产市场的供给也有重大影响。房地产业是资本密集型产业，需要大量的资金，这些资金不可能完全通过企业自身来解决，大部分的资金将通过金融市场来获得，国家通过贷款的数量、投向、贷款利率等手段影响开发商的融资成本，进而影响房地产的供给。

6. 开发商对未来的预期

包括对国民经济发展形势、通货膨胀率、房地产价格、房地产需求的预期，以及对国家房地产税收政策、信贷政策和产业政策的预期等，其核心是房地产开发商对盈利水平，即投资回报率的预期。若预期的投资回报率高，开发商一般会增加房地产投资，从而增加房地产供给；若预期的投资回报率低，开发商一般会缩小房地产投资规模或放慢开发速度，从而减少房地产供给。

（四）房地产供给函数与供给曲线

与房地产需求量类似，房地产供给量也受到一系列因素的影响，供给函数可表示为：

$$Q_S = \varphi\ (P,\ C,\ E,\ \beta) \tag{5-4}$$

式中　Q_S——房地产开发企业在一定时期内愿意向市场提供的房地产数量；

　　　P——房地产价格；

　　　C——房地产成本；

　　　E——房地产预期价格变化；

　　　β——政治因素、其他影响因素。

把其他因素的影响舍去，保留主要影响因素 P，只研究房地产供给量与价格之间的变化规律。当房地产价格下降时，开发企业愿意向市场提供的房地产数量就会减少；而当其价格上升时，开发企业愿意向市场提供的房地产数量就会增加。这种关系表现在直角坐标系上，如图 5-2 所示。曲线 S 就是房地产供给曲线，它较好地表现了房地产供给量和房地产价格之间的关系。

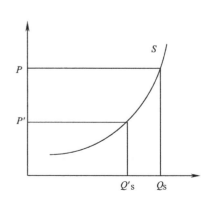

图 5-2　房地产供给曲线

（五）房地产供给的弹性

根据经济学原理，房地产供给弹性是指在一定时期内，房地产供给量的变动率对于房地产价格变动率的反应程度，它是房地产商品供给量变动率与房地产价格变动率之比。用公式表示为：

$$E_s = \frac{\Delta Q / Q}{\Delta P / P}$$

式中　E_s——房地产供给弹性系数；
　　　P——房地产价格；
　　　ΔP——房地产价格变动量；
　　　Q——房地产供给量；
　　　ΔQ——房地产供给变动量。

由于房地产价格与供给量同方向变动，所以房地产供给弹性系数为正值。由于房地产开发周期较长，因此房地产供给弹性具有明显的时期性。具体而言，在特短时期内，由于房地产生产要素和产品很难发生变化，房地产供给一般无弹性，即 $E_s=0$；在短期内，由于土地供给无弹性，土地供给不可能发生变化，而房产可以通过可变要素的增减而改变其供给，但变动幅度不会很大，因此，房地产供给弹性较小，即 $0<E_s<1$，房地产供给曲线呈现较为陡峭的状态。在长期内，由于土地供给具有一定的弹性，土地的供给量可以变动，而房产的供给量变化也会更加明显，因此房地产的供给弹性会更大，房地产供给富有弹性，即 $E_s>1$，房地产供给曲线呈现较为平坦的状态。

三、房地产供求均衡

（一）房地产供求均衡

房地产市场的供求均衡指房地产商品的供给价格和需求价格相一致，且供给数量和需求数量相一致时的房地产经济运行状态。在该运行状态下，开发商愿意供给的房地产商品量和购买者愿意购买的房地产商品量正好相等，既不存在房地产商品的短缺现象，也不存在房地产商品的过剩现象。把市场需求曲线和供给曲线画在同一直角坐标系内，就得到了房地产供求均衡点，如图5-3所示，供给曲线 S 与需求曲线 D 有一个交点 E。从数学角度看，E 点的坐标值就是这两条曲线方程的共同解，即在 E 点处 $Q_s=Q_d$，称 E 点为市场的供求均衡点。在价格发生变化时，需求量和供给量都会向 E 点运动，只有在 E 点上，价格才是稳定的。房地产均衡价格表现为房地产市场上需求和供给这两种相反的力量共同作用的结果，它是在房地产市场供求力量的自发调节下形成的。当房地产价格偏离均衡价格时，房地产市场上会出现房地产需求量和房地产供给量不相等的非均衡状态。一般来说，在市场机制的作用下，这种供求不相等的非均衡状态会逐渐消失，实际的房地产价格会自动地恢复到均衡时的房地产价格水平。假如人为地提高价格，使之由 P 上升至 P'，这个价格对开发商是有利的，此时，开发商愿意多向市场供应房地产，把供给量 Q 增加到 Q_s，但对消费者来说，价格 P' 可能是太高了，在这个价格水平下需求量只能是 Q_d，出现了 $Q_s>Q_d$ 供大于求的不均衡现象。由于房地产市场出现了 Q_S-Q_d 的房地产无人购买，也由于自由竞争的原因，自然会有开发商愿意降价出售，使价格呈下降趋势，最终达到 P 的价格水平开始稳定。随着价格的下降，买主又会自然增多，使需求量产生上升趋势；另一方面，随着房地产价格下降，开发商的供给量不断减少，最终实现供求相等。这样房地产供求又重新回到均衡点 E 点。

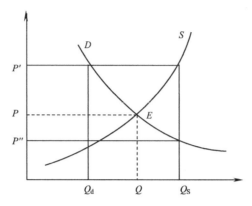

图 5-3　房地产市场供求均衡

假如价格从 P 点下降至 P''（见图 5-3），则情况相反。由于价格下降，新的价格对购买者是有利的，这样，需求量提高，但较低的价格对开发商不利，开发商会减少供给量，市场上会出现供不应求的不均衡现象。竞争价格又会上升，使得供给不断增加，需求逐渐下降，最终实现供求相等，重新在 E 点回归均衡，价格在 P 的水平上达到稳定。显然，无论是提高还是降低价格，供给和需求均不平衡，在完全自由竞争的市场条件下，只有供给和需求平衡，价格才能稳定。

从理论上讲，能够保持价格稳定的只有一个均衡点 E，但在实际房地产市场中，除价格以外的因素实际上也是处于不断变化之中，无时无刻不在影响供求的变化，从而导致平衡的变化。因此，房地产市场的供求关系也同其他商品市场的供求关系一样，均衡是暂时的、相对的、有条件的，而不均衡才是普遍的、绝对的。

（二）房地产供求非均衡

如前所述，由于房地产市场供求双方是动态变化着的，故房地产市场的供求非均衡状态是绝对的、普遍的，而他们的均衡状态是相对的、有条件的。房地产市场的供求非均衡，即供给与需求的失衡状态，指房地产商品的供给价格与需求价格、供给数量与需求数量之间，或者有一对不一致，或者两对都不一致的经济运行状态。在该运行状态下，可能是开发商愿意供给的房地产商品总量与购买者需求的房地产商品总量不相等，即存在房地产商品短缺现象或房地产商品过剩现象；也可能是开发商愿意供给的房地产商品总量与购买者需求的房地产商品总量相等，但供给结构和需求结构失衡。因此，房地产市场的供求非均衡状态表现为总量性供不应求、总量性供过于求和结构性供求失衡三种状态。

1. 总量性供不应求的状态

指房地产市场中商品房供给总量小于需求总量的一种房地产供求格局，即房地产商品的短缺状态。一般在总量供不应求状态下，房地产市场处于卖方市场状态。其基本特征表现为商品房供应紧张，导致价格上升，投资者急于求购，处于被动地位，而供应商处于主动地位，产生惜售行为,甚至抬价出售。引起总量供不应求状态的主要原因可能是商品房开发供给能力的不足,或房地产市场需求的集中释放。一般来说,一个国家或地区在人口仍然增长、城市化进程加快、家庭规模小型化以及生活方式变革时期,需求上涨的速度都比较快,供应一般不足,价格上涨倾向明显。此外,房地产供应体制的不合理,也会造成体制性供不应求。如在20世纪80年代以前中国城镇实行实物福利分房制度,一方面政府建房很少,另一方面福利分房需求无限扩张,住房短缺成为严重问题。

2. 总量性供过于求的状态

指房地产市场中商品房供给总量大于需求总量的一种房地产供求格局,即房地产商品的过剩状态。在总量供过于求状态下,房地产市场属于买方市场,基本特征表现为投资者处于主动地位,有较多的挑选余地。商品房供过于求,引起房价下跌,开发商利润空间下降,实力较弱的开发企业甚至破产倒闭。在市场经济体制下,微观经济层次盲目扩大投资,而宏观经济层次又缺乏有力调节时,总量供过于求的房地产市场非均衡状态最容易出现,有的国家城市化过程完成了,人口增长处于停滞甚至萎缩状态,这时房地产的供给可能存在过剩倾向,需求不振,房价不涨反而微跌,欧洲有的老牌资本主义国家便存在这种情况。而在城市化过程中,这种情况一般只表现为短暂的、局部性。中国曾在20世纪90年代中后期出现过房地产市场总量供过于求的情况。据报道,1995年底,全国商品房积压5031万m^2;1996年底,增加到6624万m^2;到1998年底,在东南亚金融危机的冲击下,进一步增加到8000万m^2,其中商品住宅积压占到了80%。

3. 结构性供求失衡的状态

房地产的结构是指房地产业内部各类物业及其相互间的关系,也被称为房地产业内部结构。根据之前表述的内容,房地产的分类不是唯一的,从不同角度可以对房地产进行不同分类,例如,按房地产的用途可将房地产分为住宅、生产用房、营业用房、行政用房等,此时房地产的结构是指住宅、生产用房、营业用房、行政用房等的各类物业及其相互间的比例关系。一般来说,房地产的结构从市场角度出发可分为供给结构和需求结构。因此,结构性供求失衡一般表现为供给结构和需求结构的不匹配。结构性供求失衡一般是由于供给方的投资决策失误而造成的,例如有些城市开发高档办公房、商业娱乐用房过多,住宅比重太小;住宅开发中高档别墅太多,而普通住房太少等。这时,虽然总量没有产生供过于求,但由于供求结构失衡,仍有一部分供给表现为"积压",另一部分则严重不足,因此,结构性失衡也会影响到供求总量平衡,造成资源的浪费。

第二节 房地产市场

一、房地产市场的含义和分类

(一)房地产市场的含义

房地产市场有广义和狭义之分,狭义的房地产市场指房地产商品交换的场所,如房地产交易所。广义的房地产市场指在房地产流转过程中发生的一切经济关系的总和,涵盖了土地市场、房屋市场、中介服务市场、房地产金融市场和物业管理市场等，是一国或地区市场体系中的一个相对独立并具有明显特征的专门化市场。

（二）房地产市场的分类

根据不同的需要，可以从不同的角度对房地产市场进行分类。

1. 按市场运行层次不同的分类

按市场运行层次不同，房地产市场可分为房地产一级市场、房地产二级市场和房地产三级市场。房地产一级市场即土地使用权出让的市场。房地产二级市场即土地使用权出让后的房地产开发和经营，具体为土地使用权转让市场，新开发的商品房、经济适用住房等的初次交易市场。房地产三级市场即投入使用后的存量房地产买卖以及租赁、抵押等多种经营方式，具体为商品房、经济适用住房、已购公有住房等的再次交易市场。

2. 按照房地产交易方式不同的分类

按照房地产交易方式不同，房地产市场可分为房地产买卖市场和房地产租赁市场。房地产由于价值较大、寿命长久，其租赁活动有时比买卖活动还要多。因此，房地产租赁市场有时比房地产买卖市场还要活跃，特别是住宅、写字楼这类房地产市场。

3. 按照房地产功能不同的分类

按照房地产功能不同，房地产市场可分为居住房地产市场和非居住房地产市场。居住房地产市场又可分为普通住宅市场、高档公寓市场、别墅市场等。非居住房地产市场又可分为商业用房市场、写字楼市场、工业用房市场等。

二、房地产市场的构成

一个完整的房地产市场应当包括房地产交易的主体、房地产交易的客体和房地产交易的方式三部分。

（一）房地产交易的主体

房地产交易的主体是指房地产市场的参与者，包括房地产交易双方、为交易双方提供服务的房地产经纪机构和其他专业服务机构，以及对交易等行为进行管理的行政主管部门和行业组织等。

1. 房地产市场中的卖方

房地产市场中的卖方主要包括土地权利人、房地产开发企业和房屋所有权人。土地权利人主要包括土地所有者和土地使用者。房地产开发企业简称开发商，是以营利为目的，从事房地产开发和经营的企业。房屋所有权人可转让或出租自己拥有的房屋，成为二手房市场上的卖方。

2. 房地产市场中的买方

房地产市场中的买方主要指消费者，包括购买人和承租人。任何单位和个人都是房地产市场上现实的或潜在的消费者。房地产市场中的购买人可分为自用型购买人和投资型购买人。对于自用型购买人而言，支付能力是其购买的主要约束条件；对于投资型购买人而言，拥有房地产后所能获取的预期收益大小，往往决定了其购买意愿和愿意支付的价格。

3．房地产中介服务机构

房地产中介服务机构主要包括：房地产经纪机构，房地产估价机构和房地产咨询机构三类。

4．其他专业服务机构

其他专业服务机构主要包括金融机构、律师事务所、会计师事务所等。

5．房地产市场的管理者

房地产市场的管理者主要是指行政主管部门和行业自律性组织。其职能是管理、监督和服务。

（二）房地产交易的客体

房地产市场的交易客体是指房地产市场的交易对象。包括地产、房产和相关的产权以及房地产服务。房地产交易的实质是房地产产权的交易，例如，个人从开发商那里购买了一套商品房，实质是以一定量的货币换得房屋的所有权和一定期限的土地使用权，以及由这些权利派生出的一系列权利。房地产服务交易的实质是消费者支付了一定量的货币，获得了房地产服务的消费权。

（三）房地产交易的方式

房地产市场的交易方式，主要有以房地产为交易客体的买卖、交换、赠予、租赁、抵押等方式；以房地产服务为客体的居间、代理、咨询等。如果是商品房买卖，可以是一次性付款，也可以是银行按揭贷款。不同的交易方式决定了不同的交易程序和内容。

三、房地产市场的功能

通过房地产市场运行机制表现出来的，是房地产市场运行机制的作用结果。归纳起来，主要有以下几个方面。

（一）交换功能

交换功能是一切市场机制的最基本功能。房地产商品是价值和使用价值的矛盾统一体。对房屋生产者来说，要实现房屋商品的价值，就必须在房地产市场上销售；对房屋消费者来讲，要获得房屋的使用价值，就必须到房地产市场购买房屋。而所有这些买卖交换活动，都必须在房地产市场才能进行，如此循环往复，体现了房地产市场的交换功能。

（二）资源配置功能

房地产是一种最基本的社会资源，其配置合理与否直接关系到国民经济是否健康发展。房地产资源的有效配置指房地产经济中的各种资源，包括人力、物力、财力、土地等各种房地产生产要素，在各种不同的使用方面之间的合理分配。房地产市场的正常运行，使得市场机制较好发挥作用。价格机制的作用，使价格的变动引起供给和需求，生产和消费的变动，从而引起房地产资源的纵向或横向流动；竞争机制的作用，迫使房地产企业合理利用资源，提高土地利用率和资源产出率。上述的流动作用，能够调节社会资源在房地产业与国民经济之间，以及在房地产企业之间的分配；调节着企业的生产规模、房地产空间布局和产品结构。

（三）信息反馈功能

房地产市场是房地产商品交易关系的综合反映，可以集中、及时、全面地反映房地产经济运行的动态情况,并为房地产开发商和消费者提供市场需求信息、供给信息、价格信息,以调节房地产开发消费行为。如,各类房地产开发企业凭借市场需求信息来确立自己的经营目标和经营内容;消费者凭借市场供给信息进行分析和比较来选择房地产商品。在这里,房地产商品的数量、种类、价格等信息,对生产者和消费者都是至关重要的。这些信息的反馈、传导和扩散,有利于房地产市场主体确定自己的行为,有利于房地产市场的正常运行。

(四)激励功能

房地产市场的激励功能突出体现在市场竞争中,房地产市场为生产者提供了一个公平的竞争环境。企业为了占领市场,在市场竞争中处于有利地位,就必须想方设法采用新的技术手段,提高劳动生产率,降低劳动消耗,加强经营管理,开发新产品,改进营销策略,达到提高企业经济效益和竞争能力的目的。

(五)优化消费结构的功能

住房是人类生活必不可少的消费资料,其消费支出在居民家庭生活中占有较大比重。随着人们的物质和文化生活水平的提高,居民和各种社会组织对房屋消费层次也不断升级。良好的房地产市场运行机制能够合理引导消费,调控资金流向、家庭财产构成和金融市场,使得消费结构呈现多层次,需求趋向多元化,并促使消费结构更趋于合理和优化。

(六)调节和再分配国民收入的功能

价格是实现国民收入再分配的手段之一。房地产价格上涨会使购买者的货币支出增加,房地产经营者和投资者的利润增多;而房地产价格下跌,则会使购买者得益,房地产经营者和投资者的收入减少。由此起到调节和再分配国民收入的作用。

四、房地产市场的运行机制

机制一词来源于生物学和医学领域,是指有机体内各器官之间的相互联系、作用和调节方式。市场机制是指市场体系内各个要素相互联系、相互制约、共同发挥功能的有机联系形式。或者说,市场机制是指市场在运行过程中,具有相应的作用、发挥其应有的功能所凭借的作用机理和调节方式。由于市场机制是在市场机体的运行中发挥功能的,所以,市场机制也就是市场运行机制。

房地产市场运行机制由房地产交易主体、客体和市场信号在房地产市场运行过程中相互联系、相互作用而形成,其一旦形成又作用于房地产市场运行过程之中,将约束着房地产市场各行为主体。房地产市场运行机制主要包括:

(一)动力机制

房地产企业是房地产市场交易的主体,而房地产企业从事房地产开发经营和服务的直接目的是追求利润最大化。动力机制就是在房地产企业的动力和经济利益之间产生相互制约和相互协调的一种内在联系的市场运行形式和手段。动力机制的形成必须以房地产企业清晰的产权界定为前提条件。只有这样,房地产企业的经济行为才能只受其独立的合法经济利益支配,不至于出现扭曲行为;房地产企业才能具有充分的自主经营权,不受他人制约。动力机制能否形成,关系到房地产开发企业对房地产市场发出的信息能否及时准确做出反应,它是房地产市场运行机制的首要内容。

（二）供求机制

房地产供求变化是房地产市场运行的主要表现形式，而房地产市场供求之间的对立关系及其相互制约关系，又是通过房地产供给和需求之间的数量关系，结构关系和时空关系表现出来的。房地产供求之间的数量关系，即房地产商品供求量的变化，它是供求对立关系的最基本的表现形式。房地产供求的结构关系，主要是指各种不同类型的房地产商品供求数量的构成及其比例关系。房地产供求的时空关系，一是指时间限制。由于房地产商品的生产需要一定的时间，因而在一定时间里只能供给一定数量的房地产商品；由于房地产商品可供消费的时间较长，因而房地产市场的需求只能是一定时间内的需求。二是指空间限制。由于房地产供求受自然地理、交通运输条件的制约，因而房地产市场的供求具有一定的空间限制。

房地产供求机制是房地产市场运作的最基本的市场机制。供求关系的变化导致价格的涨跌，反过来又刺激和抑制供给和需求。供求关系的变动与价格机制、竞争机制有着密切关系，它们相互联系、相互制约、相互影响、相互作用，发挥各自的功能且共同发挥功能，以实现房地产市场对资源配置的基础性作用。

（三）价格机制

房地产价格机制主要是通过价格涨跌来影响房地产市场的供求关系。房地产商品的价值是其价格形成的基础，价格围绕价值上下波动。若价格高于价值，投资者就会向房地产业增加投资或有新的投资者加入，导致房地产供给增加，形成供给大于需求的局面。这时价格又会下跌，投资者也相应减少，直至供求关系重新达到平衡。对消费者来说，由于价格过高，抑制了房地产消费，因而出现供大于求，从而导致价格下跌，直至供求关系达到平衡。若价格低于价值，投资者就会对房地产业减少投资或投资者减少，导致房地产供给减少，形成供不应求的局面。这时价格又会上升，投资者相应增加，直至供求关系达到平衡。由于价格低于价值，消费者会增加房地产消费，使房地产需求增大，出现供不应求局面，从而导致价格上升，直至供求关系达到平衡，价格与价值相符合。在房地产市场中存在出售和出租两种经营方式，所以房地产价格包括出售价格和出租价格，这两种价格之间的比例关系也会影响房地产市场的供求关系。价格机制是实现房地产资源优化配置的最重要的市场机制。

（四）竞争机制

竞争机制是指房地产商品生产者之间、商品购买（或承租）者之间、生产者与购买者之间，随着供求关系的变动而展开的竞争。它是房地产市场机制中的动力机制，没有竞争，市场的内部运动就会停滞。竞争的结果是优胜劣汰，实现资源的最优配置和生产要素的优化组合。房地产市场的竞争方式一般有价格竞争和非价格竞争。价格竞争是竞争的基本方式，通过价格竞争，迫使生产者不断扩大生产规模和经营规模，降低生产成本，力争在市场中实现自身的价值。非价格竞争主要包括质量、管理和服务等方面的竞争，是价格竞争的一种辅助手段，其目的主要是争夺购买者，在购买者中间树立良好的形象，取得消费者的信任，以扩大市场占有率，排斥竞争者。

五、房地产市场的分级运行

根据房地产市场的运行层次不同，可把房地产市场分为房地产一级市场、房地产二级市场和房地产三级市场。

（一）房地产一级市场

房地产一级市场又称土地一级市场或土地市场，指土地所有权和使用权出让的市场，包括土地批租市场、土地租赁市场和土地征购市场等，交易的对象是土地权属。土地作为房地产的地基和物质基础，在房地产市场交易中，土地市场是源头，所以称为房地产一级市场。从本质上讲，房地产一级市场是土地所有权与使用权的分离过程。

（二）房地产二级市场

房地产二级市场是指房地产的增量市场，主要是指新建的建筑物出售和出租的市场上，相对于既有的存量房地产来说，它是在土地交易和开发的基础上形成的，所以称为房地产二级市场。

（三）房地产三级市场

房地产三级市场是指存量房地产市场，主要是指原有的房地产用户将存量房地产再转让的市场，由于它是二次交易后再转让的市场，所以称为房地产三级市场。

上述具体内容详见"第六章　土地开发整理与土地市场"和"第七章　房地产开发与房地产二三级市场"，这里不再赘述。

第三节　房地产价格

一、房地产价格的含义、特点和形式

（一）房地产价格的含义

房地产价格是建筑物连同其所占土地的价格，是人们和平地获得他人房地产所必须付出的代价，是房地产的经济价值（交换价值）的货币体现。房地产价格的形成来源于两个方面：一是在规划设计、土地开发到房屋施工安装等过程凝结了物化劳动和活劳动所形成的地产价值和房产价值。即在社会正常生产条件、在社会平均的劳动熟练程度和强度下，开发某一土地或建造某一房产所花费的必要劳动时间决定的价值。由开发土地或建造房屋过程中消耗的生产资料的价值、劳动者为自己劳动所创造的价值、劳动者为社会创造的价值三部分构成。二是资本化的地租，土地是一种特殊商品，土地价格不是对土地实体的购买价格，而是对土地预期收益的购买价格。在土地所有权的情况下，其土地价格为：

$$土地价格=地租/资本化率$$

（二）房地产价格的特点

房地产价格与其他一般商品价格相比，其共同之处是：都是价格，用货币表示；都有波动，受供求等因素的影响；按质论价，优质高价，劣质低价。房地产价格与一般物价的不同，表现出房地产价格的特征。

1. 房地产价格是房地产权益的价格

由于房地产自然地理位置的不可移动性，在交易中其可以转移的，不是房地产的实物，而是房地产的所有权、使用权及其他物权。实物状态相同的房地产，权益状态可能有很大差异，甚至实物状态尚好的房地产，由于权益过小，如土地使用年限很短、产权不完全或有争议，其价值往往会较低；相反，实物状态差的房地产，由于权益较大，如产权清晰、完全，价值可能较高。即使同一宗房地产，转移的权益不同，价格也不相同。从这个意义上说，房地产价格是房地产权益的价格。

2. 房地产价格具有特殊的形成机制

房地产价格具有特殊的形成机制。体现在三个方面：一是房地产价格不完全由生产成本决定，单纯的土地可能没有生产成本，但却对房地产价格有着决定性的影响。二是房地产商品的价格受房地产需求的影响特别大，因为房地产的供给是缺乏弹性的。三是房价的高低与房地产带给人们的效用和人们对未来房价走势的预期有很大关系。

3. 房地产价格具有多种表现方式

一般商品的交易方式主要是买卖，售价比较单一。而房地产由于价值较大、寿命长久，交易方式多种多样，其中房地产买卖和房地产租赁是两种主要的交易方式，另外，还有抵押、典当和作价入股等。在这些不同的交易中，房地产价格也有不同的表现方式，如售卖价、租赁价，抵押价和典当价等。

4. 房地产价格具有显著的个别性

一方面，由于房地产的不可移动性、个别性，世界上没有完全相同的两宗房地产，除了地理位置绝对不可能相同外，在建造条件、建造标准、设施配套等方面也往往千差万别。另一方面，房地产价格如何，易受交易主体之间个别因素（如偏好、讨价还价能力、感情冲动等）的影响。不同的交易主体，就会产生不同的房地产价格。

5. 房地产价格总水平具有上升的趋势

一般商品随着使用过程中的消耗磨损，其价值（或价格）逐渐减小。而一个城市或地区的房地产价格总水平，短期来看，会出现周期性波动甚至下降，但从长远趋势看，是不断上升的，原因是：随着社会与经济的发展、人口增长，对房地产的需求日益增加，而房地产的供给受到种种条件的限制很难增加。另外城市基础设施的不断完善和土地投资的积累性，也使得房地产价格不断上升。房地产的保值与增值性集中体现在土地上，土地具有永续性，其本身不存在折旧。

（三）房地产价格的主要形式

从不同的角度考虑，房地产价格可分为不同类型。

1. 市场价格、理论价格、评估价格

这是按房地产价格形成基础的不同划分的，分别从现实、理论和评估角度考虑的房地产价格类型。

房地产市场价格是房地产商品在市场交易中形成的价格，是交易双方的实际成交价格，又称为买卖价格、交易价格，简称市价或时价。房地产的市场价格随着时间和供求关系的变化而发生变动。

房地产理论价格即基础价格，就是经济理论中所说的由房地产的价值决定的价格。这种价格是由生产房地产商品时所耗费的社会必要劳动时间决定的。这是房地产所有价格形态的本质规定，或者说是所有房地产价格运行的基础。在正常市场情况下，市场价格基本上与理论价格相吻合，围绕着理论价格上下波动。从理论上说，一个良好的评估价格=市场价格=理论价格。

2．土地价格、建筑物价格、房地价格

这是按房地产实体三种存在形态划分的价格。

土地价格简称地价，单纯的土地及附有建筑物的土地的价格都是土地价格。土地位置不同，其价格会不同；同一块土地，其开发条件不同，也会有不同的价格。根据土地的生熟程度不同，土地可以粗略地分为生地、毛地和熟地，相应地有生地价、毛地价和熟地价。

建筑物价格是指纯建筑物部分的价格，不包含其占用的土地的价格。例如经济适用房的新购价格。

房地价格又称房地混合价，是指建筑物连同其占用的土地的价格，是一宗房地产的总价格。包含建筑物及所占用的土地的价格。例如商品房的价格。

对同一宗房地产来说，房地价格=土地价格+建筑物价格。

土地价格、建筑物价格和房地价格之间的关系对同一宗房地产来说，只有土地、建筑物、房地三种形态，因此，同一宗房地产的价值只能归属于这三种状态。

3．买卖价格与租赁价格

这是依据房地产经营方式划分。

买卖价格是消费者购买房地产所有权所支付的货币数额，简称买卖价或买价、卖价。

租赁价格常称为租金，在土地场合称为地租，在房地混合场合称为房租。它是指房地产权利人将其合法的房地产出租给承租人，由承租人定期向房地产权利人所交纳的款项。

4．总价格、单位价格、楼面地价

是一组主要与价格的内涵、面积范围和面积内涵相联系的房地产价格类型。

总价格是指一宗房地产的总体价格，可以是一宗土地的土地总价格，也可以是一宗建筑物的建筑物总价格，或是房与地合一的房地产整体价格。

单位价格是指分摊到单位面积的价格，对土地而言，是单位地价，它是指单位土地面积的土地价格；对建筑物而言，是单位建筑物价格，它是指单位建筑面积的建筑物价格；对房地产整体而言，是单位房地产价格，它通常是指单位建筑面积上的房地产价格。现在商品房销售上出现一种新的计价方式，即按使用面积计价，其单位房地产价格，是指单位使用面积上的房地产价格。房地产的单位价格能反映房地产价格水平的高低，而房地产的总价格一般不能说明房地产价格水平的高低。

楼面地价，又称为单位建筑面积地价，是平均到每单位建筑面积上的土地价格，是一种房地产的单位价格。楼面地价=土地总价格/建筑总面积，容积率=建筑总面积/土地总面积，所以，楼面地价=土地单价/容积率。楼面地价在实际工作中有重要意义，其往往比土地单价更能反映土地价格水平的高低，因为土地的单价是针对土地而言的，而楼面地价实质上就是单位建筑面积上的土地成本。

二、房地产价格的构成

在市场经济条件下,房地产价格主要是房地产市场供求相互作用形成的,它的高低受很多因素的制约、影响。房地产商品的价值是其价格形成的基础,从长期看,房地产商品的价值与价格相同;从短期看,房地产商品的价格围绕其价值上下波动。这里,仅从生产价格理论的角度,对房地产价格的构成进行分析。

以典型的房地产开发经营为例,房地产价格构成可分为土地取得成本、开发成本、管理费用、财务费用、销售费用、销售税金、开发利润七部分。

(一)土地取得成本

指购置土地的价款和在购置时应由买方缴纳的税费。根据房地产开发取得土地的途径不同,土地取得成本包括下列三种形式。

1. 农地征用费+土地使用权出让金

当取得用地为征用农地时,土地取得成本主要包括农地征用费和土地使用权出让金。

农地征用费是指国家征用集体土地而支付给农村集体经济组织的费用。农地征用费包括土地补偿费、土地投资补偿费(青苗补偿费、树木补偿费及地面附着物补偿费)、人员安置补助费、土地管理费等。

2. 城市房屋拆迁安置补偿费+土地使用权出让金

当需要在城市中进行房屋拆迁而取得土地时,土地取得成本主要包括城市房屋拆迁安置补偿费和土地使用权出让金。

城市房屋拆迁安置补偿费一般包括原有房屋及附属物补偿费、购置拆迁安置用房费、安置补助费、房屋拆迁管理费、房屋拆迁服务费、拆迁过程政府规定的其他有关税费等。

3. 购买土地的地价款+应缴纳税费

当在城市土地市场上直接购买土地使用权取得土地时,土地取得成本主要包括相应方式购买土地的地价款和应缴纳的税费。

(二)开发成本

开发成本是在取得开发用地后进行土地开发和房屋建造所发生的直接费用、税金等,可以划分为土地开发成本和建筑物建造成本。这里只以建筑物为对象分析其建造成本,主要包括下列几项。

1. 勘察设计和前期工程费

勘察设计和前期工程费又称为专业费用,包括可行性研究、地质勘察、规划、设计、"三通一平"、招标投标、预算编审等工程前期所发生的费用。

2. 建筑安装工程费

建造房屋及附属设施所发生的费用。该部分费用主要是施工建造阶段为形成工程实体而发生的人工、建材与设备等耗费,以及建筑商应计取的利润与税金,也是开发商向建筑商支付的工程价款。建筑安装工程费在总投资或总造价中占有较大比例。

3. 基础设施建设费

所需的道路、给水、排水、电力、通信、燃气、热力等的建设费用。该类费用的发生与否要根据实际情况而定，当开发商开发成片土地，开发范围内无基础设施或基础设施需要改造时，则需要发生该类费用。

4. 公共配套设施建设费

所需的非营业性的公共配套设施的建设费。如住宅小区，学校、幼儿园、派出所、邮局、街道居委会等是必不可少的设施。该类费用一般按开发项目的建筑面积进行分摊。

5. 开发过程中的税费

开发过程中应向有关部门上交的有关费用，如人防工程费、文物保护费等。

（三）管理费用

管理费用是房地产开发企业在开发和组织管理过程中发生的间接成本和期间费用，主要包括：开发企业的人员工资、办公费、差旅费、办公房屋与车辆折旧费等。该类费用依据开发企业资质等级，按有关规定计取。

（四）财务费用

房地产开发过程中发生的投资利息和融资费用。房地产项目的开发通常规模大、需要资金多，开发商除将自有资金投入外，大部分均依靠银行贷款，因此需要支付利息。融资费用是为房地产开发筹措资金而发生的费用，一般按投资利息的一定比率计取。

（五）销售费用

房地产开发过程中为预售和项目竣工完成后售房所发生的费用。一是广告宣传费、销售代理费、销售人员办公费、销售人员工资、商品房交易会展台费、沙盘或模型制作费和售房宣传资料费等；二是房地产交易手续费、产权转移登记费等。

（六）销售税金

包括两税一费（营业税、城市建设维护税、教育费附加）和印花税等。另外，还有其他销售税费。通常按售价的一定比率计取。

（七）开发利润

开发利润是房地产开发企业投入预付资本应获得的回报，开发利润一般通过利润率来计取。由于房地产项目开发周期较长，市场变化和风险较多，在房地产价格评估中，开发利润率往往根据项目性质、周期长短、风险大小等因素综合分析计算。

三、房地产价格的影响因素

可分为内部因素和外部因素。内部因素包括土地因素和建筑物因素；外部因素包括地区环境因素、经济因素、人口因素、社会因素、政策法规因素和心理因素等。

（一）影响房地产价格的内部因素

指影响房地产价格的房地产本身的自然物理性状。是影响房地产价格的主要因素。

1．土地因素

（1）位置和面积。房地产价格与房地产位置优劣呈正相关，因为房地产位置的优劣直接影响其所有者或使用者的经济利益或满足程度。房地产界有句名言，即"位置、位置、还是位置"就是说，位置即区位对于房地产的重要性。地理位置优越的土地，得到它所需支付的代价必然高，房地产价格相对也高。

土地面积的大小，随其用途的不同而产生价格差异。一般来说，面积大的土地，其利用效率要比面积小的土地高，因而其价格就高。

（2）地形和地质。不良的地形不仅会增加前期工程费用，提高建筑成本，也会影响土地使用功能的发挥，因而地价较低。

地质因素对地价的影响，主要表现在土地承载力上。土地的坚固程度、地质构造状况和水位情况等地质因素，决定了其允许承载力，这会影响基础工程的费用和建筑物的建筑规模，从而影响土地的利用率。特别是在繁华地段高层建筑集中的区域，对地质条件的要求更高。

（3）形状和用途。土地形状有规则和不规则两种情况。一般来说，规则土地的利用率比不规则土地的利用率高，因而其价格就高。而不规则土地，如三角形土地由于利用率差，价格自然就会下降。

土地的用途对价格的影响也很大。一般来说，商业用地价格高于工业用地价格，工业用地价格高于住宅用地价格，而市政基础设施和社会福利性用地价格，往往是无偿或者象征性收取一定费用。根据若干城市测定的基准地价来看，工业用地、居住用地与商业用地的地价水平之比约为1:1.5:4。

（4）土地的"生熟"程度。土地投入是构成土地价格的重要组成部分，而土地的"生熟"程度既是以前土地投入的具体体现，又决定了以后对土地投入的需要量。土地的"生熟"程度分为：一是未征用补偿的农地，这类土地的征用需要支付征地补偿费；二是已征用补偿但未"三通一平"的土地，应把通路、通水、通电和场地平整等费用考虑进去；三是已经"七通一平"的土地，这类土地已经具备道路、给水、排水、电力、通信、燃气和热力方面的设施和条件；四是在现有城区内有待拆建建筑物的土地，此类土地的受让者需进行拆迁安置工作，并支付拆迁安置补偿费；五是已经拆迁安置完毕的城市空地，俗称"熟地"。

（5）交通和环境。土地邻近的街道是主干道还是支线、道路的铺设状况和宽窄程度等，都将通过客流量的大小、交通运输的便捷程度影响土地的价格。

土地的环境包括自然环境和人文环境两种。自然环境如日照、通风、干湿度等都直接影响土地的价格。土地的人文环境较为复杂，对于居住用地而言，公共服务设施齐全，基础设施完备，又远离变电所、污水处理设施等的土地价格就高。在住宅区，自然地势较高者较为优越，但在地势较低的地区，如果可建设地下室作为仓库或其他用途，价格不一定会降低。

另外，政府对土地的用途、容积率、绿地覆盖率以及公建比例等规划指标的限制也会影响土地的价格。

2．建筑物因素

（1）用途和质量。建筑物包括房屋和构筑物两大类。房屋按照用途可分为工业用房、商业用房和住宅用房。不同用途的房屋，对设计要求相差甚远，所带来的收益也不同，其价格自然也有差别。对于同一幢楼而言，底楼在作为住宅时价格一般较低，但若作为店面房，其价格就会升高。

由于建筑物的使用寿命长，质量在其价格的确定中更显重要。建筑物的质量包括设计质量、施工质量和装修质量等。

（2）结构和装修。建筑物结构分为钢筋混凝土结构、砖混结构、砖木结构和钢结构等。不同结构的建筑物，其建造成本不同，使用寿命也不同，其价格自然有所差别。一般来说，建筑物的装修标准越高，所花的材料费和人工费等就越多，其价格自然就会提高。

（3）楼层和朝向。对于住宅而言，房屋的层数、高度不同，房屋中的日照时间多少，安静与方便程度等自然也不同。楼层的高低直接影响其使用功能的发挥及使用的方便性、舒适性，因而在价格上就有差别。所以，同一幢住宅不同楼层有着不同的价格。为了便于销售和计算，通常要确定出标准楼层和其他各楼层的差价率。一般各楼层的增减差价率代数和为零，售房中常说的某幢商品房的价位是该幢房屋的平均价格。一般来说，对六层多层住宅而言，三、四层最贵，二、五层次之，一、六层最便宜。对高层而言，通常是由低层向高层逐渐趋贵，但最顶层便宜。

房屋的朝向影响室内的日照、通风等条件。根据当地的纬度、气候、主导风向、光照以及人们的生活习惯，在购房时，朝向是交易双方确定价格时考虑的一个重要因素。一般来说，在我国中纬度地区，朝东、朝南的房屋在日照、通风方面优于朝西、朝北的房屋，因而其价格就高。住宅的朝向应以每套住房主卧朝向为准，结合日照时间与生活习惯。在有些地方也采取了各朝向差价率代数和为零的方法调整商品住房价格。例如，若以朝东为标准以100%计的话，则朝南为103%，朝西为99%，朝北为98%。

（4）附属设备。建筑的附属设备包括水电设备、通信设备、卫生设备、冷暖设备以及垂直交通设备等，这类设备标准的高低直接影响房屋的使用质量和造价。在一般性住宅区，这类配套设备的费用占工程造价的比重15%～20%，在高级住宅及宾馆，这个比例还要高。

（二）影响房地产价格的外部因素

包括地区环境因素、经济因素、人口因素、社会因素、政策法规因素、心理因素和国际因素等。

1．地区环境因素

包括地区自然环境因素和地区社会环境因素。

自然环境因素包括声觉、大气、水文、视觉和卫生等环境因素，实质上是地区的环境污染或环境治理状况以及景观的优美程度。

社会环境因素包括房地产所在地区的市政基础设施条件和公共建筑配套设施条件。交通、给水、排水、供电、邮电通信以及环卫绿化等基础设施的齐全与否，商业服务、教育、文化体育以及医疗卫生等设施的完善程度，都对房地产效用的发挥影响很大。同时，这部分设施本身就是土地累积投资的物化。因此，基础设施齐全的房地产，其价格必然要高一些。社区规划完善、绿化好、环境佳、并提供专门的休闲娱乐设施，价格就高；反之，社区规划随意、品质差、生活配套设施不完善，价格就低。

2. 经济因素

主要是指经济发展状况，储蓄、消费和投资水平，特别是房地产投资，财政收支和金融状况，物价水平，建筑材料价格水平等。经济发展速度越快，储蓄、投资和消费水平就越高，财政、金融状况就越好，对房地产需求量就越大，房地产价格就会越高。同样，物价水平提高，也会引起房地产价格的上升。

一般来说，社会经济繁荣，经济进入高速增长时期，人们的收入增加，社会对房地产商品的需求也必然上升，从而促进房地产价格的上涨。但是，不管一个国家的经济体制如何，其经济的发展往往是周期性的，在高速增长一段时期后，也会出现低速增长。而经济增长速度的下降和经济形势的变化，必然体现在该国的财政、金融、税收政策上，从而直接或间接地导致房地产价格的波动。

由于房地产价格的高低影响了社会经济的各个方面以及房地产市场的非完全开放市场特性，因而，房地产价格虽受其价值及供求关系的影响，但并不完全是由其价值和供求关系决定的。

从居民收入来看，中低收入家庭收入的增加，因其边际消费倾向（指增加的1单位收入中用于增加消费的比例）较大，所增加的收入除了用于衣食消费外，还将用于居住条件的改善，进而对房地产的需求增加，则有利于房地产价格的提高。对于高收入家庭，其边际消费倾向较小，收入的进一步增加对房地产价格的影响并不明显。

物价的波动、通货膨胀率的高低，对房地产价格的影响也较大。建筑材料费和人工费的上涨都直接增加了房地产的开发建设成本，从而提高其价格。同时，房地产具有保值增值功能，越是在物价上涨快、通货膨胀率高的时期，人们为了保值增值，对房地产的需求就越高，从而促使房地产价格的上升。

3. 人口因素

从静态来看，人口数量、质量和分布结构等对房地产价格都会产生影响。从动态来看，人口结构的变动趋势、因求学和工作而发生的人口迁移、城市化进程的加快以及人口素质的日益提高，都会对房地产价格产生影响。

4. 社会因素

社会因素包括政局稳定、社会治安以及房地产投机等方面。社会因素对房地产价格有重大影响。政局稳定，则人们乐于投资房地产，从而使房地产需求量上升、房地产价格上涨；反之，则会导致房地产价格的下跌。

由于房地产的不可移动性，使用和投资回收的长期性，一个国家或地区的政局是否稳定，不同党派与团体之间的冲突，都直接影响人们在该地区购房置地的积极性，从而对房地产价格产生影响。社会治安较差的城市或地区，人们的生命财产缺乏保障，必将引起房地产价格的下降。

房地产投机，是一种利用房地产价格的涨跌变化，看准时机，通过不同时期房地产的买进卖出，从中牟取差价的行为。在投机者纷纷抛售房地产时，房地产价格就会下降；而在抢购房地产时，会造成房地产短期内的虚假需求，从而使房地产价格快速上升。

5．政策法规因素

包括住房政策、税收政策、金融政策和房地产价格政策等。长期以来，我国实行的是住房福利政策，采取国家投资、低租金和实物分配的模式，房地产价格不反映其价值。1998年后，我国开始实行住房分配货币化，房地产价格开始向其价值接近。另外，国家关于房地产的投资方向税、营业税、房产税、土地使用税和土地增值税等方面的税收政策，对房地产价格也有很大的影响。银根紧缩时，房地产企业融资成本增加，房地产成本必然上升，从而推动房地产价格的上升，银根紧缩时，会抑制房地产需求，从而在一定程度上使房地产价格有所回落。

6．心理因素

心理因素主要指人们对房地产价格的心理偏好、心理承受能力和对房地产价格变化的心理预期。人们对地段、特定数字的不同偏爱，在房地产价格上就有所表现。买涨不买跌、相互攀比、显示财富以及求新、求美、好奇、从众、习惯等，对房地产价格都有重要影响。

7．国际因素

国际因素主要是：国际政治状况，国际经济发展状况，国际军事状况，国际竞争状况等。国际因素也会通过国际投资、汇率的变动等传导到国内，从而影响国内市场和经济状况，影响房地产价格。如1997年，泰国爆发金融危机，通过国际投资和汇率的变动等传导到周边地区，香港楼市迅速崩盘，房价下跌了65%左右。

四、房地产升值及调控

（一）房地产升值的含义及原因

1．房地产升值的含义

房地产升值，是指在社会经济正常发展的条件下，从长远的发展趋势看，房地产的市场价格呈不断上升的趋势。

这里需要注意两点：一是房地产升值是扣除了物价上涨因素的升值，也就是说房地产价格上涨的幅度一般要大于物价上涨的幅度。二是房地产升值的实质是土地的升值。也就是说，是土地的升值引起了房地产的升值。从物质构成上讲，房地产的两大基本物质构成要素中，建筑物是不会升值的，因为建筑物在使用过程中，正常使用的负荷和风吹日晒等外界因素，都会造成建筑物的物质磨损，此外，由于新的建筑物不断涌现，原有建筑物的材料、设备、外观、结构布局都会相对过时，造成其市场需求减少，这些都使得建筑物的内在价值降低。土地则不同，它的内在价值会不断上升，从而引起房地产升值。

2．房地产升值的原因

首先，是由其特定的供求关系所决定的，土地总量是固定不变的，对于某一个国家或地区的某一土地类型，即使可以通过一些方式来增加土地（如填海造陆）以增加工业、交通用地，但相对土地的总量而言，这种增加效果也是非常有限的。随着社会经济的不断发展和人口增长，人们对土地的需求不断增长，这就使得土地的供求矛盾日益尖锐，供不应求引起土地市场交换价值的提高。这种升值可以叫作需求拉动型土地升值。其次，是土地效率提高型升值。土地的价值是受其效用制约的，随着社会经济的不断发展，生产力水平不断提高，土地的利用效率越来越高，这也促使了土地价值的上升。再次，是劳动积累型升值。土地是由土地物质和土地资本共同构成的自然经济综合体，其中土地资本（凝结在土地中的一般人类劳动）也是构成其价值的重要成分。随着经济的发展，投入土地劳动的增加，土地中积累了越来越多的人类劳动，也必然引起土地升值。最后，是土地用途转换型升值。同一宗土地由低效益用途转为高效益用途时，由于土地收益水平提高，导致土地价格相应上升。例如，农地变为非农地、工业用地变为商业用地，就会发生因收益提高而造成用途型升值。

但是，必须注意，房地产升值是以一个国家或地区社会经济的正常发展为前提的。如果没有社会经济的正常发展，就不存在对房地产的需求。同时房地产升值是一种长远发展的趋势。所以说房地产升值是在一定条件下形成的客观规律。

（二）房地产升值的作用和调控

房地产升值可以给房地产投资者带来额外的收益。马克思在论及房地产开发时就指出，高明的开发商正是通过巧妙地选择开发地块的位置，以享有土地升值的好处。对于置业投资者而言，房地产升值可以使其资产增值。因此，房地产升值可以刺激对房地产的投资，而房地产投资可以带动建材、建筑、家电等一系列相关行业的发展，从而促进经济的增长。

此外，房地产升值是经济增长、发展的表现，它作为一个重要的经济信号，可以增强人们投资、消费的信心，具有稳定经济局势的重要作用。因此维持一定的房地产升值，是国家的基本愿望。但是房地产升值也是导致房地产过度投机的诱因，如果投机过盛则会造成经济过热，容易产生经济泡沫，引发经济危机。1997年下半年开始的东南亚金融危机就与房地产过度投机造成的经济泡沫密切相关。因此，目前世界各国政府都非常重视对房地产升值进行调控。

对房地产升值的调控主要是两个方面：一是控制房地产升值的速度，既要维持房地产升值，又要将其幅度控制在适度范围内，抑制非正常升值；二是合理分配升值收益，抑制过度投机。具体措施有。

1. 控制土地供应量

土地供应量是决定房地产市场总供给的基础。我国实行土地公有制，国家可以控制土地使用权划拨、出让的规模。另外，国家还可以通过立法和行政审批，控制耕地转为建设用地的规模以及土地供应总量。

2. 控制房地产投资规模

房地产投资是土地需求的主要方面，控制房地产投资就可控制土地需求，从而控制房地产升值。一方面，国家可通过基本建设项目立项审批，来控制包括国家预算内资金、地方和企业自筹资金、银行信贷资金等各类资金向房地产项目的投放规模；另一方面，国家还可通过调整利率等货币政策来控制投资需求。

3. 实施房地产价格管理

通过制订城市土地基准地价、制订和发布房地产价格指数来指导公众，维持正常的房地产价格。

4．通过税收来合理分配房地产升值的收益

房地产升值的价值来源：既有土地使用者对土地投资所带来的部分，更有相当部分是由整个城市的建设投资所带来的。所以，房地产升值收益不应由土地使用者独享。土地增值税，就是通过税收来分配房地产升值收益的一个重要手段。

5．通过规范房地产交易行为，抑制投机行为

房地产投机与房地产升值相互作用。一方面，房地产升值是诱发房地产投机的主要原因；另一方面，房地产投机会产生大量的市场需求，进一步推动房地产升值。然而，投机引致的升值是不正常的升值，因此，政府通常会通过制定房地产交易法规、规章来抑制投机行为。如规定取得土地使用权后在一定时间内不进行开发的，政府可收回土地；规定房地产开发项目必须在投资达到总投资的一定比例时才能转让。这些措施对"炒地皮"的投机行为起到了很好的防范、控制作用。

复习思考题

1．房地产需求的影响因素有哪些？
2．房地产供给的影响因素有哪些？
3．房地产供求非均衡包括哪几种情况？
4．改善房地产市场供求均衡的措施有哪些？
5．房地产市场有哪些功能？
6．房地产市场的运行机制有哪些？
7．房地产价格有哪些特点？
8．房地产价格的影响因素有哪些？
9．试述房地产升值的原因有哪些，如何调控？

第六章

土地开发整理与土地市场

第一节 土地开发整理

一、土地开发整理的概念

土地开发整理是指在一定区域内，按照土地利用总体规划、城市规划、土地开发整理专项规划确定的目标和用途，通过采取行政、经济、法律和工程技术等手段，对土地利用状况进行调整、改造、综合整治，提高土地集约利用率和产出率，改善生产、生活条件和生态环境的过程。

土地开发整理是人类在土地利用实践过程中不断建设土地和重新配置土地的过程。以获取土地利用的社会效益、经济效益、生态效益三者协调统一的综合效益为原则；以保护和改善生态环境为前提，以改善农业生产条件和提高土地的集约化程度为手段；以土地资源的可持续利用为最终目标。土地开发整理是一项长期而复杂的系统工作，其内容随着国家经济、社会的发展而不断变化。我国现阶段土地开发整理的内容包括：调整用地结构；平整土地，提高土地集约利用率；道路、沟渠、林网等综合建设；归并农村居民点；恢复利用废弃土地；划定地界，确定权属；在保护和改善生态环境的前提下，适度开发宜农土地后备资源。

本书所论述的土地开发整理主要是指：改变土地的利用现状，将"生地"（即不具备使用条件的土地）改造成可供进行房屋建设的土地的生产活动。土地开发的程度由低到高通常有两种："三通一平"和"七通一平"。"三通一平"是指通水、通电力、通公路和平整土地；"七通一平"是指通给水、通排水、通热力、通燃气、通电力、通电信、通公路和平整土地。房地产开发，首先就要对土地进行开发整理，土地开发整理是房地产开发的前期开发阶段。

二、土地开发整理的原则

1. 因地制宜原则

土地开发整理具有鲜明的地域性，必须坚持因地制宜的原则，紧密结合当地的自然经济条件，既要考虑生产发展的需要，又要考虑土地资源的特性，因地制宜，通过土地开发整理消除土地利用上的不合理现象，充分发挥土地开发整理，促进农业生产发展的积极作用。

2. 系统性原则

土地开发整理必须运用系统论的观点，综合采用经济科学、自然科学的有关新理论、新技术、新方法，解决土地利用中存在的系统性问题，为实现农业现代化创造良好的条件，不断提高劳动生产率和土地利用率。

3．远近结合原则

必须要正确处理好近期效益与远期效益、经济效益与生态效益之间的关系，把当前生产与远期规划密切配合起来，为有计划地实现土地开发整理专项规划创造条件。

4．坚持依据规划，科学、合理地进行土地开发整理的原则

在土地利用总体规划的指导下，制定和执行土地开发整理专项规划，是搞好土地开发整理的前提。我国土地后备资源有限，不坚持按规划开发整理，土地用途管制就难以落实，土地资源的持续利用就难以保障，土地开发整理的目标就难以实现。

5．坚持将土地整理复垦作为补充耕地主要途径的原则

据测算，今后我国耕地后备资源的潜力主要来自于已利用但利用率低的土地和因生产建设破坏需要恢复利用的土地，补充耕地的主要途径是土地整理和复垦。

6．坚持耕地数量、质量和生态保护协调统一的原则

在强调耕地占补平衡与耕地总量动态平衡的同时，应重视补充耕地的质量与生态保护问题，坚持做到耕地数量、质量和生态三方面的协调统一。

7．坚持适应市场经济规律，争取综合效益最优化原则

在社会主义市场经济条件下，建立适应市场经济规律的土地开发整理管理体制、机制及运作方式。

三、土地开发整理的类型

按照土地开发整理对象情况的不同，可分为城市土地第一次开发（新增城市用地开发或新区土地开发整理，即土地一级开发）和城市土地再开发（旧城改造）两种类型。

（一）城市土地一级开发

1．开发的含义

是指由政府或其授权委托的企业，对一定区域范围内的城市国有土地、乡村集体土地进行统一的征地、拆迁、安置、补偿，并进行适当的市政配套设施建设，使该区域范围内的土地达到"三通一平""五通一平"或"七通一平"（熟地）的建设条件，再对熟地进行有偿出让或转让的过程。

城市土地一级开发主要是将农业用地改变为非农业用地，并进行土地改造和基础设施建设，将其改造成适于房屋建造的土地的开发活动。

城市土地一级开发需拆迁安置的负担并不重，地价也相对便宜得多，因而新区开发的投资成本相对较低。不过，新区土地开发整理投资将受到农业保护的限制，而且，由于基础设施条件较差，缺乏配套设施，往往需要较多的建设资金。土地开发整理投资成败的关键在于使用性质是否准确，配套设施、基础设施、公共服务设施的建设是否完备。

2．开发流程

（1）原土地所有者或使用者在征得区县和乡镇政府或上级主管部门的同意后，向市国土局提

出土地一级开发申请。

（2）市国土局受理申请并进行土地开发项目预审。

（3）通过土地预审的项目，根据项目的性质，委托市、区县土地储备机构负责组织编制土地储备开发实施方案，开发实施方案主要包括：待储备开发地块的范围、土地面积、控制条件、地上物状况、储备开发成本、土地收益、开发计划、实施方式等。

（4）编制了开发实施方案的项目后，由市国土局会同市发展改革、规划、建设、交通、环保等部门参加的联审会会审，通过会审，对建设项目土地一级开发的实施方案中土地、产业政策、城市规划、建设资质、交通及环保等提出原则意见。

（5）确定土地开发主体

① 土地储备机构负责实施土地开发的，由土地储备机构负责筹措资金、办理规划、项目核准、征地拆迁及大市政建设等手续并组织实施。其中，通过招标方式选择开发企业负责土地开发具体管理的，开发企业的管理费用不得高于土地储备开发成本的2%。以招标方式确定开发企业后，土地储备机构应当与中标开发企业签订土地一级开发管理委托协议。

② 通过招标方式选择开发企业实施土地开发的，由开发企业负责筹措资金、办理规划、项目核准、征地拆迁和大市政建设等手续并组织实施。招标底价包括土地储备开发的预计总成本和利润，利润率不得高于预计成本的8%。通过招标方式确定开发企业后，土地储备机构应当与中标开发企业签订土地一级开发委托协议。

（6）土地储备开发实施单位向市规划部门办理规划意见，向市国土部门办理用地手续，向市发展和改革委员会办理核准手续，涉及交通、园林、文物、环保和市政部门的，应按照有关规定办理相应手续。

（7）如果开发项目涉及新增集体土地办理农用地征收、农转用手续或存量国有建设用地收回国有土地使用权的，土地储备开发实施单位依法办理相关手续，并获得市人民政府的批准。

（8）在取得市人民政府的批准文件后，由土地储备开发实施单位到相关委办局办理征地、拆迁、市政基础设施建设等相关手续。

组织实施征地、拆迁和市政基础设施建设。危改、文保、绿隔等项目需按规定承担回迁房建设。

（9）组织验收。建设项目的土地一级开发完成后，由市国土局组织相关委办局进行验收，验收审核的内容包括：

① 审核土地一级开发成本。

② 组织验收土地开发程度是否达到合同的要求。

③ 根据委托合同支付相应土地开发费或管理费。

④ 纳入市土地储备库。

3．开发模式

从空间上来讲，土地一级开发主要可分为成片（或连片）开发及分片开发两类。当然，这只是一种约定俗成的说法，在法律上还没有明确的规模指标界定。从时间上来讲，一种是可以先做一级开发、再做二级开发，即一、二级开发分离的形式；另一种是一级开发包含在二级开发之中的形式。从性质上来讲，一类是存量一级开发，包括旧城改造、旧村改造、城中村改造及退二进三（工业厂区改商业、住宅等第三产业）项目；另一类是增量一级开发，包括征用和农转用土地，有些是已纳入城市总体规划的成片征地开发，有些是总体规划区以外单独立项基建类项目。

根据土地一级开发涉及的类型不同及发展历程，土地一级开发的开发模式主要有五种。

1）割腊肉式：谁看上哪一块就割给谁，开发商、用地单位自行做一级和二级开发。这种方式的优点是政府无须投入，缺点是政府收益也低，城市整体规划难以实施，开发进度无法掌控。

2）指婚式（即五统一）：成立土地储备机构或指定专门成立的国有公司承担一级开发，优点是政府收益相对丰厚，缺点是政府需要大量铺垫资金，开发进度慢。

3）招亲式：政府公开招标方案优、成本低的企业承担一级开发，根据土地使用权的转移与否及分利办法不同，在实际操作中又衍生为多种形式，如一级开发不发生土地使用权转移的委托式，实际上相当于工程承包；也可以发生两次土地使用权转移，即政府将生地出让给一级开发商，开发成熟后再由一级开发商转让给二级开发商；另一种叫"生地出让-熟地回购"，即一级开发成熟后再由政府收储统一上市。政府与一级开发商的分利办法有固定收益、溢价分成、固定收益+溢价分成、完全市场操作等几种，如在惠州市政府与中信深圳集团一级开发合作中，政府作出了土地增值收益全部归中信深圳集团的承诺。

4）新城公司式：直接成立新的城区公司垄断一级开发经营，好处是政府主导，缺点是与市场脱节，易滋生腐败。

5）借壳上市式：目前国内土地证券仍为空白，可与境外有信誉、有资质机构合作土地一级开发，借壳上市融资。缺点是政府容易陷入被动。

4．土地开发费

获得土地后，开发费用有：基础设施配套费、公共事业建设配套费和小区开发配套费。

（1）基础设施配套费。基础设施配套常常概括为"三通一平"和"七通一平"。"三通一平"指：通水、通路、通电、平整地面。"七通一平"指：通上水、通下水、通电、通信、通气、通热、通路、平整地面。

（2）公共事业建设配套费。与项目大小、用地规模有关，各地情况不一视实际情况而定。

（3）小区开发配套费。同公共事业建设配套费类似，各地根据用地情况确定合理的标准。

5．盈利模式

（1）工程总承包模式。土地一级开发企业接受土地整理储备中心的委托，按照土地利用总体规划、城市总体规划等，对确定的存量国有土地、拟征用和农转用土地，统一组织进行征地、农转用、拆迁和市政道路等基础设施的建设。

（2）利润分成模式。如重庆市的土地一级开发采用的是这种方式，土地一级开发企业接受土地整理储备中心的委托进行土地一级开发，生地变成熟地之后，土地储备中心进行招拍挂出让，出让所得扣除开发成本后在市政府和企业之间按照一定的比例进行分成。

（3）土地补偿模式。土地一级开发企业在完成规定的土地一级开发后，土地储备中心并不给予现金计算，而是给予开发企业一定面积土地作为补偿。此方式的利润率会高于第一种模式，但是对于企业的现金流压力会比较大。

6．开发主体

土地储备机构负责实施开发的，其为主体。通过招标方式选择开发企业负责整理的，开发企业的管理费用不应高于土地储备开发成本的 2%，并由土地储备中心同开发企业签订土地一级开发管理委托协议。

7. 土地征收与征用

土地征收是指国家为了公共利益需要，依照法律规定的程序和权限将农民集体所有的土地转化为国有土地，并依法给予被征地的农村集体经济组织和被征地农民合理补偿和妥善安置的法律行为。

土地征用是指国家为了社会公共利益的需要，依据法律规定的程序和批准权限批准并依法给予农村集体经济组织及农民补偿后，将农民集体所有土地使用权收归国有的行政行为。国家行政机关有权依法征用公民、法人或者其他组织的财物、土地等。

土地征收与土地征用二者既有共同之处，又有不同之处。共同之处在于，都是为了公共利益需要，都要经过法定程序，都要依法给予补偿。不同之处在于，征收的法律后果是土地所有权的改变，土地所有权由农民集体所有变为国家所有；征用的法律后果只是使用权的改变，土地所有权仍然属于农民集体所有，征用条件结束需将土地交还给农民集体。简言之，涉及土地所有权改变的，是征收；不涉及所有权改变的，是征用。

（二）城市土地再开发

1. 城市土地再开发的含义

城市土地再开发主要来源于旧城改造与工业用地置换两类业务，相对于工业用地产权单一的性质，旧城改造因面对的主体广泛，产权状况复杂，重建方案与成本都有很大的不确定性，成为城市土地再开发的最大难点领域。

旧城改造指随着城市经济的发展，为适应已批准的本轮城市详细规划的需求而实施的对与规划发展不相符的旧有城市基础设施的拓展、改线、工矿、企业、商贸、房宅的拆迁与重建，绿地与公共文教娱乐场所的改扩增建设等。旧城改造是新一轮城市发展详细规划的重要内容，是集约利用城市土地、不断提高土地利用效益的重要途径，也是使城市结构布局不断合理、并完善城市不同功能所必须采取的措施。

旧城区土地再开发不仅因地价高，要付出更多的投资，而且因原有住户或用户的安置、原有基础设施的改造，将会大大增加开发成本。土地开发整理公司或房地产开发公司在城市土地出让市场，通过竞投获取土地使用权以后，便可进行该地块的拆迁安置及改造建设，使其具备房屋建设的基础条件。

旧城区土地开发整理投资的成败在于该地块能否升值。地块升值除了自身的基础设施条件的改善外，更重要的还在于该地块周围环境条件的改善，该地块的区位。因此从事旧城区土地开发整理投资，若对城市规划的发展、城市经济的成长预测和分析得不够的话，将会承担很大的风险。

2. 旧城改造符合城市发展规律的要求

城市是经济和社会发展的产物。随着经济、社会的发展，城市也在发展和变化。城市的发展、变化不仅表现在数量上，而且也表现在质量上。数量上的发展和变化指城市数量和城市规模在不断地扩大，主要是通过新区开发来实现的；质量上的发展指城市的职能结构和现代化的水平要不断地提高，则必须通过对旧城区进行改造来实现，这是由城市发展的客观规律所决定的。

旧城改造是对城市土地进行的再开发，它要求改变落后于现代城市发展的城市基础设施和社会设施；合理调整城市经济结构、社会结构和环境结构，重新规划城市的空间布局；建立城市合理用地结构，使有限的城市土地资源得到最有效的利用，明显提高城市的整体功能。对我国的旧城改造来说，主要是通过城市用地结构调整和房屋拆迁、安置实现的。

3．国有土地上房屋征收与补偿

为了规范国有土地上房屋征收与补偿活动，维护公共利益，保障被征收人的合法权益，根据《物权法》和《全国人民代表大会常务委员会关于修改〈中华人民共和国城市房地产管理法〉的决定》，2011年1月19日国务院第141次常务会议通过了《国有土地上房屋征收与补偿条例》。

为了保障国家安全、促进国民经济和社会发展等公共利益的需要，有下列情形之一，确需征收房屋的，由市、县级人民政府作出房屋征收决定。

（1）国防和外交的需要。

（2）由政府组织实施的能源、交通、水利等基础设施建设的需要。

（3）由政府组织实施的科技、教育、文化、卫生、体育、环境和资源保护、防灾减灾、文物保护、社会福利、市政公用等公共事业的需要。

（4）由政府组织实施的保障性安居工程建设的需要。

（5）由政府依照城乡规划法有关规定组织实施的，对危房集中、基础设施落后等地段进行旧城区改建的需要。

（6）法律、行政法规规定的其他公共利益的需要。房屋被依法征收的，国有土地使用权同时收回。

做出房屋征收决定的市、县级人民政府对被征收人给予的补偿包括：

（1）被征收房屋价值的补偿。

（2）因征收房屋造成的搬迁、临时安置的补偿。

（3）因征收房屋造成的停产停业损失的补偿。

被征收人可以选择货币补偿，也可以选择房屋产权调换。被征收人选择房屋产权调换的，市、县级人民政府应当提供用于产权调换的房屋，并与被征收人计算、结清被征收房屋价值与用于产权调换房屋价值的差价。因旧城区改建征收个人住宅，被征收人选择在改建地段进行房屋产权调换的，做出房屋征收决定的市、县级人民政府应当提供改建地段或者就近地段的房屋。因征收房屋造成搬迁的，房屋征收部门应当向被征收人支付搬迁费；选择房屋产权调换的，产权调换房屋交付前，房屋征收部门应当向被征收人支付临时安置费或者提供周转用房。对因征收房屋造成停产停业损失的补偿，根据房屋被征收前的效益、停产停业期限等因素确定。具体办法由省（自治区、直辖市）制定。做出房屋征收决定的市、县级人民政府对被征收人给予补偿后，被征收人应当在补偿协议约定或者补偿决定确定的搬迁期限内完成搬迁。

任何单位和个人不得采取暴力、威胁或者违反规定中断供水、供热、供气、供电和道路通行等非法方式迫使被征收人搬迁。禁止建设单位参与搬迁活动。

第二节 土地市场

一、土地市场的概念

土地市场是利用市场机制来配置土地资源，实现土地交换和流转的场所；是土地交易过程中所发生的经济关系的总和。土地市场交换和流转的客体是单纯的土地，土地市场是房地产一级市场，是房地产市场的源头。土地市场中交易的是土地的使用权，并具有一定的期限性。土地市场的主体是土地的供给者、购买者，还有众多的参与者；客体是土地本身及其产权关系。

二、土地市场分类和市场性质

我国土地市场是在社会主义经济制度的基础上建立起来的，是由多种市场构成的市场体系。按地域划分，分为城市建设用地使用权市场和农村集体土地使用权市场；按市场主体划分，分为涉外（国外或境外）市场和境内（中国大陆）市场；按交易梯次划分，分为出让（一级）市场和转让（二级）市场、租赁抵押（三级）市场；按土地交易方式划分，分为土地使用权出让市场、土地使用权转让市场、土地使用权租赁市场和土地使用权抵押市场等。

（1）土地使用权出让市场。指土地所有者将一定期限内的土地使用权出让给土地使用者而形成的市场，反映的是土地所有者和土地使用者之间的经济关系。土地使用权出让市场是土地一级市场，其主要市场活动是国家以土地所有者的身份，将土地使用权按规划要求、投资计划及使用年限，出让给土地使用者或开发商。由土地所有制所决定，土地一级市场是国家垄断的市场。政府按土地供应计划和规划，对出让土地的建设规模、土地开发计划、土地的位置及面积、土地的使用要求作出规定，根据这些规定，对土地出让活动实行直接调控。

《土地基本术语》（GB/T 19231—2003）规定，土地出让市场是指由国家垄断的国有土地使用权出让的市场。

（2）土地使用权转让市场。指土地使用权人将剩余年限的土地使用权出让给其他土地使用者而形成的市场。反映的是土地使用者与土地使用者之间的经济关系。土地使用权转让市场即土地二级市场，其主要市场活动是开发商根据政府的有关规定和出让合同，对土地进行开发和建设，并将经过开发的土地使用权连同地上定着物进行转让。其受让方可以是二手的开发经营者，也可能是直接的土地使用者。

二级市场是国家调控下的以市场调节为主的市场。

《土地基本术语》（GB/T 19231—2003）规定，土地转让市场是指土地使用者之间有偿转让国有土地和集体土地使用权的市场。

（3）土地使用权租赁市场。指土地使用者作为出租人将土地使用权出租给承租人，由承租人向出租人支付租金的行为。土地使用权租赁市场属于土地三级市场。

（4）土地使用权抵押市场。是土地抵押人以其合法的土地使用权以不转移占有的方式向抵押权人提供债务履行担保的行为。土地使用权抵押市场属于土地三级市场。

三级市场是土地使用者之间进行的租赁、抵押活动。它是市场调节下的开放市场。

三级市场结构是我国目前土地市场的基本构成，明确区分三级市场，既有利于政府管理和调控土地市场，也有利于分析土地市场的交易状况，掌握真实的市场供求关系。尽管二、三级市场之间较难区分，有时出现交叉，但是严格区分市场结构对土地市场管理者来说是非常有价值的。

一级市场是关键，是土地市场管理的龙头，二、三级市场是土地市场活跃的标志。

三、土地市场的特征

（1）地域性。由于土地位置的固定性，使土地市场具有强烈的地域性。各地域性市场之间相互影响较小，难以形成全国性统一市场。

（2）不充分性。土地市场参与者不多，市场信息获得较难，使土地市场的竞争不充分。

（3）供给滞后。土地价值较大，用途难以改变且开发周期较长。土地供给是根据前期需求确定的，当市场需求发生变化时，土地供给难以及时调整。

（4）供给弹性较小。从总体说上，土地资源一般不可再生，土地自然供给没有弹性，土地的经济供给弹性也相对较小。在同一地域性市场内，土地价格主要由需求来决定。

（5）低效率性。土地市场是地域性市场，参与者相对较少，投资决策受价格以外因素影响较大，而且同一用途不同区域的土地具有较小的替代性，因而土地市场相对一般商品市场来讲，交易效率较低。

（6）政府管制较严。土地是一个国家重要的资源，其分配是否公平有效，对经济的发展和社会的稳定具有十分重大的作用，因而各国政府都对土地的权利、利用、交易等有较多的严格限制。

四、土地市场的功能

1. 优化配置土地资源

土地资源配置方式主要有两类：一是行政划拨；二是市场配置。行政划拨方式是由政府用行政手段把土地资源分配到各土地使用者手中，实现土地资源与其他生产生活资料的结合。行政划拨方式一般效率低下，极易造成土地资源的巨大浪费。而市场方式是通过市场机制的作用把土地资源分配到各土地使用者手中，实现土地资源与其他生产生活资料的结合。因此，只有运用市场手段，才能优化配置土地资源。

构建统一、开放、竞争、有序的土地市场应做的工作包括：①明确界定适应产权市场化的土地权利，完善土地登记工作。②改革征地制度。③有条件地启动集体土地市场。④推行市场定价，不要政府定价。

2. 调整产业结构，优化生产力布局

市场经济的全面健康发展，需要有合理的产业结构和生产力布局。以价格机制为核心的市场机制就像一只"无形的手"，时刻对一个国家或地区的产业结构和生产力布局按照市场原则进行调整和规范，以实现最大的经济效益。地租、地价是土地市场中最重要的经济杠杆，是引导土地资源在不同产业合理配置的重要信号。

3. 健全市场体系，实现生产要素的最佳组合

完整的市场体系，不仅包括消费品市场、一般生产资料市场，还应包括金融市场、土地市场、房产市场、劳务市场、技术市场等。市场机制只有在一个完整的市场体系中才能充分发挥作用。土地是人类的基本生产要素，只有以市场配置为主，才能健全社会的市场体系，最大限度发挥市场机制的作用，实现全部生产要素的最佳组合。

4. 调控土地供给，控制投资过热或过冷

通过土地市场，加大土地供给调控力度，防止投资过度，防止重复建设，促进经济平稳发展。

五、土地市场的管理手段

1．土地利用规划

土地利用规划是政府控制土地供给量、协调供求关系、调节和稳定土地价格的重要手段；也是确定合理用地结构，优化土地配置的基础性工作。土地利用规划对土地市场具有宏观调控作用。

2．土地利用计划

年度计划的实施是把握土地入市环节，调控土地市场的有效手段。年度计划包括国有土地使用权出让计划和房地产开发用地计划。

土地使用权出让的计划，按现行土地利用计划编制程序进行。

3．土地用途管制

是市场经济条件下国家广泛采用的土地利用管理制度。

4．地籍管理手段

地籍管理是土地市场调控的一项重要措施。其主要任务是对土地权属的变更加以管理，监控土地数量、质量和产权的更动趋势。土地权属登记是地籍管理的核心内容。

5．土地价格调控手段

土地价格作为土地市场运作过程中最重要的经济杠杆手段，在土地市场管理中占据极其重要的地位，因此，土地市场价格的宏观调控是土地市场管理的核心内容。对土地市场价格进行调控的主要目的是：保证土地市场价格的基本稳定和市场交易平稳发展，防止地价极高极低或忽高忽低，避免土地资产流失和土地利用的不合理。根据我国目前已有的法律和政策规定，土地价格宏观调控的措施主要有以下几方面。

（1）建立基准地价、标定地价定期公布制度。基准地价、标定地价是国家建立地价体系的重要内容。建立我国的基准地价、标定地价定期公布制度，是规范土地交易行为，加强国家对地价进行管理的重要措施。

（2）国家对协议出让国有土地使用权采取最低限价。这一措施的主要作用，一是防止地方政府在出让土地使用权过程中，为了局部和短期利益，采取不正当的竞争方式，随意压低地价，造成国家土地资产的流失；二是增加土地使用权出让的透明度，便于上级政府和社会对出让行为的监督；三是便于土地使用者了解国家对不同地区、不同行业实行的地价优惠幅度，确定合理的投资方向。

复习思考题

1．什么是土地开发整理？
2．简述城市土地一级开发流程。
3．土地一级、二级、三级市场是如何划分的？
4．简述土地使用权的出让、转让、出租、抵押的概念。

第七章

房地产开发与房地产二三级市场

第一节 房地产开发

一、房地产开发的含义、分类、特点和作用

(一)房地产开发的含义

房地产开发是指通过多种资源的组合使用为人类提供入住空间,并改变人类生存的物质环境的一种活动。这里的资源包括了土地、建筑材料、城市基础设施、城市公共配套设施、劳动力、资金和专业人员经验等方面。房地产开发是房地产开发企业按照城市规划的要求,投资建设适应城市社会和经济发展需要、满足用户要求的房屋建筑、配套空间环境,并以此实现企业经营目标和提高土地使用的社会经济效益的活动。房地产开发是房地产经济活动的重要组成部分,是一项综合性的生产活动,也是一个庞大的系统工程,它在房地产行业中占有极其重要的地位。

房地产开发最早开始于英国的第二大城市伯明翰。根据工业发展的需要,该城市对市中心进行统一规划,开发建设了大片住宅区、工业区。第二次世界大战后随着经济的恢复和发展,各城市急需新建大批住宅解决房荒,以满足市民的需要,很多国家开始了大规模的房地产开发。英国1964年制订了"新城法",进行房地产开发经营,陆续开发建设了34座卫星城市。日本1955年制订了"日本住宅公团法",规划卫星城、工业城和科学城。新加坡于1959年开始解决房荒问题,由政府的建屋发展局负责组织了大规模的住宅开发和卫星城的建设、市区重建、旧城改造。

随着社会经济的发展,房地产开发规模越来越大,开发活动变得越来越复杂,它不仅要求开发商拥有战略眼光和操作技巧,而且还要求开发商具有市场分析与市场推广、项目策划与投资决策、国家法律政策与各级政府及其相关部门的规章、经济合同、财政金融、城市规划、建筑设计、风险控制与管理、项目管理、市场营销以及资产管理等方面的知识。

(二)房地产开发的分类

1. 根据房地产开发规模的大小,可划分为单项开发、小区开发和成片开发三类

(1)单项开发。是指规模小,占地不大,项目功能单一,配套设施简单的开发形式。这种开发形式往往在新区总体开发和旧城区总体改造中形成一个相对独立的项目,但其外貌、风格、设

施等要求与总体开发项目相协调,并要求在较短时间内完成。

(2) 小区开发。是指新城开发中一个独立小区的综合开发或旧城区改造中一个相对独立的局部区域的更新改建。要求开发区域范围内做到基础设施完善,配套项目齐全。与单项开发相比,规模较大,占地亦较大,投资较多,建设周期较长,一般分期、分批开发。

(3) 成片开发。指范围广阔(其范围大到可以相近于开辟一个新的城区)、投入资金巨大、项目众多、建设周期长的综合性开发。如海南洋浦开发区,上海浦东开发区等著名开发项目。在成片开发中,房地产开发往往作为基础产业和先行项目,发挥其启动和引导作用。

2. 根据房地产开发的内容,可划分为:单纯的土地开发和再开发、单纯的房屋开发和再开发、土地房屋的一体化开发三大类

(1) 单纯的土地开发和再开发。土地开发是指三通一平(通电、通水、通道路、平整土地)或七通一平(即通电、通水、通道路、通排水、通煤气、通热力、通邮、平整土地),按照竖向规划进行土方工程施工。将自然状态的土地变为可供建造各类房屋和各类设施的建筑用地,即把生地变为熟地。新城建设一般都需要先进行土地开发。开发公司在平整土地之前,还应对地下进行勘察,以确定地下是否有文物古迹、管道、电缆、防空洞和其他地下物,并按照规定清除。不能清除的也要在设施施工时加以考虑和处理。

七通一平比三通一平的工作要求更高,七通一平必须完成下列工程:能源系统工程,包括供电、供热、供气等;给排水系统工程,包括取水、输水、净水、配水管网、排水管网、冷水处理等工程;道路交通系统工程;邮电通信系统工程,包括邮政、电信和电脑网络等;土地平整工程。

土地再开发是指对已开发区域的现有土地,通过一定量的资金、劳动的投入,调整用地结构,完善基础设施,以提高土地使用功能和开发利用效益。旧城区改造一般都需进行土地再开发。

(2) 单纯的房屋开发和再开发。房屋开发是指在具备建设条件的土地上,新建各类房屋的活动。一般包括地基建设、主体工程建设、配套和附属工程建设、安装和装饰工程建设等内容。房屋再开发指的是为了提高现有房屋的使用功能和利用效益,在不拆除现有房屋的前提下,对现有房屋进行较大规模的扩建和改建活动。一般又称旧城区开发。需要指出的是,对房屋的扩建和改建只有达到一定程度和规模,才属于房地产开发的范畴。而对现有房屋进行一般性的修缮和装修,则属于物业管理的范畴,不是房地产开发。

(3) 土地房屋一体化开发。是指土地开发和房屋开发,或土地再开发和房屋开发全过程的房地产开发活动。我国目前的房地产开发多属此类。

3. 根据开发目的,划分为经营性房地产开发和自用性房地产开发

(1) 经营性房地产开发。指由专业化的房地产开发企业进行,通过房地产的投资开发将开发产品(房屋、基础设施、土地使用权)作为商品进行交易,以追求利润回报的开发活动。

(2) 自用性房地产开发。指为自用而进行的房地产开发活动,开发者也是使用者,开发的房地产产品不进行流通,只是满足开发者自己生产、经营或消费的需要。

我国目前经营性的房地产开发和自用性的房地产开发都占有一定的比例,随着我国市场经济的不断发展和社会分工的细致深化,房地产商品化的程度将不断提高。单位、个人将更多地在房地产交易市场获取房地产,自建自用式的房地产开发将逐渐减少,而经营性的房地产开发将日益增多。

(三) 房地产开发的特点

房地产开发是房地产业中最基本、最主要的物质生产活动，同时又在城市建设中担当着重要的角色，因而房地产开发具有以下特点。

1. 房地产开发最本质的特征是综合性

首先，综合性是房地产开发的重要要求。现代城市建设中的房地产开发要求在开发过程中必须坚持"全面规划、合理布局、综合开发、配套建设"的方针。也就是在开发过程中，不仅仅是对建筑地块或房屋建筑进行有目的的建设，而且要对被开发区域的一些必要的公共设施、公共建筑进行全面规划、协调建设。尤其是住房开发，对居住用房、文教卫生用房、服务娱乐用房等实行配套建设，并且注意生活环境的营造。缺乏"综合性"与"配套性"的开发活动是不符合现代城市建设要求的。

其次，综合性还表现为房地产开发是一项涉及面广的城市建设活动。涉及的部门有：规划、勘察、设计、施工、市政、供电、电信、商业、服务、房管、人防、文教、卫生、园林、环卫、金融以及基层行政等。涉及的专业知识有：城市规划、建筑学、土木工程、经济、管理、法律、心理学、社会学、市场学、气象、地质等。涉及的法律法规有：《民法》《公司法》《土地管理法》《城市规划法》《城市房地产管理法》《合同法》《婚姻法》《继承法》以及国家和地方政府颁布和规定的各种税法和其他各种有关规定和条例等。

2. 房地产开发子项目多、建设周期长、投资数额大

一个住宅开发区的建设，包括的项目有住宅、办公楼、配套项目、附属工程及基础设施等，大的住宅区有几百项，小的住宅区也有几十项。经济技术开发区包括的项目有厂房、办公楼、配套项目、附属工程及基础设施、科研机构房屋、居住区等。这种开发是一种区域性的开发，它的开发过程从规划设计、征地拆迁、三通一平、组织施工、一直到验收交付使用，所用时间规模小的要2~3年，中等规模要4~5年，大型的则需8~10年或更长。由于开发的对象是大型建筑群，要耗费大量的人力、物力和财力才能形成建筑产品。例如，开发一个住宅小区，少则需几千万元，多则几亿。所以，综合成本很高，一次投资量很大。当然由于土地经过合理开发和利用，土地的使用价值得到体现；房屋建筑的统筹开发，其功能得到充分发挥，为国家和居民提供了再生产和生活的条件。通过对土地和房屋开发，增加国家财政收入。

3. 房地产开发具有风险性和竞争性

房地产开发的风险性就是房地产投资的风险性。同时房地产开发又富有竞争性，如土地使用权的竞争、规划设计上的竞争、营销过程中的竞争等。

(四) 房地产开发的作用

1. 有利于改善居民的生存环境和居住条件

随着城市化水平的不断提高，城市人口越来越多。城市居民要求交通方便，子女就学容易，娱乐有去处，购物便利，环境优美。这些都需要靠房地产开发取得。城市，尤其是大城市人口拥挤，而土地有限。只有合理布局，如向空中和地下发展，才可能使本来就十分拥挤的城市不承受太大的压力，这些也只能靠房地产开发取得。住宅，已成为影响当代社会人们生活条件的最主要因素之一，住宅问题一直都是政府和人民普遍关注的问题，也是划分贫困线的重要标准之一。

2. 有利于城市综合功能的发挥

城市作为经济、文化、政治、交通、信息的中心，在国民经济发展中起着重要的作用，它的功能的发挥及辐射能力的强弱直接影响着国民经济的发展。随着经济发展，农村人口相对减少、城市人口相对增加，城市化趋势在增强。而过去的城市布局显得不合理，城市的容量显得不足，这就要求改造不合理的旧城区，开辟新的城区，以增强城市的综合功能，充分发挥城市在国民经济建设中的主导作用。

3. 有利于加速经济的发展

房地产业是国民经济的先导性产业，对相关产业具有很强的带动作用，这种带动作用实际上就是房地产开发所引起的。房地产开发可以为建筑业的发展提供巨大的市场，建筑业的发展又可以带动建材业的发展。与此同时，房地产开发还可为城建、工商业、服务业的发展提供以房屋为主的生产资料；配套于住宅的生活资料需求为化工、家用电器、家具、家庭日用品等行业的发展提供了机遇。房地产开发，还可带动自来水、交通运输、邮电通信等基础行业的发展。各行各业的发展，又可带来更多的就业机会。

4. 可以为国家提供巨大的财政收入

在一些发达国家和地区，房地产业开发为政府提供大量财政收入。例如，香港地区1981年房地产业就向政府提供170多亿港元的积累，占全年财政收入总额的48%。房地产开发为政府提供的财政收入主要有三种途径：一是政府开发土地，进行拍卖、转让、出租，取得大量的财政收入；二是政府以土地作为投资，参与利益的分享；三是对房地产开发、房地产交易、房地产经营等征税取得财政收入。

二、房地产开发的程序

房地产开发程序是指房地产开发全过程中的各个环节的工作先后顺序。要使得开发项目成功，开发商自有投资意向开始至项目建设完毕，都要遵循一个合乎逻辑和开发规律的程序，它是房地产投资长期实践活动对各个工作环节的必要性和先后次序的科学总结。不论开发活动变得多么复杂或开发商变得多么富有经验，都必须遵循这个基本程序。房地产开发程序一般分为四个阶段：投资机会选择与决策分析、项目前期准备阶段、项目建设阶段、项目销售及售后服务阶段。

1. 投资机会选择与决策分析

投资机会选择与决策分析是整个开发过程中最为重要的一个环节，包括投资机会寻找与筛选、可行性研究与决策两个步骤，确定具体的开发地点和开发项目。

投资机会选择是指投资机会寻找和筛选。投资机会寻找是指开发商根据自己对某地房地产市场供求关系的认识，寻找、捕捉投资的可能性。此时，开发商面对的可能有多种投资的可能性，对每一种可能性都要根据自己的经验和投资能力初步判断其可行性。接下来的工作就是投资机会筛选，开发商要将其投资设想落实到具体的地块上，通过与土地拥有者或使用者、潜在的租客或买家、自己的合作伙伴和专业人员接触，提出几个初步的方案，如认为可行，就可以草签购买土地使用权或有关合作的意向书。

投资决策分析是指可行性研究与决策。这部分内容在第四章已有较多的论述，其关键内容是市场分析和项目财物评价。

2．项目前期准备阶段

前期工作阶段有很明确的目标。该阶段包括获取土地使用权、规划设计与方案报批、签署有关合作协议三个步骤，具体工作内容主要有：①获取土地使用权；②征地拆迁，申办并取得《房屋拆迁许可证》；③进行规划设计及制定建设方案；④审批规划设计及建设方案；⑤做好开工前的准备工作；⑥安排短期和长期贷款；⑦初步寻找目标客户；⑧对市场情况进一步进行分析，初步确定租（售）价格水平；⑨对开发成本和可能的工程量进行更详细的估算；⑩与承包商进行初步接触和洽谈；⑪进行开发项目保险事宜洽谈；⑫申请招标，办理招投标手续，确定勘察、设计、监理、施工队伍；⑬做好施工生产准备。

3．建设阶段

建设阶段是开发项目建筑的施工过程，包括施工过程管理与竣工验收两个部分。

施工过程管理的主要任务是按照有关的法规、政策、技术标准、规范及合同规定进行监督和管理，促使工程进度、工程质量和工程造价按计划实施。在施工过程中要特别注意隐蔽工程的质量验收。

竣工验收是建设过程的最后一个步骤，是全面检验设计和施工质量，考核工程造价的重要环节。当房地产开发项目按照设计文件所规定的内容全部完成，应及时组织竣工验收，并办理工程决算。通过竣工验收合格的工程项目即可交付客户使用，从而使房地产开发企业尽快收回投资，使开发项目及早产生收益。但未经验收或验收不合格的工程项目，不得交付使用。

4．项目销售及售后服务阶段

实际上，房屋的销售工作并非在房屋竣工验收后进行。为了缩短房地产开发的投资周期，在可行性研究阶段就要研究房屋的销售计划，从选择场地开始，房地产开发企业已开始寻找购房者或承租人；在开发项目的施工过程中，应通过各种媒介做好项目的销售广告和宣传工作；当项目施工进行到一定程度时，应及时进行房屋的预售工作；竣工验收后申请办理房地产产权登记。

房地产销售或出租后，应做好销售或出租后的服务和管理工作。如果开发项目是住宅小区，应成立或委托物业管理公司完成。如果是单幢建筑，可组织大楼管委会。无论何种形式均需与当地派出所、居委会、绿化、环卫等部门联系，办理门牌号码、户口迁入、绿化、环卫和治安等事项。

至此，房地产开发企业对于某个项目投资开发的经营活动基本上就结束了。

第二节 房地产二三级市场

一、房地产二三级市场的含义

房地产是一个综合性的概念，是房与地的统一。房地产的具体化是房屋，因为房屋就是建筑物与建房地基的有机结合体，是房地产业开发建设过程的最终产品。所以，通常所说的房地产二三级市场，实际是指房地产最终产品——房屋这个综合体交易的市场。

房地产二级市场是指生产者或者经营者把新建、初次使用的房屋向消费者转移，主要是生产者或者经营者与消费者之间的交易行为。即增量房地产（新建商品房）的交易市场。在房地产二级市场中，交易双方都是平等的民事主体，但其中一方必须是取得土地使用权的房地产开发企业，由其对土地进行开发，建造各类房屋，然后将开发的土地连同地上建筑物进行交易。

房地产三级市场是指购买房地产的单位和个人，将房地产再次转让或租赁的市场。也就是房地产再次进入流通领域进行交易而形成的市场，也包括房屋的交换。即指存量房地产（已投入使用的商品房）的交易市场。

房地产二三级市场是增量房和存量房市场的合称。

二、房地产二三级市场的地位

房地产二三级市场在整个房地产市场体系中处于主体地位。房地产一级市场（土地市场）是房地产二三级市场的前提和基础，是房地产市场的源头；而房地产二三级市场又是房地产一级市场的延伸和发展。与房屋连成一体的土地，只有当房屋产品进入市场交易买卖成交以后，才能实现其使用价值和价值，孤立、闲置的城市土地（建筑地块），只能是土地资源的浪费。从这个意义上说，房地产一级市场，属于房地产市场的前期环节，离不开房地产二三级市场这个主体，并要为其服务。房地产中介服务市场，主要是为房地产二三级市场交易服务的市场，如房地产咨询、房地产价格评估、房地产经纪活动。既为房地产开发的房屋销售提供服务，又为消费者购买房屋或房屋交易提供服务，其中介服务是依附于房地产二三级市场而存在的。房地产金融市场，为房地产开发和消费者购房提供金融服务，支持并服务于房地产二三级市场。至于物业管理市场，则是为房地产的使用提供的服务，是房地产二三级市场交易完成后，对房地产实际使用过程中的物业所进行的管理，可以看作是房地产市场的后续环节。

上述分析表明，房地产二三级市场在整个房地产市场体系中处于主体地位。它制约、带动并促进土地市场、房地产中介服务市场、房地产金融市场和物业管理市场的发展，可以说，它主宰着整个房地产市场的运行。

三、房地产二三级市场的流通形式

按市场流通形式可分为四种类型：房屋买卖、房屋租赁、房地产抵押和房屋置换。

（一）房屋买卖

房屋买卖通常有四种类型：房屋销售、房屋预售、房屋拍卖、房屋互换。

1. 房屋销售

（1）房屋销售（即增量房销售）。指开发商将所开发商品房一次性地卖给消费者的行为，属于房地产增量市场。房屋销售是房地产商品流通的基本形式，尤其是住宅销售在房地产流通中占有很大的比重。

房屋的销售有以下一些特点：①房屋买卖双方在达成协议时，必须订立具有法律约束力的、买卖双方必须遵守的房屋买卖契约。②订立房屋买卖契约，必须遵守国家的法律和法规，并且接受房地产行政管理部门的监督与管理。③房屋买卖成交后，必须按照规定到房地产行政管理部门办理房屋立契手续，以及房产所有权和土地使用权的权属转移登记手续，领取房产的所有权和土地的使用权证书，以便取得国家法律的保护。

房屋销售包括直接销售和代理销售两种形式。

1) 房屋直接销售指房地产开发公司把自己开发的商品房由本公司的销售部门直接出售给消费者的方式。这种销售方式由于没有中间环节，销售费用低，经济效益较好，并且与消费者直接接触易于收集对产品的意见，有利于改进企业的工作，提高竞争能力和建立良好的企业形象。但是，直接销售方式需要房地产公司具有很强的销售力量，包括一个有效的销售机构和一批既懂房地产营销知识，又懂相关法规的高素质销售队伍。

在下述情况下，开发商一般愿意采取直接销售的方式。第一、大型房地产开发公司。他们往往有自己专门的市场营销队伍和世界或地区性的销售网络，他们自己的销售服务有时比委托物业代理更为有效。第二、在房地产市场高涨、市场供应短缺的形势下，此时所开发的项目会很受使用者和投资置业人士的欢迎，而且开发商预计在项目竣工后商品房很快便能销售出去。第三、当开发商所开发的项目已有比较明确，甚至是固定的销售对象时，也无须再委托代理。例如，开发项目在开发前就预租（售）给某一业主，甚至是由业主先预付部分或全部的建设费用时，开发商就没有必要寻求代理了。

2) 房屋代理销售指房地产开发公司开发的商品房由房地产代理中介按开发公司的要求销售，房地产开发公司付给房地产代理中介一定佣金或手续费的销售方式。房地产市场上的经纪人或代理商通常被称为物业代理，物业代理一般负责开发项目的市场宣传和租售业务。

一般来说，开发商即使有自己的销售队伍，他们往往也要借助于物业代理的帮助，进行代理销售。这是因为物业代理机构由熟悉市场情况、具备丰富的销售知识和经验的专业人员组成，他们对市场有充分的认识，对市场当前和未来的供求关系非常熟悉，对某些物业的销售有专门的知识和经验，在许多方面具备优势。物业代理机构是房地产买卖双方经常光顾的地方。

（2）二手房出售（即存量房出售）。存量房出售与增量房销售本质上没什么不同，增量房销售是房屋所有权的首次转让，从事这种经营方式的一般是房地产开发商，所售商品房屋种类繁多，经营规模较大，营销能力较强；存量房出售是房屋所有权的再转让，从事这种经营方式的一般是二手房所有权人，所售房屋基本上为住宅，经营规模小，营销能力薄弱，从而更需要房地产中介（即咨询、经纪、价格评估所）提供的服务。从理论上来说，住房困难或住房条件差的居民可通过存量房出售，购买二手房来解决住房问题。但实践上，前些年，大量城市居民的收入水平还不足以购买商品房，他们依靠自己居住的旧房，加上已有的积蓄和借贷资金，通过旧房之间、新旧房屋之间的差价换房，在很大程度上初步解决了自己的住房问题，即房屋互换、房屋置换在存量房市场交易中发挥了重要作用。随着房地产市场的不断发展和人们生活水平的进一步提高，存量房出售会越来越普遍，越来越重要。

2. 房屋预售

销售期货商品房就称为房屋预售，也称商品房预购预售，它是指房地产开发公司将正在开发建设过程中的、尚未竣工的商品房推向市场，进行销售。随着市场经济的发展，这种流通形式有扩大的趋势。一般来说，商品房的预售，必须符合下列条件。

（1）已交付全部土地使用权出让金，取得土地使用权证书。

（2）持有建设工程规划许可证和施工许可证。

（3）按提供预售的商品房计算，投入开发建设的资金达到工程建设总投资的百分之二十五以上，并已经确定施工进度和竣工交付日期。

具备上述条件并向县级以上人民政府房地产管理部门办理预售登记，取得商品房预售许可证明，获得预售许可证后方可进行商品房的预售。

购买商品房付款方式主要有三种：一次性付款、分期付款和按揭贷款。

一次性付款。这是过去最为常见的付款方式，目前一般多用于那些价位低的小单元的楼盘销售。一次性付款一般都能从销售商处得到房价款的 5%以上的优惠，如是现房则能很快获得房屋的产权，如果是期房则这种付款方式的价格最低。一次性付款需要筹集大笔资金且损失此项资金的利息，对经济能力有限的购房者压力较大。如果是期房的一次性付款，开发商有可能不按期交房，造成利息甚至全部房款损失，购房风险较大。

分期付款。又分为免息分期付款和低息分期付款，是目前比较吸引人的付款方式。这种付款方式的好处就是，可以缓解一次性付款的经济压力，也可用房款督促开发商履行合同中的承诺。但是分期付款随着付款期限的延长，利率也会越高，房款比一次性付款的款额高。

按揭贷款。即购房抵押贷款，是购房者以所购房屋之产权作抵押，由银行先行支付给开发商，以后购房者按月向银行支付本息的付款方式，因为它能使市场潜在需求迅速转化为有效需求，所以成为促进房地产市场活跃的最有效手段。按揭付款可以筹集到所需资金，实现购房愿望，花明天的钱圆今天的梦。但是办理按揭手续烦琐、限制较多、费用高。

《商品房销售管理办法》第十一条规定：房地产开发企业不得采取返本销售或者变相返本销售的方式销售商品房，房地产企业不得采取售后包租的方式销售未竣工的商品房。

预售商品房具有下列两个法律特征：一是预售商品房买卖的法律标的是未完成的建筑物。未完成的建筑物，不是由法律承认的现存的物业。因此，预售商品房的权利实质上是一种主观上的权利。二是预售的商品房是一种特殊的期货。置业者在签约时并不能实际拥有商品房，只是取得了一种未来的商品房的所有权。

3．房屋拍卖

房屋拍卖是一种特殊的交易方式，有其自身的规律性，因此拍卖中必须遵循以下原则：

（1）合法原则。一是拍卖程序要合法。拍卖人和委托人必须按照严格的法律程序办理拍卖事宜。二是拍卖物要合法。拍卖人在接受拍卖委托时必须要求委托人提供有效的身份证明和拍卖标的和物的产权证明。

（2）报价最高者应买的原则。房地产拍卖的买受人必须是报价最高者。

（3）遵循公开、公正、公平和诚信的原则。拍卖人不得以竞买人身份或委托他们代为竞买，也不得在拍卖活动中拍卖自己的物品或者财产权利。

房屋拍卖的类型主要有：抵押房屋拍卖、罚没房屋拍卖、特殊房屋拍卖及为特殊目的的房屋拍卖等。其中，特殊房屋拍卖是指替代性差，尤其是那些地理位置优越、环境优美、装修豪华、具有纪念意义的房屋的拍卖；为特殊目的的房屋拍卖是指为了某些特殊的目的，如为了筹集资金等所进行的房屋拍卖。

房屋拍卖较之房地产其他交易方式，有其优缺点。优点主要是：房屋卖家可自行确定房屋出售的条件和起点价格；拍卖的曝光率较高；可以找到有兴趣的买家，容易实现卖家的出售心愿。缺点主要是：拍卖的中介环节收费较高；拍卖是否能够取得成功，关键在于拍卖的房地产本身品质；竞买人的多少和竞买人竞价的高低，最后决定成交价格。

4. 房屋互换

在政策允许的范围内，房屋所有人或使用人之间，在相互自愿的基础上，采用等价或不等价加补偿的方式相互交换住房的行为。它一般分为所有权互换和使用权互换两种形式。房屋互换市场是房屋所有权人或承租人进行存量房交易的市场。

房屋所有权的互换，意味着交换房双方各自均拥有所交换房屋的产权，因此当换房行为发生后，双方不仅各自占用了对方的房屋，同时双方的房屋产权也发生了更换。房屋使用权的互换，是双方在换房前各自拥有房屋的一定时期的使用权，交换后只是使用权发生了互换，房屋产权仍然归原房主所有。但房屋使用权的互换必须征得房屋产权人，即出租人的同意。在我国《城市私有房屋管理条例》中明确规定：承租人不得擅自将承租的房屋转租、转让或转借，否则构成解除租赁合同的条件。

房屋互换是一种房屋交易行为，所以按市场价格定价，出现差额时，又称差价换房，取得较好房屋使用权的人向失去较好房屋使用权的人，支付一定的补偿金。

下列房屋不能进行互换：房屋所有权和使用权不清的房屋；部队、公安、司法、档案等部门和学校、军工企业等单位的房屋；属于违章建筑的房屋；因城市建设需要，短期即将拆迁改造的房屋，未按规定赔偿的；未按规定缴纳房屋租金的；私自转让或转借、转租的房屋以及其他违反房屋管理政策的房屋。

（二）房屋租赁

1. 房屋租赁的含义

租赁的房屋常称为物业。房屋租赁是指以物业作为标的物的租赁，是房屋出租人将物业租给承租人使用，并定期收取物业租金的行为。在房屋租赁关系中，出租物业收取租金的一方当事人为出租人，支付租金、使用物业的一方当事人为承租人。

房地产商品寿命期长、价值量大的特性决定了房屋租赁是房产经营的一种常见的、重要的方式。房屋租赁的经济实质是以租金作为价格的物业使用价值的零星出售，即承租者以分期付款的办法取得物业的使用价值。

与房屋销售相比，房屋租赁有其鲜明的特点。①房屋租赁只能转移物业的暂时使用权，而不能转移其所有权，所以承租人不享有房屋的处分权，只能按照租赁合同的规定合理使用物业，并在租赁期满后，将物业返还出租人。②物业的租赁过程与消费过程是同时进行的。一宗物业的租赁流通过程同时也是其消费过程，物业经过若干次的租赁交易，使用寿命终止，流通过程结束，同时价值形态也宣告终结。③房屋租赁是一种流通手段，而不是分配手段。出租人与承租人之间是完全平等的等价交换关系，出租人获得物业的价值补偿，承租人获得物业的暂时使用权。

有下列情形之一的房屋不得出租：①属于违法建筑的。②不符合安全、防灾等工程建设强制性标准的。③违反规定改变房屋使用性质的。④法律、法规规定禁止出租的其他情形。

2. 房屋（物业）租金的构成因素

房屋租金，是指承租人因使用房屋而向出租人交付的价金，是租赁合同中最主要的内容之一。当事人可以根据房屋的新旧程度、楼层、朝向、设备情况、施工质量、建造工艺、房屋坐落地址、周边环境等直接影响房屋的价值和使用价值的因素来确定租金。房屋租金基本上可以分为成本租金、商品租金、基础租金和市场租金四种类型。

（1）成本租金。成本租金由折旧费、维修费、管理费、税金、投资利息、保险费、利润和地租等八项组成。

1）折旧费。是按房屋的耐用年限，逐渐收回的建房投资，是指房屋建造价值的平均损耗。房屋在长期使用过程中，虽然原有的实物形态不变，但因自然损耗和人为损耗，它的价值逐渐减少。这部分因损耗而减少的价值，以货币形态来表现，就是折旧费。对房屋出租方而言，是对出租房屋所受到的损耗给予的价值补偿。这部分房屋价值补偿的积累是维持房屋简单再生产的一个最重要的因素。

房屋折旧费的计算一般采用直线折旧法，其计算公式为：

$$年折旧费 = \frac{造价 \times (1-残值率)}{耐用年限}$$

房屋造价是建造房屋的投资。由于房屋的结构或建造的地段不同，造价也有较大差别。总的来说，房屋造价的多少，应该是由生产建造房屋的社会必要劳动时间来决定的，通常以某种结构的房屋在若干年内的平均造价来表示。

耐用年限是从经济观点来看房屋的正常使用年限。在计算耐用年限时，因对房屋修缮投资不同而有显著的差别。因此，考虑耐用年限时，不易做到十分准确，往往规定一定的时间幅度。建设部、财政部制定的《房地产单位会计制度——会计科目和会计报表》（1992年6月5日建综[1992]349号印发）对经租房产折旧做了有关规定。房屋耐用年限除了受腐蚀生产用房外，钢筋混凝土结构为50～60年；混合结构为40～50年；砖木结构为30～40年；简易结构为10年。

房屋的残值是指房屋失去使用价值后，所剩余的物质的价值。不同类型结构房屋的残值率不同。钢筋混凝土房屋为0；砖混结构2%；砖木结构为3%～6%；简易结构为0。

2）维修费。房屋是耐用的消费品，一幢房屋能用几十年甚至上百年，房屋在长期的使用过程中，其结构及设备的各部件，会随着使用时间的延长而逐渐损坏，为了保证房屋及设备的正常使用，要投入相应的人力、物力和财力对房屋进行定期修缮和日常的维修保养，这部分投资就是维修费。维修费包括房屋的正常大修和经常维修所需的费用。维修费是房屋租金中必须计入的、不可缺少的组成部分。

3）管理费。管理费是对出租房屋进行必要的经营管理所需要的费用。包括：管理人员的工资、行政办公费用和有关业务开支等。这项费用同样是租金构成中不可缺少的因素。

4）税金。税金是国家财政收入的一个重要组成部分，是房地产经营管理向社会提供积累的方式和义务。这里的税金是指房产税，是以房屋为纳税对象，按照房屋的出售价格和房屋的租金收入，向房屋产权所有者征收的一种地产税，作为独立计价因素计入房屋租价。我国房产税税率为12%。

第七章　房地产开发与房地产二三级市场

5）利息。利息是国民收入再分配的一种形式。是指债务人向债权人支付的代理资金的报偿。城市房屋经营管理的租金中，除逐年收回其建造房屋的投资外，还应在租金中收取房地产企业建造和经营房屋时投入资金的那一部分银行贷款利息。

6）保险费。指房地产（房屋）的保险费，房地产企业经营出租的房屋，应根据房产的价值向保险公司投保并支付保险金。出租经营房屋投保有利于提高房地产企业在房产经营中抵御天灾人祸的能力。因此，在房租构成中对进行保险的投保费用加以考虑是十分必要的。

7）利润。利润是指房地产企业从事房产经营应当获取的经济价值，是企业的经营目的之一。它不是指房屋建筑造价的利润，而是房产经营管理企业职工在房屋流通过程中创造的纯收入的一部分。房产经营管理企业合理地计算利润，有利于加强和改进企业经营管理水平、提高经济效益，是实现房产经营扩大再生产的基本条件。房屋租金中的利润部分，大体上相当于社会正常的平均利润。

8）地租。是指房屋建设所占用的土地，按规定其使用者向土地所有者提供的土地使用的费用。是土地所有权与土地使用权分离的必然结果。在社会主义市场经济条件下，城市土地依然存在地租，因此，房屋租金中应该包括地租。同时还应考虑房屋建筑的地段，体现级差的地租，在建设房屋过程中，征用土地还要支付一定的征地补偿费用等。

（2）商品租金。也称为理论租金，以成本租金为基础加保险费、地租和利润等构成。

1）保险费。指房屋所有人为了保证自己的房产免受意外损失而向保险公司支付的保险金。

2）地租。指房屋因占有土地而向国家缴纳的土地使用税。

3）利润。指房管部门和物业管理企业从事房屋租赁管理而获取的平均收益，其中一部分上缴给国家，另一部分留在企业用于再生产。

商品租金是房屋作为一种商品在实际租赁过程中所发生的各种费用，即按商品价格一般原理形成的租金。

（3）基础租金。指承租人租用每平方米面积需按月或按年支付的最低金额。在确定租金时，必须以价值为基础，以成本为最低经济界限，根据业主希望达到的投资收益率目标和其可接受的最低租金水平（即能够抵偿抵押贷款还本付息、经营费用和空置损失的租金等）而确定的一个租金水平。出租人制定的基础租金应考虑商品租金的要求、受市场租金水平的影响。

（4）市场租金。是在商品租金的基础上，根据市场供求关系而形成的。在市场机制比较完备的情况下，物业租金主要由市场供求关系所左右。当市场供给超出市场需求时，租金水平下降，业主为了争取租户不惜以低于成本租金的房租出租；当市场需求超出供给时，租金水平上升，业主往往可以从众多的承租者那里获得更多的收益。

（三）房地产抵押

房地产抵押，是指抵押人以其合法的房地产以不转移占有的方式向抵押权人提供债务履行担保的行为。债务人不履行债务时，抵押权人有权依法以抵押的房地产拍卖所得的价款优先受偿。抵押人是指以房地产作为本人或第三人履行债务担保的企业法人、个人和其他经济组织。抵押权人是指接受房地产抵押作为履行债务担保责任的法人、个人和其他经济组织。抵押物是指由抵押人提供并经抵押权人认可的作为债务人履行债务担保的房地产。通过房地产抵押贷款来获取所需资金，以此来盘活房地产资产，发挥房地产特有的功能，这即为房地产抵押经营。房地产抵押借贷关系一经确立，在房地产抵押期间房地产的所有权证明文件——房契，应交抵押权人保管，房屋仍归房地产所有权人占有、使用或管理。抵押权人只能按期收息而无房屋的实际使用权和管理权。房地产所有权人归还借款本息，抵押权人应将房契及时归还房地产所有权人。但在房地产所有权人不能按期偿还借款本息时，抵押权人有权变卖抵押的房地产，并就其变卖价金优先受偿。

根据《担保法》和《城市房地产抵押管理办法》的规定，下列房地产不得抵押或抵押时受一定限制。

1）土地所有权不得抵押；地上没有建筑物、构筑物或在建工程的，纯粹以划拨方式取得的土地使用权不得进行抵押；乡（镇）、村企业的土地使用权不得单独抵押。

2）耕地、宅基地、自留地、自留山等集体所有的土地使用权，不得抵押，但是已经依法承包并经发包方同意的荒山、荒沟、荒丘、荒滩等荒地土地使用权除外。

3）权属有争议的房地产和被依法查封、扣押、监管或者以其他形式限制的房地产，不得抵押。

4）用于教育、医疗、市政等公共福利事业的房地产不得进行抵押。

5）列入文物保护的建筑物和有重要纪念意义的其他建筑物不得抵押。

6）已被公示拆迁的房地产不得抵押。

7）以享有国家优惠政策购买获得的房地产不能全额抵押，其抵押额以房地产权利人可以处分和收益的份额比例为限。

8）违章建筑物或临时建筑物不能抵押。

9）依法不得抵押的其他房地产。

（四）房屋置换

在住房二级市场交易中，有买卖交易和置换交易两种形式。买卖交易是最普通的交易行为，它是由买卖双方参与交易，买方以货币取得卖方的房屋所有权。置换交易是一种特殊形式的房屋买卖，房屋置换服务是买和卖的双向服务，一次置换成功，相当于两次交易，即卖掉原来住房，再买进一套住房。房屋的成功置换必须是原有住房有下家接受，在置换交易中一般要有三方参与。

房屋置换与房屋互换有相似之处，但它们有性质的不同：①房屋互换属于房屋互换双方的买卖交易形式。而房屋置换不是直接的房屋买卖交易形式，因为当置换企业未能在规定时间（如一年内）将予以变现购入的二手房售出，该房屋将作为置换企业的保留产权办理交易过户手续。这种情况下并未完成二手房供需双方的买卖交易，只是被迫将"积压的"二手房的产权暂时转移到房屋置换企业手中。②房屋互换的产权关系涉及房屋互换的两方，且具有交易的同时性，即买卖行为同时进行。而房屋置换的产权关系涉及三方，即二手房的出售方、房屋置换企业和二手房的买入方，并且一般不具有三方交易的同时性。房屋置换企业要将先期购入的二手房经过选择、推荐才能售出到二手房的买入方，因此完成交易一般要有一个过程。

居民可以通过房屋置换卖掉旧房，利用原有房屋价值的一部分资金，加上个人储蓄和银行借贷等，购买新房。它对于活跃已购公房上市，盘活住房二级市场，联动一级市场，促进房地产消费热点的形成具有重要意义。

四、房地产二三级市场的联动

房地产二三级市场联动，是指通过房屋置换、房屋互换等方式激活房地产三级市场，引导一部分居民出售旧房，再购新房，进而实现增量房地产市场与存量房地产市场良性互动的房地产再生产活动。

房地产二三级市场的关系主要表现在以下几个方面：

（1）互为基础。房地产二级市场是在房地产三级市场的基础上形成，又反过来引导和限制着房地产三级市场。

（2）互相制约。从控制的角度讲，没有房地产二级市场，房地产三级市场就没有量的变化和发展。从扩大有效需求的角度，二级市场的购买力主要来源于房地产三级市场，搞活房地产三级市场，是启动房地产二级市场的关键。

（3）互相流通。进入房地产二级市场将促进房地产三级市场的交易，活跃的三级市场将把相当的购买需求推进二级市场。

（4）互相促进。完善合理满足需求的房地产二级市场会为房地产三级市场的发展留有空间，而交易活跃的房地产三级市场会将改善型的消费推向房地产二级市场。没有房地产二级市场，房地产市场就会失去活力和方向，而没有房地产三级市场，房地产市场就会是死水一潭。

从卖方市场来看，目前中国城镇居民家庭中已有相当高的比例拥有属于自己的成套住房，其中约有一半希望能够"以小换大、以旧换新、以远换近"。从买方市场来看，随着国民经济的快速发展，广大城镇居民的收入水平和生活水平逐步提高，改善住房条件的愿望十分迫切。但与相对较高的房价相比，居民购买新建商品住房的现实支付能力尚不足。国家的住房政策是根据收入级差划分，一部分高收入阶层购买商品房，一小部分处于贫困线的居民租住廉租房，绝大部分中低收入阶层就是靠购买经济适用房及二手房来解决住房问题，经济适用房每年开发量毕竟有限，二手房将是较为合适的选择。

启动住宅市场，既是房地产市场发展的需要，也是住房制度改革的需要，更是广大居民改善住房条件的需要。实行房地产二三级市场联动，是启动住宅市场，形成住房消费热点的有效途径。房地产市场的健康发展既不能仅靠土地一级市场的调控，也不能完全依赖于房地产二级市场的消化。只有在调控一级市场，搞活二级市场的同时，积极拓展三级市场，实行二、三级市场联动，才能实现房地产市场的协调发展。

复习思考题

1. 简述房地产开发概念和特点。
2. 房地产开发应按怎样的程序进行？
3. 房屋租赁有何特点？
4. 房屋经营形式有哪几种？
5. 分析房租的构成。

第八章

物业管理与物业管理市场

第一节 物业管理概述

一、物业、物业分类及特征

(一)物业的含义

"物业"一词是由香港引入的,而香港地区的物业一词是从英国的 Property 一词引译而来的,其含义为"财产""资产""拥有物""房地产"等,从广义上来说,物业与房地产是同一个概念,都是指建筑物及其附属设备、设施和相关场地。随着我国城镇住房制度改革不断深化,房屋的所有权结构发生了重大变化,公有住房逐渐转变成个人所有。原来的公房管理者与住户之间管理与被管理的关系,也逐渐演变为物业管理企业与房屋所有权人之间服务与被服务的关系。

从物业管理的角度来说,物业是指已建成投入使用的各类建筑物及其相关的设备、设施和场地。建筑物可以是一个建筑群、一幢单体建筑或单体建筑中的一个单元。相关的设备、设施和场地是指与上述建筑相配套或为建筑物的使用者服务的室内外各类设备、市政公用设施和与之相邻的场地、庭院、道路等。现实工作、生活中,物业是指单元房地产。一个住宅单位、一座商业大厦、一座工业厂房、一个农庄都可以是一物业。物业可大可小,大物业可分为小物业,同一宗物业,往往分属一个或多个产权者所有。

(二)物业的分类

根据使用功能的不同,物业可以分为以下五类:①居住物业。包括住宅小区、单体住宅楼、公寓、别墅、度假村等。②商业住宅。包括综合楼、写字楼、商业中心、酒店、商业场所等。③工业物业。包括工业厂房、仓库。④农林牧渔物业。包括农业设施、林场、鱼塘、牧场等。⑤其他物业。包括公园、道路、绿地、桥梁、车站、机场、医院、学校等。

(三)物业的特征

1. **固定性**

建筑物、构筑物及配套设施必然附着于一定的地块,建成以后,是搬不走、挪不动的。这就是说物业具有固定性特点。所以,在建造物业之前,一定要有长远观念,在各级政府规划部门的规划范围内，精心策划。在施工中严格管理，保证质量。新建的物业，要和周围协调一致创造良好的自然环境。

2．耐久性

物业的建造，都需要较长时间，物业的使用时间就更长了，我们经常看到在建筑业中提到"精心设计，百年大计"这样的口号。建筑物要使用数十年甚至更久的时间，特别是具有纪念价值和文物保护价值的建筑物。

3．多样性

物业范围非常广泛，包括居住用房、商业大厦、写字楼、工业厂房、仓库、寺庙、文化娱乐场所、体育竞赛场馆、配套设施、庭院、道路、树木、花卉等。物业类型多样，而且每一个单体物业都有独到之处，物业的多样性构成了城市乡村的不同风格。

4．高值性

物业不仅具有使用价值，而应当具有较高的观赏价值。各种建筑物及其配套设施、设备以及场地的综合价值是很高的，特别在人口密集、可用土地较少和人口众多的大中城市，物业的价值就更高了。因此，如何为业主的物业保值、增值，自然成了物业管理企业的重要职责。

5．权益性

《房地产业基本术语标准》特别强调不动产、房地产、物业都不仅包括相关物质实体，而且包括依托于物质实体上的权益。

房地产物权比其他商品财产权的结构更为复杂。购入物业就是意味着购入一宗不动产之所有权（物权）。而且物业的所有权不只是一项单项权利，而是一个权利束，拥有多项权能，如租售、抵押等。形成一个完整的，抽象的权利体系。在这一权利体系中，各种权利可以不同形式组合，也可以分离，单独行使、享有。

物业管理（Property management）是指业通过选聘物来管理企业，由业主和物业管理企业按服务合同约定，对房屋及配套的设施设备进行维修、养护、管理、维护。

不同使用功能的物业，其物业管理有着不同的内容和要求。

二、物业管理的含义

物业管理，是指专业化、企业化的物业经营和管理机构，受业主、业主委员会或其他组织的委托，依据物业管理委托合同以及国家有关的法律法规，运用科学和先进的服务与管理技术，对房屋建筑及其设备、市政公用设施、绿化、卫生、交通、治安和环境容貌等进行维护、修缮和整治，并向物业所有人和使用人提供综合性服务的有偿活动。提供物业管理服务工作的企业，通常称为物业管理公司。物业所有人，即产权人，则称为业主。业主可以是个人、机构、国家。

三、物业管理的作用

物业管理作为房地产经营管理和现代化城市管理的重要组成部分，已成为朝阳产业。由于房地产商品的使用期限长及在使用中必须得到相应的维护和管理，因而物业管理成为房地产市场的必要延伸。物业管理对适应社会主义市场经济和房地产市场快速发展的需要，长期有效地维护、保养好数量庞大的房地产物业，不断提高其使用效益，满足居住者和使用者多样化、多层次的房地产需求，将发挥重要的作用。

（一）宏观作用

1．有利于房地产市场体系的健全，加快房地产业的发展

发展和完善物业管理服务业，对于健全社会主义市场体系，深化房地产经济体制的改革，加快房地产业的发展，具有深远的影响。一方面，改变了过去福利型的计划管理模式，不仅提高了管理服务效益，而且提高了管理服务水平。另一方面，改变了过去只注重房地产产品的生产而不注重其售后服务的现象，将售后管理服务作为房地产业的一个重要组成部分，从而拓宽了房地产业的领域，使房地产业成为一个有机的产业群体，促使其更加健康快速地发展。

2．在房地产经济运行过程中占重要地位，发挥着非常独特的作用

首先，有利于提高物业的使用效益和经济价值。这是因为：物业使用期限长，价值量大，需要由专门机构进行管理；物业的产权分割、产籍登记、变更和公共部分的划分与管理需要有专人负责、代理和协调；物业在使用过程中的一些工作，如房屋、设备的维修，环境的保洁管理等，需要有专业人员负责策划、实施及监督管理；物业的软环境，特别是多层面的服务体系，直接关系到物业的使用效益，需要通过物业管理来提供等。其次，物业管理可在实现建管衔接的同时，提高房地产开发的整体效果。最后，物业管理完善了房地产售后服务体系，促进了房地产流通的顺畅进行。

3．实现物业的保值、增值

物业的价值高昂，在结构、材料用途等方面存在较大差异，尤其是新材料、新工艺的不断应用，对物业管理提出了更高的要求。专业化的物业管理为房地产开发提供了后期服务，可以使物业保证完好和正常使用，延长其使用寿命，进一步实现物业保值、增值的目标。作为物业管理公司如果不能实现上述目标，也将难以立足市场。

4．有利于改善人们的居住环境，提高生活质量

社会化的物业管理则可将分散的社会分工集中起来统一管理，使业主或物业使用人获得更为周到的服务，因此，搞好物业管理，使住宅内的设施齐全及配套合理，将直接提高人们的工作效率和生活质量。让业主信任的物业管理服务，能形成业主或物业使用人对所居住小区的认同感和归属感，增强社区的凝聚力。对培养人们社会主义公共道德意识、健康高尚的思想情操和科学文明的生活方式都具有重要意义，促进了城市精神文明建设的顺利进行。

5．减轻政府财政负担

物业管理工作的指导方针是"取之于民，用之于民，收支平衡，略有节余"。业主直接为物业管理服务付费，改变了传统房屋管理中的各项费用由政府支出的局面，减轻了政府财政负担。

（二）微观作用

（1）实施物业管理的物业呈现出一种"常住常新"的景象，与过去的"一年新，二年旧，三年破"的形象形成了鲜明的对比。

（2）良好的物业管理促进房地产开发与销售。物业管理是房地产开发、建设与销售的延伸，

第八章　物业管理与物业管理市场

房地产开发、建设又是物业管理重要的基础和前提。没有好的前期开发、建设，物业管理是很难真正获得较好效果的。鉴于房地产（物业）地点的固定性、使用期限长等特点，业主在选择、购买房产时，会对物业管理给予高度重视。实践表明，良好的物业管理有利于树立开发商的良好形象并推动房地产的销售。为房地产市场的开拓、销售及利润的实现做出巨大的贡献，促进房地产市场健康地发展。

（3）良好的物业管理有助于房地产开发商的房屋销售。

四、物业管理的性质

1．服务经济性

服务是指为满足他人需要而提供的某种劳动或劳务。服务经济是把为他人提供的服务当作商品一样来生产和销售的经济行为。服务商品生产时的投入包括物化劳动和活劳动两部分，但通常以活劳动为主。活劳动在服务商品价格中体现为工资、利润和税收。物化劳动体现为原材料的消耗和固定资产的磨损（即折旧）等。服务经济属于第三产业。物业管理的业务归纳起来主要有管理与服务两个方面，但管理中有服务，服务中有管理。因而物业管理的好坏也就体现在服务项目或服务方式上的多样化、系列化、专业化和服务质量的高低等方面。

2．综合性

物业管理的综合性主要体现在两个方面。一是服务内容的综合性，如服务内容包括物业养护、修缮、环境、绿化、保安、水电和社区文化等。二是服务商品的综合性。物业管理的服务商品是指为业主和使用者提供一揽子管理和服务，其中既有为个人提供的物品，也有为全体业主和使用者提供的物品，前者如代理服务，后者如环境清洁和治安保卫等。为个人和集体提供的物品的综合性使物业管理具有复杂性。物业管理的综合性和复杂性决定了物业管理作为特殊行业，其生产和消费之间也必须有合同、契约等来规范各自的行为，理顺相互之间的关系，进而明确各自的权利和义务。

3．社会性

物业管理的社会性主要反映在其管理内容的社会化和管理机构的社会化两个方面。物业管理的内容除了房屋及机电设备维修养护以外，还承担着某些社会职能，如消防、清洁卫生、保安、接送小孩、幼儿入托儿园等。另外，物业机构也是在社会分工不断细化中产生而逐渐成为社会上一个具有明确服务内容的自主经营经济实体。随着物业管理招标招聘制的逐步推行，部门和单位垄断的封闭式物业管理市场已逐步向社会开放，物业服务公司及相关专业化公司的社会性已更加明显。

4．专业性

现代物业管理工作是由专门的机构、专门的企业来承担。这些机构、企业必须有一定的专业资质并达到一定的专业标准，其从业人员必须具备物业管理的专业知识。《物业管理条例》第三十三条规定，从事物业管理的人员应当按照国家有关规定，取得执业资格证书。

5．统一性

物业设施系统、物业产权多元化、多头管理易生的弊端等，都强烈要求有一个统一的机构对物业的各种管理项目进行统一严格的管理,因此《物业管理条例》第三十四条规定,一个物业管理区域由一个服务企业实施物业管理。

物业管理是商品经济中以营利为目的,专门从事生产、流通或服务等经济活动,实行自主经营和独立核算、自负盈亏的经济组织,是独立的商品生产经营者和市场竞争主体。因而从事物业管理服务工作的物业管理公司(企业)在从事物业管理活动时,就必然会以营利为其根本目的,注重经济效益和社会效益。所以物业管理既不是一种行政管理行为(与传统的房产管理有着本质的区别),也不是一种慈善行为。

五、物业管理的基本特征

国外物业管理的特征为:

1. 管理法制化程度高

新加坡物业管理有一个特点,就是物业管理的法规制定得非常详尽,对开发商、管理公司、住户各自的权利、义务和责任、违章处罚等都有明确的条文,便于操作。政府在物业管理中发挥了重要作用,但政府一般不直接干预物业管理收费的具体标准。政府多以详尽、完善的法律法规规范物业管理各方面关系。

2. 自负盈亏、自主经营、独立的物业管理公司发展迅速

政府公屋逐渐交由独立的物业管理公司管理,私人楼宇越来越多地委托专业的物业公司管理。

3. 物业的所有权与管理权分离

物业管理公司与业主的关系是雇佣关系,业主通过招标或协议等方式选择物业管理公司,要认真考察公司的信誉、专业知识背景及管理、财务、法律水平、管理费用的高低以及社区活动能力。而物业管理公司饱受市场竞争的压力,必须注意其形象,不断改善经营管理,提高效率,尽量让业主满意,否则就会有被淘汰的危险。

4. 物业管理及收费标准由市场形成

通过对国外物业管理模式的考察,发现在市场经济体制下,物业管理的收费是按照市场经济的规律,由供求双方在市场竞争中形成,政府一般不规定具体的收费标准,具体收多少管理费由业主(委托方)与管理公司(受托方)双方商量决定,视市场供求状况、地区环境、房屋数量与质量、服务内容多少等情况而定。

5. 各国(地区)的物业管理模式结合本地国情,符合各自特点

如新加坡因土地资源稀缺而形成了政府统筹型的物业管理模式,这一点对我国物业管理模式的选择有很大的借鉴意义。

国内物业管理的特征为:

1. 社会化

将分散的社会分工集中起来统一管理,如,房屋管理、水电供给、清洁卫生、保安巡逻、园林绿化等,由过去多个部门多头、多家管理,改为物业管理企业统一管理。在委托授权的范围内集中实施社会化管理,落实各项管理任务和内容。克服各自为政、互相扯皮、互相推诿的弊端,

从而提高整个城市管理的水平，充分发挥住宅小区与各类房屋的整体功能，使之实现社会效益、经济效益和环境效益的统一。

物业管理社会化有两个基本含义：一是物业的所有权人即业主要到社会上去选聘物业管理企业；二是物业管理企业要到社会上去寻找可以代管的物业。

物业的所有权、使用权与物业的经营管理权分离是物业管理社会化的必要前提；现代化大生产的社会专业分工是实现物业管理社会化的必要条件。

2．专业化

由专门的物业管理企业通过委托合同的签订，按照产权人和使用人的意志与要求去实施专业化管理。包括两个方面：一是物业管理企业有专业的人员配备，有专门的组织机构，有专门的管理工具和设备，有科学、规范的管理措施和工作程序，运用现代管理科学和先进的维修、养护技术实施专业化的管理。因此，物业管理企业要求具备一定的专业资质，并达到一定的专业水平。二是物业管理涉及的各项工作需要，通过物业管理公司的统一管理全面协调，提高企业内部管理的整体水平，提供统一的专业化管理和周到的服务，降低物业的管理成本。

3．企业化

按照现代企业制度组建物业管理公司，使其真正成为相对独立的经济实体，成为自主经营、自负盈亏的商品生产者和经营者，具有自我改造和自我发展的能力，成为具有一定权利和义务的法人。物业管理行为是一种企业行为，企业以经济手段为主，实行责、权、利相结合的经营责任制。

4．市场化

物业管理的属性是经营，所提供的商品是劳务和服务。在市场经济条件下，物业管理企业必须走向市场，向业主和使用人提供劳务和服务等有偿服务，使各类管理企业以业养业、自我发展，这种通过市场竞争机制和经营方式所实现的商业行为就是市场化。

六、物业管理的原则

物业管理的根本出发点是：根据社会生产力的发展水平和人们对生活需求的变化，运用现代管理科学和先进的维修养护技术，为广大业主提供必需的、综合性的管理服务。结合我国物业管理的现状，物业管理应坚持以下几项基本原则：

1．以人为本、服务第一的原则

房地产物业管理服务的对象不仅仅是单纯意义上的物（物业），归根到底是通过对物业的管理来实现为人服务。在为人服务的同时，也具有如下特点：一是长期性特点。服务的期限不是一时一事一人，而是几年、几十年为一代人甚至是几代人服务。二是具有群众性和多样性的特点，其面对的是具有不同需求、不同职业、不同年龄、不同文化层次及社会背景的各类人员。所以物业管理服务应以人为本，从他们的利益和需要出发，以优良的服务和科学的管理提供尽善尽美的服务，营造和保持一个整洁、安全、舒适的居住环境。这是物业管理服务的根本宗旨和首要原则。

2. 企业化经营的原则

物业管理是由专业的管理企业——物业管理公司实施对物业的统一管理。物业管理公司是中介性质的执行信托职能的服务性法人企业，它是一种自主经营、自负盈亏、自我约束、自我发展的经济实体。因此，物业管理企业在实施管理和提供服务时，必须依照市场经济规律的要求，实行有偿服务，按照谁享用、谁受益、谁负担的原则，由享用人、受益人分担物业管理费用。作为经济实体的物业管理企业，是否实现可持续性发展是衡量物业管理企业市场经济成效的重要标志之一。当然，作为企业要实现利润，要依靠多方面的条件以及企业自身的经营素质，还需积极地参与市场竞争。物业管理是一种市场行为，必须遵循市场经济的做法，实行物业管理项目招标制，由物业管理企业根据自己的经营能力、优质的服务和合理的收费，在物业管理市场争得位置、拓展业务，实现企业在社会主义市场经济的环境中以业养业、自我发展。

3. 社会化管理的原则

物业管理的社会化是指物业管理将分散的社会分工汇集起来统一管理，诸如房屋及其设施、设备、清洁、保安、绿化等，每位业主或使用人只需面对物业管理企业一家，就能将所有关于房屋和住用环境的日常事宜办妥，而不必面对各个不同部门，犹如为各业主或使用人找到了一个"总管家"，而对政府各职能部门来说，则犹如找到了一位"总代理"。然而，物业管理企业却不是行使政府行为，而是联系业主和政府的纽带，在运作中要依循社会化管理的原则，协调和处理好与有关部门，如街道、居委会、公安、市政、公用、交通等行政性和事业性单位的关系，建立社会化管理的联动体系，充分发挥物业的专业特长和综合效益、整体功能，体现社会化管理的优越性。

4. 统一管理、综合经营的原则

现代物业的用途往往是多功能的，可以由商业、服务业、办公商务和住宅等共同构成。但房屋建筑结构及其供电、供暖、供气、上下水管、电梯等设施是无法分割的。住宅区是由住宅建筑、文化教育、娱乐、生活服务、商业通信和交通等设施共同组成一个完整的多功能社区。因此，房屋结构相连以及设备相互贯通的整体性和系统性，决定了只有通过统一管理，综合经营，才能使物业与环境相协调，充分发挥物业的管理和服务作用。随着人们住用条件的改善，工作、生活水平的提高，人们对物业管理的水准和范围要求也会增加。因此，除了物业管理的基本业务和专项业务（即物业的日常维护保养和治安、环境、消防、绿化、日常修理及车辆交通等）外，人们还会要求增加一些特别服务，如写字楼管理中的打字、复印、电传、外文翻译、外币兑换以及预订车、船、飞机票等。在住宅小区的管理中，也会有居民对居室装潢、车辆保管、房屋代管、家政服务、老人和幼儿的家庭看管、儿童入学、入托的日常接送等服务要求。因此，物业管理应实行统一的、全方位、多层次的综合管理服务，以满足业主和使用人的不同需求。

5. 专业化管理与业主自治管理相结合的原则

业主自治管理是指业主在物业管理中所处的主导地位，即在物业辖区内成立业主管理委员会，以业主管理委员会为权力核心，由业主管理委员会聘请专业物业管理企业实施管理。业主自治体现在对重大问题进行决策和对物业管理企业进行监督，也体现在签订和遵守业主公约上。所谓专业化管理是指物业管理企业在接受了业主的委托后，按照与业主和使用人的合同要求，通过专职的管理服务人员，负责对物业的维护和养护、实行专业化的管理、提供多层次的服务。专业化管理与业主自治管理相结合是专职的物业管理人员与业主使用人参与物业管理决策和部分公益活动相结合的一种管理方式。由于物业管理的服务面广,所涉及的内容多,需要业主、使用人与管理人员互相配合。物业管理公司可以通过各种形式,如宣传和介绍正确使用物业和维护,组织业主和使用人参与各种公益活动,如消防训练、美化环境等,促使业主和使用人积极参与物业管理,形成民主管理机制,建立与完善民主管理机构,进一步提高管理服务的效益。

6. 合同化管理的原则

物业管理企业与业主的关系是服务与被服务的关系,关系是依靠合同的约束而决定的。物业管理服务的全部动作过程都建立在合同的基础上。从业主管理委员会建立、委托管理到具体每项经营、服务项目的确定和操作,都必须以整套的合同为准绳。合同化管理的原则要求管理民主化、公开化。物业管理公司在接受委托后的一切经营管理活动都应当接受业主管理委员会的监督,实行专业管理与自治管理相结合、执行机构与监督机构相分离的管理方针。从根本上摆正"主人"和"管家"的关系是合同约束下的服务管理。业主是当然的"主人",管理企业只是"管家",这种合同制下的企业化聘用经营,将保持竞争市场的活力。因此,物业管理企业首先要获得业主的信任,才能占据物业管理市场一席之地,就必须依据合同条约、规范自己良好的经营和服务。总之,有利于物业管理企业在合同的约束下促进服务态度的改变、服务质量的提高和管理水平的提高。

7. 管理竞争和三效益并举原则

市场经济就是要鼓励竞争,优胜劣汰。市场的客观存在,决定了竞争的必然性。目前,我国的物业管理普遍处在"谁开发、谁管理"的状态,不利于调动物业管理公司的积极性,不利于实现社会化、专业化的管理,不能适应社会主义市场经济竞争机制。市场经济的发展,使物业管理工作面临新的考验,同时带来了新的机遇,应该抓住机遇,迎难而上,形成有竞争性的物业管理市场,让更多的专业物业管理公司依靠自己的实力公平竞争,使企业的经营充满活力,管理上档次、服务上水平。物业管理是社会主义市场经济的产物,在市场经济中应当实行公开、公正、公平的竞争机制,在选聘物业管理企业时,应当坚持招标、投标机制,委托方发标,一般要有三个以上物业管理企业参加投标,要公开,公正及公平。

竞争是在强调"环境效益、社会效益、经济效益"三种效益并重的基础上,片面追求经济效益而忽略环境效益、社会效益都是错误的。三者是相互影响、相互制约的,组成一个有机的整体是物业管理企业所追求的目标。

8. 收费合理原则

物业管理的经费是搞好物业管理的物质基础。物业服务收费应当遵循合理、公平以及费用与服务水平相适应的原则。区别不同的物业性质和特点,由业主和物业管理企业按有关规定进行约定。收取的费用要让业主和使用人能够接受并感到质价相符,物有所值。物业管理的专项维修资金要依法管理和使用。物业管理企业可以通过实行有偿服务和开展多种经营来增加收入。

9. 依法行使原则

物业管理遇到的问题十分复杂,涉及的法律问题非常广泛,整个物业管理过程时时刻刻离不开法律、法规。依法签订的《物业服务合同》具有物业管理的服务质量标准。

七、物业管理的基本环节

物业管理是一个完整的系统工程。为保证物业管理有条不紊地顺利启动和正常进行，从规划设计开始到管理工作的全面运作，各个环节都不容忽视。物业管理是房地产开发的延续和完善。按先后顺序，物业管理的基本环节包括四个阶段：物业管理的策划阶段、物业管理的前期准备阶段、物业管理的启动阶段、物业管理的日常运作阶段。

（一）物业管理的策划阶段

包括：物业管理的早期介入、制订物业管理方案、选聘物业服务企业三个基本环节。

该阶段的活动由房地产开发企业主持。从选聘物业服务企业、签订前期物业服务合同，一直到业主大会召开、选出业委会、选聘新的物业服务企业，属于前期物业管理服务。包括前期准备阶段和启动阶段。

（1）物业管理的前期介入。物业管理企业在接管物业以前的各个阶段（项目决策、可行性研究、规划设计、施工建设等阶段）就介入，从物业管理运作的角度对物业的环境布局、功能规划、楼宇设计、材料选型、配套设施、管线布置、房屋租赁经营、施工质量、竣工验收等方面提供建设性意见，把好规划设计关、建设配套关、工程质量关和使用功能关，确保物业的设计和建造质量，为物业的投入使用后的管理创造条件。

（2）制订物业管理方案。前期介入的同时，就应着手制订物业管理方案，主要内容有：①物业基本概况；②物业公司简介及管理优势；③质量方针及管理目标；④物业管理模式计划；⑤机构设置；⑥工作方案；⑦管理费用测算；⑧物业管理物资配备计划；⑨提请委托方解决的事项。

（3）确定管理档次。根据物业类型、功能，规划物业消费水平，确定物业管理的档次。物业管理的档次必须与物业本身的档次相匹配。确定服务标准、财务收支预算，包括：依据政府的有关规定，根据物业管理服务的标准，进行费用测算，确定各项目的收费标准及支出预算；进行费用分摊；建立完善的财务制度。

（4）选聘或组建物业管理企业。

（二）物业管理的前期准备阶段

前期准备阶段的工作包括：物业服务企业内部机构的设置、拟定人员的编制；物业管理人员的选聘与培训；规章制度的制订；物业租售。

（1）机构的设置与拟定人员编制。企业内部机构及岗位要依据所管物业的规模和特点灵活设置。设置原则就是使企业的人力、物力、财力资源得到优化高效配置，建立一个以最少人力资源达到最高运营管理效率的组织。岗位设置和职能安排既要分工明确，又要注意各部门之间的衔接配合。

（2）人员的选聘和培训。岗位培训是对物业管理人员的业务培训，所涉及的各岗位人员应达到的水平和上岗资格的确认，是物业管理专业化和现代化的要求。选聘的人员一般需要两种类型：管理类型和工程技术类型。应由富有经验的专业人员进行培训，培训的时间应在开展管理工作前3~6个月为佳；培训的内容根据设置的岗位要求考虑；培训的重点是各部门的负责人及骨干；培训的目的以胜任所担负的工作为主。

第八章　物业管理与物业管理市场

（3）规章制度的制订。首先，在业主委员会成立之前，根据物业的特点和外部环境，根据政府的有关规定有针对性的编写业主公约。其次，制定管理文件，如各项守则、管理规定、各级员工岗位职责及工作规程，建立正常高效的企业内、外部管理制度，在实践中逐步补充、修改和完善。

物业管理的四大公共管理文件，《物业管理服务协议》《管理公约》《业主公约》及《业主委员会章程》。

（4）物业租售的代理。物业管理企业在具备相应的资格后，可介入租售工作，特别是租赁工作，合理确定租赁价格，制订规范化的租赁合同，正确处理业主、租房者和管理企业之间的关系，维护各方的正当合法权益。

（三）物业管理的启动阶段

物业管理的全面正式启动以物业的接管验收为标志。从物业的接管验收开始到业主委员会的正式成立，包括物业的接管验收、用户入住、档案资料的建立、首次业主大会的召开和业主委员会的正式成立等四个基本环节。

1．物业的接管验收

包括新建物业的接管验收和原有物业的接管验收。新建物业的接管验收是在政府有关部门和开发建设单位对施工单位竣工验收的基础上进行的再验收。接管验收一旦完成，即由开发商或建设单位向物业管理企业办理物业管理的交接手续，这就标志着物业正式进入物业管理阶段。原有物业的接管验收通常发生在产权人将原有物业委托给物业管理企业管理或原有物业改聘物业管理企业之际，原有物业接管验收的完成也都标志着新的物业管理工作全面开始。

物业验收是对已建成的物业按设计施工质量标准进行检验的重要环节，是直接关系到今后物业管理工作能否正常开展的一个重要环节。验收中应注意以下事项：

① 验收中发现房屋单项验收前即应组成管理单位参与验收。
② 问题明确记录在案，督促施工单位整改。
③ 在验收中应当有管理单位对施工质量情况参与意见。
④ 保修期间，开发单位应与管理单位签订保修实施合同，明确保修内容、进度、原则、责任、方式等。
⑤ 移交工作应办理书面移交手续。
⑥ 开发单位应向管理单位移交整套图纸资料，以便今后管理、维修、养护。
⑦ 物业验收与接管的中心环节是质量验收。

2．用户入住

指住宅小区的居民入住，或商贸楼宇中业主和租户的迁入，这是物业管理企业与服务对象的首次接触，是物业管理十分重要的环节。新用户入住时，要签订《前期物业管理服务协议》；配合用户的搬迁阶段的治安安全工作。物业管理企业向用户发放《用户须知》或《用户手册》《装修管理规章》等，还要通过各种宣传手段，使用户了解物业管理的有关规定，主动配合物业管理企业日后的管理工作。

住户入住时首先要签订《物业管理委托合同》《业主公约》。为了能有一个良好的开端,物业管理企业需要做好：

① 通过宣传使用户了解并配合物业管理工作。采用多种宣传手段向用户宣传。发放《用户手册》《用户须知》。《用户手册》全面详尽地反映出用户应遵守的管理规定,同时也告知用户物业管理企业所能提供的服务项目。

② 配合用户搬迁。既要热情服务,又要让用户积极配合物业管理企业,共同维护舒适的工作和生活环境,遵守物业管理的有关规定。

③ 做好用户搬迁阶段的安全工作。用户搬迁一般时间比较集中,人身安全、财产安全应引起特别关注。

④ 加强对用户装修的管理。

3．档案资料的建立

首先要进行产权备案,准确界定每个产权人拥有的产权范围和公用设施比例,其次是业主或租住户的资料和物业的资料。

档案资料管理包含收集、整理、归档、利用四个环节。档案资料要尽可能完整地归集从规划设计到工程竣工、从地下到楼顶、从主体到配套、从建筑物到环境的全部工程技术维修资料,尤其是隐蔽工程的技术资料。经整理后按照资料本身的内在规律和联系进行科学的分类与归档。可按建筑物分类,如设计图、施工图、竣工图、设备图等；也可按系统项目分类,如配电系统、供水排水系统、消防系统、空调系统等。

（1）产权备案。房地产的产权备案和权属登记是不同性质的工作,权属登记是政府行政部门的行业管理,产权备案是物业管理中的一个环节。根据国家规定,产权人应按照城市房地产行政主管部门核发的所有权证规定范围行使权利,并承担相应的义务。物业中的公共设施和房屋公共部位,是多个产权人共有的财产,其维修养护费用应由共有人按产权比例分担。

（2）档案资料的建立。档案资料包括业主或租住户的资料和物业的资料。业主或租户入住以后,应及时建立他们的档案资料,如业主姓名、家庭人员情况、工作单位、联系电话、物业的使用情况等。物业的档案资料是对前期开发成果的记录,是以后实施物业管理时工程维修、配套、改造必不可少的依据,是更换管理企业时必须移交的内容之一。

4．首次业主大会的召开

当用户入住达到一定比例（如 50%）,业主应在物业所在地政府行政主管部门的指导下组织召开首次业主代表大会,审议和通过业主委员会章程和业主公约,选举产生业主委员会,决定有关业主共同利益的事项。物业公司就物业管理和业主的有关权利和义务、职责以及企业的经营向业主代表做出具体说明,由大会代表认可、表决,若通过,就可签订服务合同。

（四）物业管理的日常管理运作阶段

日常管理是物业管理最主要的工作内容。

1．日常综合服务与管理

用户入住后,物业管理企业在实施物业管理中所做的各项日常管理工作,是业主与物业管理者直接面对的服务关系,是合同约束中最广泛、最基本的工作。如,房屋修缮管理、房屋设备管理、环境卫生管理、绿化管理、治安管理、消防管理、车辆道路管理以及配套设施及公共环境的进一步完善等各项服务工作。

2. 系统的协调

物业管理社会化、专业化、市场化、经营型的特征，决定了其具有特定的复杂的系统内、外部环境条件。系统内部环境条件主要是物业管理企业与业主、业主大会、业主委员会的相互关系的协调；系统外部环境条件就是物业管理企业与政府相关部门及其他单位相互关系的协调，如，供水、供电、居委会、通信、环卫、房管、城管、治安、消防等有关部门，涉及面相当广泛。物业管理企业要想做好物业管理工作，就要建立良好的内、外部环境条件。内部环境条件是基础，外部环境条件是保障。与此同时，政府还要加强物业管理的法律建设和宏观协调。

八、物业管理的主要内容

物业管理属于第三产业中的服务行业，具体的管理服务内容和范围相当广泛，多层次、全方位、系列化的态势。专业化、市场化、社会化的市场管理所提供的就是一种综合的经营型管理服务，融管理、经营于服务之中是新型物业管理的突出特征。按服务性和提供服务的方式不同，物业管理的内容可作如下分类：常规性的公共服务、针对性的专项服务和委托性的特约服务三大类。

（一）常规性的公共服务

常规性的公共服务是物业管理企业面向所有的住用人提供的最基本的服务与管理。其目的是确保物业的完好与正常使用，保证正常的生活工作秩序和净化、美化生活工作环境。公共服务管理工作是物业内所有住用人每天都能享受到的，其具体内容和要求通常在物业管理委托合同中有明确规定。因此，物业管理企业有义务按时按质提供这类服务；住用人在享受这些服务时不需要事先提出或者做出某种约定。公共服务主要有以下八项。

1. 房屋建筑主体的管理

为保持房屋完好率，确保房屋使用功能而进行的管理与服务工作。包括：①房屋基本情况的掌握。将房屋的数量、建筑形式、产权情况、完好程度、使用状况等准确记录下来，并根据实际及时变更有关记录。②房屋修缮及其管理。包括房屋的日常保养、维修等各项工作。③房屋装修管理。包括房屋装修的申请和批准及对装修的设备、材料、安全等各项管理工作。

2. 房屋设备、设施的管理

为保持房屋及其配套设施、设备的完好及正常使用进行的管理与服务工作。包括：①各类设备、设施基本情况的掌握。各类设备和设施种类、分布、管线走向、变动情况、完好率与使用情况等。②各类设备、设施的日常运营、保养、维修与更新的管理。

3. 环境卫生的管理

是为了净化物业环境而进行的管理与服务工作。包括楼宇内外物业环境的日常清扫、垃圾清运等。

4．绿化管理

是为美化物业环境而进行的管理与服务工作。主要包括园林绿地的营造和养护、物业整体环境的美化等。

5．治安管理

是为维护物业正常的生活、工作秩序而进行的一项专门性的管理与服务工作。包括楼宇内外的安全、保卫、警戒等，对各种突发事件的预防与处理，还可延伸为排除各种干扰，保持物业区域的安静。

6．消防管理

是为维护物业正常的生活、工作秩序而进行的一项专门性的管理与服务工作。包括火灾的预防宣传和消防工具设备的检查，发生火灾时人、财、物的安全撤离工作和紧急救护、消防灭火的引导工作。

7．车辆道路管理

是为维护物业正常的生活、工作秩序而进行的一项专门性的管理与服务工作。包括车辆的停放、道路交通秩序维护和使用管理等。

8．公众代办性质的服务

为业主和使用人代收代缴水电费、煤气费、有线电视费、电话费等服务。

（二）针对性的专项服务

是物业服务企业为改善和提高业主、使用人的工作和生活条件，提供特殊需要的各项服务。是物业管理单位事先设立服务项目，并公布服务内容与质量、收费标准。业主、使用人需要某种服务时，可向物业管理单位提出，双方按服务内容协商服务质量和收费标准。专项服务的内容主要有以下几大类：

1．日常生活类

为广大住用人提供的衣、食、住、行等方面的家政服务。包括：①衣：为住用人收洗衣物等。②食：为住用人代购食品、粮食、燃料、副食品及日常用品等。③住：代住户进行室内卫生清扫、室内装修、搬家等。④行：代购代订车船票、飞机票，接送小孩上学、入托，接送病人看病，代住户保管自行车与机动车以及车辆的清洗等。

2．商业服务类

为用户开展经营活动而提供各种商业经营服务项目。包括商业网点的开设与管理以及其他经营活动的开展。如开办小型商场、饮食店、理发店、修理店等；安装、维护和修理各种家用电器和生活用品等。

3．文化、教育、卫生、体育类

物业管理企业在文化、教育、卫生、体育等方面提供的各项服务。包括：①文化：开办图书屋、录像室、茶道、美容学习班等。②教育：开办托儿所、幼儿园、假期小学生托管班等。③卫生：设立卫生部，提供家庭病床服务及小孩疫苗接种、老人慢性病保健等服务。④体育：开办各种健身场所，如游泳池、健身房、桌球室、网球场，举办小型体育活动和比赛等。

4．金融服务类

代办各种财产保险、人寿保险等业务，开办信用等。

5．经纪代理中介服务

指物业管理企业拓展的物业代理和中介服务及其他的一些中介服务。物业管理企业受业主委托，依据市场经济规律，代业主对物业进行市场推广、制定并实施销售方案；或受业主委托，寻找租户，替业主出租物业。物业管理企业在进行物业市场营销与租赁时，要向政府主管部门申报取得经纪代理、中介服务的许可证。

其他中介代理是指物业管理企业受业主委托，如代请家庭教师，代请保姆，代理广告业务等。

6．社会福利类

物业管理企业提供的带有社会福利性质的各项服务工作，如照顾孤寡老人、拥军优属等。这类服务一般以低偿或无偿方式提供。

（三）委托性的特约服务

特约服务是指为了满足物业产权人、使用人的个别需求而受其委托所提供的服务。通常在物业管理合同未要求，物业管理企业在专项服务中也未设立，而物业产权人、使用人又提出该方面的需求时，物业管理应在可能的情况下尽量满足其要求，提供特约服务。特约服务实际上是专项服务的补充和完善，当有较多的业主使用人有某种服务需求时，物业服务企业可以将此特约服务纳入专项服务。常见的特约服务有：

（1）代订代送牛奶、书报。

（2）代送病人就医、喂药、医疗看护。

（3）带请钟点工、保姆、家教、家庭护理员、代做家政服务。

（4）代接送儿童入托、入园及学生上下学等。

（5）代购车票、船票、机票，代送物品。

（6）代洗车辆。

（7）代住户设计小花园、绿化阳台、更换花卉盆景。

（8）代办各类商务及业主、使用人委托的其他服务项目等。

（四）经营性服务

除了少量的无偿服务项目外，物业服务企业提供的其他服务项目一般都具有经营性。这里所讲的经营性服务是指物业服务企业为了扩大企业收入来源、推动企业壮大发展而积极开展的物业管理延伸性多种经营服务项目，其服务对象不仅包括物业管理区域的业主、使用人，同时也面向社会。通常包括：

（1）开办餐饮、理发美容店、洗衣店熨衣店和商店。

（2）开办收费农贸市场。

（3）养花种苗出售。

（4）利用小区内空地或道路、夜间空闲场地，开辟日夜收费停车场（需得到业主大会和相关业主的同意，并依法办理手续）。

（5）开办维修公司、装修装潢公司、家电及各类生活用品的维修服务公司、清洁公司等经济实体，开办旅游、健身、商业、餐饮、娱乐等。

（6）房地产经营、信托、中介、咨询和评估、物业管理咨询等。

（7）其他经营服务项目。

（五）社会性管理与服务

物业公司作为一宗物业的统一管理服务机构，除了受业主之托做好物业的运营与保养、其他各项服务之外，为顺应城市社会管理方式与服务的变革，不可避免地要承担一定的社会管理服务职责。

物业服务公司必然要与政府、政法、公安、民政、医疗等部门发生联系，协助开展工作，传达新的政策和法令，接受有关方面的指导与监督。如协助做好治安防范，协助做好社会突发事件的防范与应急处理，协助有关部门开展各项工作。

第二节　物业管理市场

一、物业管理市场的含义及内容

（一）物业管理市场的含义

市场，是指商品交易的场所或商品行销的区域，它"至天下之民，聚天下之货"，使人们得以"交换而还，各得其所"。市场即在一定的时间、一定的地点进行商品交换的场所。这是对市场的狭义理解，是对市场局部特点和某种外在表现的概括，仅仅把市场看作流通行为的载体。

物业管理市场是指出售和购买以物业为对象的管理服务这种无形劳动的场所和由此而引起的交换关系的总和，也就是物业管理服务消费需求的总和。物业管理是有偿出售智力和劳力的服务性行业，所出售的是无形的商品，其核心是服务。这种以物业为对象的管理服务如同其他商品一样，具有价值和使用价值。物业管理服务进入商品交换领域，便构成了物业管理市场。把物业管理服务纳入到整个经济活动中，使其流通、交换，使物业管理经验与服务得以传递、应用，并渗透到生产、生活领域，改善生产与生活环境，提高生产与生活质量，从而实现其应有的价值。

物业管理市场与其他市场一样，有市场主体、市场客体、市场环境等方面。

（二）物业管理市场的内容

1．市场主体

指在市场中进行交换的个人或组织。一种商品或劳务之所以成为交换的对象，是因为有对这种商品或劳务的需求，以及相应于这种需求的供给，因而市场主体包括需求主体和供给主体。物业管理市场的需求主体是物业的所有权者和使用者；供给主体是物业管理的经营者，即通过合法手续取得物业管理经营资格的人或组织。

在物业管理市场上，供给主体是各种类型的物业管理机构。中标的物业管理公司在与业主委员会签订合同后，经业主委员会授权得到物业的管理权，代理业主对物业进行管理，为业主和用户提供服务，是物业管理的供给主体。

物业管理市场的需求主体可归结为业主委员会，业主委员会代表业主行使物业的各项权利，可以依法选聘或解聘物业管理公司。物业管理具体的需求主体有业主（物业所有人）、用户（物业使用人）、房地产开发企业等，这三类需求主体有时会出现复合的情况，例如一个人或一个机构可能既是业主，又是用户。房地产用户的需求表现在，需要通过物业管理来创造一个优美舒适的环境；业主的需求表现在，需要通过物业管理，一方面实现其对物业保值增值的目的，另一方面也可以通过物业管理代其经租；房地产开发企业的需求表现在，一方面在物业的规划设计和开发建设阶段，需要物业管理的超前介入，提供相关的咨询服务，以便开发出符合使用要求和便于使用的物业。另一方面在物业竣工之后，房地产开发企业提供物业管理来吸引潜在的客户。

最后一类主体为协调主体，它们主要包括房地产物业企业的主管部门及相关的职能部门。

2. 市场客体

市场客体是指在市场中被交换的对象。一个市场区别于另一个市场的主要标志在于它们所交换的对象不同。市场客体可以分为有形的商品和无形的商品（如劳务）。物业管理市场的交换对象是物业管理服务，是一种无形的劳务。主要包括：①常规性公共服务，如保安服务、保洁服务、环境绿化服务、设施与设备的维修管理服务。②针对性专项服务，如经租服务、咨询服务、通信服务等。③委托性特约服务，如代送小孩上学、代为投递信件、应业主或用户要求提供专门服务等。

3. 市场环境

市场环境是指进行交换的环境。"环境"并不是进行交换的具体场所，而是指使交换赖以进行的社会制度以及各种相关的法律、法规。就物业管理市场来说，主要包括：基本的社会制度、市场经济体制及国家大法——宪法；与物业管理相关的各种专门性法律，如民法、经济法、合同法、企业法等；具体有关物业管理的法规和政策；各类物业管理的契约或合同。上述各种制度与法规共同制约着物业管理市场的具体交换行为。

构成物业管理的一套制度框架是由各类法律法规以及具有法律效力的契约构成的，市场秩序由相应的法规来约束，这是市场经济的典型特征。针对物业管理市场的法律法规主要有：①物业管理机构的资质审查制度。②业主（住户）委员会的组建规定。③物业管理行业的法规和政策。④房地产业的法规和政策，尤其是房地产产权制度。⑤各类物业管理契约。如物业管理公司与委托人或发包人之间的契约。⑥各种相关的专门性法律，如民法、城市规划法规、经济合同法等。⑦基本的社会经济制度，包括宪法和市场经济体制。

4. 市场规律

优胜劣汰的市场竞争规律是任何一个发育正常的市场的内生制约机制。正是有了这个规律，才对物业管理企业的生存和发展构成巨大的压力，使其能够"研究客户、调整服务、合理收费、自我约束"。物业管理市场的四项要素共同起作用，形成物业管理市场良性运转的基本条件。

二、物业管理市场的特点

1. 劳务商品

物业管理市场的流通和交换的标的不是实物,而是提供商品性劳务,这是物业管理市场有别于其他商品市场的特点。从本质上说物业管理市场应属劳务市场,但与普通劳务市场又有区别。在普通劳务市场上,交易主体可以是法人也可以是自然人,可以是群体也可以是个体,供给方以个体为主。而物业管理市场交易主体主要是法人,供给方一般不允许个体存在,而且在物业管理市场上,其交易客体所提供的服务中,有管理的要素在内,同时还有相当多的技术含量和精神要素,这是一般劳务市场所无法包含的。物业管理市场是房地产市场中吸收劳动力最多的市场。

物业管理服务质量在交换关系确立时是未知的,质量不易预测。需求者只能根据供给者以往的业绩、服务标准和报价进行比较、揣测,并根据物业管理费的高低选择物业管理公司。而在物业管理过程中,服务质量未必都能达到标准,业主也不一定能按时交纳物业管理费,因此供求之间的纠纷时有发生。物业管理市场的运行需要有严密的法规政策和训练有素的执法人员来保证。

2. 终端反馈

在整个房地产市场体系中,物业管理市场处于最后一级,物业管理市场的运作对前级市场有强烈的反馈和刺激作用。

3. 双向选择

业主可以选择物业管理企业,物业管理企业也可以选择服务对象,相互之间是一种平等互利的委托管理关系。

4. 非所有权性

物业管理服务必须通过服务者的劳动向需求者提供服务,这种服务劳动是存在于人体之中的一种能力,在任何情况下,没有哪种力量能使这种能力与人体分离。因此,物业管理市场交换的并不是物业管理服务的所有权,而只是这种服务的使用权。

5. "生产"与消费同步性

物业管理服务是向客户提供直接服务,服务过程本身既是"生产"过程,也是消费过程,劳动和成果是同时完成的。例如保安服务,保安员为业主提供值岗、巡查等安全保卫服务,当保安员完成安全保卫服务离开岗位时,业主的安全服务消费亦就同时完成。

6. 品质差异性

物业管理服务是通过物业管理企业员工的操作,为业主直接服务,服务效果必然受到员工服务经验、技术水平、情绪和服务态度等因素的影响。同一服务,不同的操作,品质的差异性都很大。如不同的装修工程队,装修的款式及工艺就有很大的差异,即使是同一工程队,每一次服务的成果质量也难以完全相同。

7. 服务综合性与连锁性

物业管理服务是集物业维护维修、治安保卫、清扫保洁、庭园绿化、家居生活服务于一体的综合性服务。这种综合性服务的内容是相互关联、相互补充的。业主或使用者对物业管理服务的需求在时间、空间及形式上经常出现相互衔接，不断地由某一种服务消费引发出另一种消费。例如，业主在接受汽车保管的同时，会要求提供洗车及维修服务。

8. 需求的伸缩性

业主或使用者对物业管理服务的消费有较大的伸缩性，客户感到方便、满意时，就会及时或经常惠顾；感到不便或不理想时，就会延缓，甚至不再购买服务。特别是在物业管理的专项服务和特色服务上，如代购车、船、机票，代订代送报刊等，客户可以长期惠顾，也可以自行解决或委托其他服务商。

三、物业管理市场管理体制的建立

一个成熟的物业管理市场，必须要有一个健全的管理体制来保证，必须发挥政府物业管理主管部门、行业协会的指导、监督作用，协调好业主、业主委员会与物业管理企业之间的关系。当前，我国物业管理的核心问题是加快物业管理市场化进程，推进竞争，规范市场形成机制。

（一）政府主管部门要制定市场规则，当好"裁判"

1. 加强法规建设

从其他发达、成熟的市场管理的实践来看，政府对物业管理市场的管理应通过法规来实现，即政府管理属于法规管理。其基本职能和作用是既把物业管理市场置于法规监督之下，又本着疏导的原则为物业管理市场充分发挥作用创造有法可依、有章可循的良好外部环境。住建部1994年发布的两项部门行政规章《城市公有房屋管理规定》和《城市新住宅小区管理办法》及原计划委员会和住建部于1996年联合发布的《城市住宅小区物业管理服务收费暂行办法》，是目前我国有关物业管理的主要法律依据。《城市公有房屋管理规定》规定了公有房屋的所有权登记、使用、租赁、买卖、修理和法律责任等内容。从该规定来看，现阶段对公有房屋基本沿用旧的管理模式进行管理，但其中第五条规定："公有房屋的管理要逐步实现社会化、专业化。产权人可以委托物业管理公司等代为管理和经营"。由此可见，随着我国住房制度改革的不断深化以及现代企业制度的逐步建立，城市公有房屋的管理会逐步摆脱现有的管理模式，向物业管理模式发展。《城市新住宅小区管理办法》规定了住宅小区的管理制度、管理模式，该办法是物业管理最主要的法律依据之一。目前，我国的物业管理已经有了法规的基础，从国家到地方，陆续出台了一些部门规章。尤其是2003年6月国务院颁布的《物业管理条例》，确立了一系列重要的物业管理制度，从根本上解决了物业管理法制建设滞后、相关主体之间的法律责任不清的问题。但是，由于物业管理是新兴的行业，必然会产生许多新的问题，一个物业管理条例不可能解决所有的问题。这就需要我们在执法过程中不断发现问题、研究问题，不断地完善法规体系。如现在物业管理中已经反映出的业主委员会的地位作用问题，地区基层组织与业主委员会、物业公司的关系问题，都必须有必要的法规和相关的政策予以界定。

2. 加强行业管理

物业市场的管理除了政府管理之外，还应有物业管理行业协会的管理。物业管理行业协会组织使物业管理市场自我管理、协调。发挥行业的自我管理、自我服务、自我监督的功能，是保证物业管理市场良性运作必不可少的条件。

物业管理行业协会，是由物业管理理论研究的专家、物业管理交易参与者以及政府物业管理者等组成的民间行业组织。行业协会的自律是现代市场经济条件下的管理惯例。目前我国的物业管理相对普及的地区，物业管理企业也呈现一定的规模，形成了物业管理市场的三级管理体系。物业管理行业协会对物业管理市场进行管理可以通过以下几个方面进行：

① 加强职业道德规范，保护业主利益。
② 会员资格的审查和登记。
③ 监督已登记注册会员的经营、管理、服务情况。
④ 调解、仲裁纠纷。
⑤ 物业管理知识的普及、经验的介绍、相关法律的宣传。

政府行政主管部门要政企脱钩，确立物业管理企业的主体地位，集中精力抓好行业管理。第一，强化资质管理。物业公司资质等级应与管理规模、服务水准、收费标准挂钩。同时，资质等级实行动态管理，不搞终身制，坚持优胜劣汰。资质管理实际上是一个市场准入制度，准入制度要与禁入制度同等地建立起来。准入之后还要有一个禁入，如果物业公司在经营中严重违规，就要对物业公司及公司经理禁入（或几年内禁入）。第二，加强执法力度。立法而不执法，法律、法规将形同虚设，因此必须加大执法力度，真正使法规中规定的各项制度落到实处，做到有法可依、有法必依、执法必严、违法必究。

随着社会主义市场经济的发展，面对加入 WTO 后与国际经济的全面接轨，应该充分重视行业协会发挥作用的问题。目前，中国物业管理协会和各地的物业管理协会已经相继成立。当前政府主管部门行使的部分职能要逐步地转移到物业管理协会手中。

3．建立和实施物业管理招标投标制度

物业管理的招标是物业的业主、开发商运用价值规律和市场竞争机制来组织物业委托管理的基本方式。招标就是竞争信号，投标是指物业管理企业依据委托方的招标文件的要求组织编制标书，争取获得物业管理资格的一种竞争行为。在物业管理中建立和实施物业管理招标投标制度，实际上是物业管理市场化的表现，为业主和开发商选择管理者提供了较大的空间，也为物业公司提供了公开、公平、公正竞争的机会。通过物业管理招投标可以达到企业和业主之间的双向选择，实现优胜劣汰。

4．实行等级评定和竞争上岗

等级评定和竞争上岗是规范物业管理公司行为的重要措施。要通过严格执法与必要的检查考评，对物业公司实行等级评定和竞争上岗，以确保业主和物业使用人的权益。物业管理有关管理部门要根据物业管理公司的资金状况、人员结构、服务水平和管理业绩，实行等级评定，不同等级的物业管理公司只能对应管理相应档次的住宅小区或楼宇，不能承接高于自己服务水平和管理能力的小区或楼宇的管理业务。

（二）物业管理公司要积极参与市场竞争，为业主提供优质的物业管理服务

物业管理公司必须引入竞争机制，打破垄断。物业公司是企业，应根据市场规则，按企业行为运作。物业公司的基本行为就是提高物业管理水平，为业主提供优质的物业管理服务。当前物业管理存在企业规模小，人员素质偏低，管理能力和水平较低，企业运行不规范，服务不到位等突出问题。

（三）业主委员会要加强自治管理，代表业主行使决策权、监督权和管理权

物业管理企业是物业管理市场最基本的管理和执行机构。物业管理企业的自我管理、政府管理相互依赖、相互衔接、共同形成一个完整的物业管理市场管理体系。其中政府管理属于宏观管理，行业协会管理属于中观管理，两者都为微观管理。

业主委员会是业主或物业使用人，为了自己的共同利益，组织成立的一种群众性的团体。业主委员会代表物业全体业主，对物业管理中的一切重大问题拥有决策权、监督权和管理权。因此，保证代表业主意愿的业主委员会顺利产生及更好地发挥作用，是物业管理实践中亟待解决的问题。

业主自治管理是法定的权利，建立以业主自治和物业管理公司专业化管理相结合的物业管理体制，是物业管理改革的基本方向。因此在物业管理市场中，业主自治管理与物业管理公司的专业化管理是相互制约、相互促进的不可或缺的两个方面。

第三节　物业管理的发展

一、物业管理的发展趋势

1. 物业管理将与城市现代化发展规划融为一体

近年来，我国物业管理行业呈现出生机勃勃的发展趋势，随着一系列物业管理法规、制度的颁布实施，物业管理市场环境日趋成熟，既为物业管理企业创造了发展的机遇，同时使物业管理企业面临着发展的挑战。

2. 物业管理将走向个性化、规模化

物业管理个性化发展，指物业管理专业机构根据物业的特征、业主的背景和物业所处的动态、静态环境，设立主题管理框架，以突出该物业管理的个性特征。房地产开发商在建造房地产商品时，前期都有一个整体设计的主题定位，这种定位将通过商品的名称表现出来，称之为物业的个性特征，而物业管理更应该体现这种主题定位的内涵。房地产商品的开发经营越来越重视物业管理前期介入，往往在项目决策时就开始设定管理主题。

不少物业管理专业机构在对其经典物业实施物业管理过程中，导入了ISO9000质量认证体系。通过市场竞争，那些管理技术先进、服务质量优秀和资金技术实力雄厚的物业管理机构完全可以兼并管理和服务效率低下的物业管理专业机构，实现优胜劣汰，形成规模效益和品牌效应。随着《物业管理企业资质管理试行办法》的实施，政府职能部门也开始对物业管理市场进行调控，明确规定物业管理专业机构必须具有一定的资本和管理技术，打破谁开发谁管理的垄断局面，通过市场招标的竞争机制，引导和扶植物业管理专业机构以规模降低成本，走出低效益的误区。

3. 物业管理将实行进入社会化、网络化、智能化创新管理

物业管理的智能化主要体现在：防盗系统的设置；照明控制系统的完善；楼宇设备自控系统的处理；公共广播系统；小区管线系统；停车场管理系统；家庭智能化等方面。

不同的智能化设施可能涉及物业管理公司中不同的部门和人员的监控管理工作，同时又与每一住户日常生活息息相关，如何充分高效地利用这些设施为住户服务，如何将需求与系列基础设施的功能统一起来，这就要求物业管理实现网络化，以达到设备的应用管理、人的管理和服务高效统一。网络化的管理可以实现与每一位住户的"零距离"沟通。物业公司通过网上发布通知，组织社区的投诉、报修、费用账单速递与催交等，物业管理可以深入地面向每个家庭提供更具个性化的服务。高附加值的服务必须获得高附加值的回报，物业管理公司在提升服务档次的同时，也可以相应提高物业管理价格。

4．物业管理行业的规范化与法制化发展

任何产业的发展都离不开政府的支持，而政府扶持的关键是制订符合市场规律和产业发展要求的科学、合理、系统的政策体系。

二、物业管理的发展战略

1．法制化管理

我国的物业管理只有实现有法可依，依法办事，违法必究的法制化运作，才能保证行业健康持续、稳定的发展。近年来，物业管理出台了多部法规、规章，但缺乏全国性的、系统完善的法律体系，法规政策仍然存在结构、体系、覆盖面、执法等许多缺陷，严重制约着行业的发展。

2．市场化运作

随着物业管理市场的形成，企业要通过招投标取得物业管理的经营权。成熟的物业管理市场，就是为物业管理公开、公平、公正的竞争创造条件。这是因为物业管理作为市场经济的产物，市场经济的本质是竞争，竞争是市场经济生机和活力的源泉。只有竞争才能不断提高物业管理服务的质量和水平，才能使物业管理行业充满生机和活力。

3．品牌化经营

知名品牌的物业管理企业，就会占有较大的市场份额。物业管理企业在市场经济条件下，创造优秀的物业管理品牌，不仅有利于企业进行市场拓展，有利于企业树立良好的企业形象，有利于吸引更多的开发商和业主，更有利于企业在激烈的市场竞争中立于不败之地。

4．集团化发展

目前，大多数物业管理企业规模小，专业人数少，发展后劲不足。只有走集团化发展之路，组建一批实力雄厚、人才集中、专业技术力量强，具有市场竞争力的物业企业集团。才能使物业管理行业得到持续、健康、快速的发展。

5．高科技引领

随着高科技的发展，大量高科技的智能化物业将会不断出现，物业管理企业必须适应现代物业管理的技术要求，把物业管理水平提高到新的高度，才能保证自己的管理实力始终与物业设备的科技进步同步，增强市场竞争力以及促进整个行业的发展。

6．全面提升物业管理服务品质，建立企业核心竞争力

物业管理企业可以引进国际质量管理体系标准作为服务规范指导，做好差异化服务和服务创新工作。提升物业管理服务品质的另一重要途径为向规模化、专业化发展。规模化并不是托管的物业面积的简单累加，不是不计成本和效益的无限扩大，而是要建立一种良好的运行机制，在主营项目不断扩大的同时，使专业项目和辅助配套项目形成新的分工。专业化是指物业管理的专项服务由专业服务公司来承担，物业管理企业只是一个"集成者"、"组织者"，因自身专业化的组织管理结构和辨别合格供应商的专业管理水平而发展得更专业，从而提高服务水平。

7. 企业文化发展战略

企业文化构建是统一全体员工思想、使员工融入企业的关键。企业文化的核心是价值观，物业管理企业首先要树立"以人为本"的价值观，赋予传统意义上的"服务意识"以时代的精神，向"以人为本"的人性化服务迈进，提升物业管理的人文内涵，使物业管理企业逐步融入现代人文文化。

8. 物业管理人力资源战略

培养一支专业、严谨、作风过硬的团队是企业健康持续发展的基石。目前，物业管理企业中人才缺乏的现象较为普遍，表现为：传统的继承型房产管理人才多，新的创新型物业管理人才少；能胜任单一普通岗位工作的人才多，能胜任多个岗位工作的复合型人才少；初级管理人才多，高级管理人才少，特别是能担任部门经理以上职务的人才更少。这种局面已严重制约了物业管理行业向高水平发展。

9. 品牌发展战略

品牌代表着业主对物业管理服务特性、形象和性能的总体认识。良好的企业品牌形象，不但有助于与直接相关者建立一种良好信任的合作关系，也有助于树立威信，产生亲和力。品牌能够创造价值，它既能够赢得业主的忠诚和更高的信任，同时还会增加物业管理企业的市场份额和利润。

三、建立健全物业管理的约束机制

物业管理工作融服务和管理为一体，通过对人的服务达到管理的目的。因此，物业管理必须建立健全约束机制，才能有序健康发展，物业管理约束机制可分为四个层次。

1. 各级政府制定的有关物业管理的法规

健全的法制是物业管理顺利进行的根本保证，政府部门制定出台的有关物业管理法规是明确供需双方权利义务的基本依据，如宪法的有关条款、《中华人民共和国房地产管理法》《城市新建住宅小区管理办法》《城市异产毗连房屋管理规定》《城市住宅小区物业管理服务收费暂行办法》《住宅共用部位共用设施设备维修基金管理办法》，以及各地政府相继出台的《物业管理办法》《物业管理条例》等地方性法规政策。

2. 物业管理公司制定的具体管理办法

针对具体物业制定的管理办法是对各级政府制定的有关法规的有机补充，明确住（用）人使用物业时的行为准则。如有些物业管理公司针对管理区域内住（用）人的具体情况制定的《住（用）户须知》《住（用）户手册》等。

3．业主自我约束机制

物业管理的基本原则是实现业主自治管理与物业管理公司专业统一化管理相结合，而业主自治管理的前提是业主的自律，只有建立起业主自我约束机制才能保障广大业主自治权利的有效实现，也是保证法律和规章制度得以顺利实施的有效手段。如由业主订立《业主公约（契约）》，一方面补充完善法规政策、规章制度；另一方面使业主自治自理有依据。

（1）制定《业主公约》是业主完善自我约束机制的重要手段。

（2）《业主大会议事规则》是全体业主行使物业管理权利的行为规范。

4．签订《物业管理合同》

明确物业管理供需双方享有的权利、应承担的义务，确保整个管理活动的顺利进行。

复习思考题

1．什么是物业，什么是物业管理？
2．物业管理的基本特征有哪些？
3．如何理解物业管理的原则？
4．物业管理有哪些主要内容？
5．物业管理的主要环节有哪些？
6．简述物业管理市场的含义、内容和特点。
7．推进住宅物业管理需要解决哪些主要问题？

第九章

房地产中介与房地产中介服务市场建设

第一节 房地产中介的含义与功能

一、房地产中介及中介服务业的含义

房地产中介与社会经济中其他部门的中介一样，是连接房地产与社会（即消费者），房地产与社会各经济部门之间以及房地产经纪内部的各种社会经济关系的环节与纽带。根据房地产中介的活动范围，可把其分为广义的和狭义的两种。广义的房地产中介服务，是指覆盖房地产投资、经营管理、流通消费的各个环节和各个方面，为房地产的生产、流通、消费提供多元化的中介服务；狭义的房地产中介是指在房地产市场中，以提供房地产供需咨询、协助供需双方公平交易、促进房地产交易形成为目的，进行的房地产租售的经纪活动、委托代理业务或价格评估等活动的总称。我国《城市房地产中介服务管理规定》认为，房地产中介应包括咨询、经纪、估价等活动。今后，随着我国市场经济的不断深入和房地产业的进一步发展，房地产中介服务必将更加丰富和完善。

在房地产经济发展的初期，房地产中介是包括在房地产经济组织内部的，是由房地产企业自己完成的。随着房地产经济的发展，房地产经济业务量和业务范围不断扩大，房地产中介的业务活动，就从房地产开发经营企业中分离出来，成为一种独立的机构，并由专职人员来组成。所以说房地产中介是房地产经济和社会分工深入发展的必然结果。

行业，是从事同一类活动的企业和个人的总称。既然房地产中介成为一种独立的业务活动和一种专门的职业，就会有许多的人在从事这种同一类的专业活动，所以房地产中介自然就发展为房地产中介服务业。房地产中介服务业是专门向房地产经济各行为主体提供各种中介服务，并通过服务获得报酬的一种具有相对独立性的行业，是房地产业的组成部分之一。房地产中介服务业的服务交易就构成了房地产中介市场，它是房地产市场的一部分。房地产中介服务业既是一个年轻的行业，又是一个蓬勃发展的行业，特别是国家将房地产业确定为国民经济的支柱产业，出台一系列规范房地产业的政策措施，为房地产中介服务的发展注入了新的生机和活力。随着居民住房消费的旺盛需求，经济的持续、稳定、快速发展，为房地产中介提供了广阔的发展空间。

二、房地产中介服务的特征

1. **房地产中介服务具有内容的服务性**

房地产中介是提供各类信息、咨询、估价、代理服务的经营活动，这个行业的产品就是服务，

服务的质量、水平标志着产品的质量、水平。在整个服务过程中，中介企业既不占有商品的质量也不占有货币，主要是依靠自己的专业知识、技术、劳务等为房地产各种部门提供中介代理和相关服务。

2. 房地产中介服务的非连续性和流动性

房地产中介机构在为客户提供服务时，就形成了中介人与委托人的关系，即服务与被服务的关系，这种关系不是长期的和固定的，契约关系解除，房地产中介机构就再去与其他的委托人建立新的服务与被服务的关系。房地产中介服务的这种特点容易引发两类问题：一是导致部分房地产中介机构会忽略自身的责任，在提供短期服务的过程中以获取佣金作为唯一目的而采用欺骗、误导等手段故意损害委托方的利益；二是在中介行业竞争激烈的情况下，由于中介方与委托方缺乏长期合作的可能而导致委托方故意损害中介方的利益，如经纪人可能被交易双方"甩掉"，其投入的时间和精力无法得到补偿，开发商违约导致代理商的佣金无法兑现等。

3. 房地产中介服务的灵活性

因为房地产中介服务机构与服务对象之间没有固定的关系，不受交易对象的限制，也不受交易主体的制约，从而使它具有极大的灵活性。也就是说，它可以不受时间、地点、交易对象和交易方式的限制，可以在任何地点、任何时间，为任何主体提供各种各样的服务。

4. 房地产中介服务的有偿性

房地产中介活动是一种提供专业性服务的第三产业，从本质上说，它是一种经营活动，房地产中介机构向委托方提供了专业服务，其目的是为了取得报酬、获得利润。房地产中介活动的报酬和利润，就是房地产中介业务活动中劳务和服务的价格，即通常所说的佣金。它是中介活动完成以后，由房地产委托人按照签订的协议确定的支付金额。

5. 房地产中介服务具有对象的信息性

房地产中介体系运作的对象或资本是信息，或固化了信息的技术知识等。对中介机构来说，信息是其经营的对象，是其出售的主要商品，"信息是主要的商品之一"是 G·J. 斯苇格勒 1921 年就提出的。美国著名经济学家 T. 斯托尼 1983 年提出：信息已经取代了房地产、劳动和资本，成为现代生产中最主要的投入，现代经济生活中大量靠经营信息牟利的机构（如咨询企业、评估企业、经纪企业等）的成功案例，也有力地证明了这一点。如同一般意义上的中介企业在现代市场经济中的作用一样，房地产中介服务企业在房地产市场经济活动中所起的作用也是至关重要的。

6. 房地产中介服务的独立性

房地产中介服务业是一个独立的并有一定社会地位的行业，具备独立的投资主体和自主经营的实体。在房地产咨询、房地产估价、房地产经纪等活动中，都要求房地产中介服务机构具有独立性，在从事房地产中介服务的过程中，不受交易主体、委托对象等干扰，运用自身的知识、经验和技术，独立地开展中介服务。

7. 房地产中介服务具有责任的明确性

委托方与中介方之间有明确的法律关系，委托合同就是这种法律关系的体现，通过合同明确双方各自的权利与义务。明确的法律关系是双方诚信的基础。

三、房地产中介服务的功能

（一）服务功能

房地产商品价值量大，且位置固定，带来销售的不便性。因此，往往需要通过房地产中介公司的撮合，才能既经济又迅速地实现交易。由于房地产交易较为复杂，涉及法律、估价、财务等专业方面问题，房地产中介服务可以为交易双方提供众多便利，有利于提高房地产市场的运行效率。房地产市场是一种涉及面很广、专业性很强的市场，不仅包括土地市场、房地产二三级市场，而且还包括房地产开发市场、房地产金融市场、物业管理市场等。每一种市场都是结构复杂，流通方式多样，交易形式繁多，专业性很强，一般人难以具备这样多的政策法规、房地产市场供求、房地产市场行情以及相关的经济技术等方面的知识和技能。而房地产中介服务可以很好地提供这种专业知识咨询服务。在海外，人们形象称其为"出卖思维"的"脑子公司"。房地产咨询公司站在第三方的立场上，公正地就投资、开发、市场、销售等问题做可行性研究，提供较为科学、可靠的决策建议。当事人可省去许多波折和劳顿。

（二）沟通功能

房地产买卖是一个重大的投资交易过程，一旦交易完成，其持有人将长期承担这宗交易的利弊得失。一般来说，买卖双方互不了解，双方往往慎之又慎，防范对方。由于缺乏专业知识素养或出于商业目的，卖方对于优点往往过于强调，买方对缺点往往估计得过于严重，对价位把握不定；卖方担心买方不是一次性支付全部款项，分几次支付会不会拖泥带水、拖延付款等，而买方担心给了钱，拿不到房。如此使得交易无法顺利完成。这样就需要第三方沟通。房地产中介机构是公开亮牌、经过国家行政部门的审批、具有法人地位的企业，会站在客观公正的立场，赢得双方的信任，从而为双方排除隔阂、调停争执、促成交易。

（三）监督功能

作为房地产交易第三方的房地产中介机构，可以依靠自己的法律地位，运用自己掌握的法律法规知识，保证交易双方履行应尽的义务。例如，对税费的征收，房地产中介机构可帮助双方明确纳税交费主体。随着房地产法律见证制度的完善，例如律师的见证介入房地产交易，将会有力促进市场秩序的完善。

房地产中介服务对于房地产市场的发展和健康运行具有极为重要的作用。成熟的房地产业，必然包含发达的房地产中介服务业。

第二节　房地产中介机构和服务内容

一、房地产中介机构

房地产中介机构指房地产市场运行中，在房地产投资、经营、管理、消费活动的各个环节和各个方面，为租赁双方、买卖双方、资金供需双方、房地产纠纷双方，房地产所有者与使用者之间进行居间活动或委托代理业务的机构。根据我国《城市房地产管理法》中的定义，房地产市场中介服务机构包括房地产咨询机构、房地产价格评估机构、房地产经纪机构等。

二、房地产中介服务内容

1．房地产经纪

房地产经纪机构和房地产经纪人员为促成房地产交易，向委托人提供房地产居间、代理等服务并收取佣金的行为。

对房地产经纪机构来说，代理业务是其主要业务之一。所谓代理，是指代理人在代理权限内以被代理人的名义进行民事活动，由此产生的权利和义务直接对被代理人发生效力的一种法律行为。与被代理人打交道的称为第三人。代理可以是有偿的，也可以是无偿的。在房地产代理业务中，房地产职能接受一方委托人的委托代理事务，同时也只能向一方收取佣金，根据委托人在房地产交易中担任的角色：买方（包括承租方）或卖方（包括出租方），房地产代理可以分为买方代理和卖方代理。根据代理产生的依据，可以分为法定代理、指定代理和委托代理。房地产代理是以房地产经纪服务委托人确定委托代理权限，和房地产经纪机构接受授权的房地产经纪服务合同而产生的，属于委托代理。

房地产居间是指房地产经纪机构及房地产经纪人员按照房地产经纪服务合同约定，向委托人报告订立房地产交易合同的机会或者提供订立房地产交易合同的媒介服务，并向委托人收取佣金的行为。从理论上讲，居间可分为指示居间和媒介居间，指示居间即居间人向委托人报告订约的机会，媒介居间则是居间人根据委托人的要求，将交易目的的相近或相符的双方委托人以媒妁的方式促成交易的行为。

2．房地产咨询

主要是应投资者、消费者和房地产出售、出租者的要求，就投资环境、市场信息、项目评估、质量鉴定、测量估价、购房手续、法律法规、政策及技术方面等提供的咨询服务。具体业务有：接受当事人的委托进行房地产市场调查研究、房地产投资项目可行性研究、房地产开发项目策划等。房地产咨询业务主要由房地产估价师和房地产估价机构、房地产经纪人、房地产经纪机构承担。房地产咨询机构是房地产中介行业的智能机构。

房地产咨询对于房地产业特别是房地产交易活动具有重要作用。一方面，房地产市场是一个不完全竞争的市场，也是一个信息不充分的市场，房地产产品的独一无二性又给公平交易带来一定困难。虽然国家出台了相关政策抑制房地产的过度投机，但是房地产市场上仍然存在着投机行为，使市场机制的调节作用难以发挥作用。因此，一方面，房地产开发商要尽快完成投资过程，尽快收回投资、实现其预期的投资目标，就要依靠房地产咨询机构。另一方面，房地产咨询机构也可凭借其咨询人员广博的理论知识、多样的市场经济信息和丰富的实践经验，对房地产投资决策、风险规避、市场现状及其发展趋势等做出较为准确的分析与判断，从而较好地完成其对房地产的咨询服务。另外，充分、畅通及对称的房地产信息是公平交易的前提与保证。房地产咨询机构在收集、处理、发布房地产信息，为房地产买卖双方提供专业咨询的基础上，也促进了市场交易活动的公平进行和房地产市场的健康发展。

3. 房地产估价

房地产估价（房地产价格评估）主要是分析、测算和判断房地产的价值并提出相关专业意见，为土地使用权出让、转让和房地产买卖、抵押、征收征用补偿、损害赔偿、课税等提供价值参考依据。它是房地产中介服务的重要内容。房地产估价要求独立、客观、公正。房地产估价活动主要由房地产估价师完成，从事房地产估价活动需要扎实的估价专业知识、丰富的估价实践经验和良好的职业道德，房地产估价业是知识密集型行业。房地产价格之所以要通过估价这种特殊方式来进行，是由房地产价格的特殊性所决定的。房地产价格是一种特殊的价格形态，其价格形成十分复杂，且房地产商品也具有异质单件性的特点，其价格形成也就具有个别性的特点，故需要对一宗宗房地产进行个别或单独的估算。同时，房地产评估工作也是一项政策性强、技术复杂、需要多方面专业技术知识的经济活动，必须由专业化评估机构来完成。房地产估价，可以为房地产的各种交易活动提供客观的价格尺度，为房地产买卖、租赁、抵押、补偿、交换、诉讼、税收、投资决策、统计等活动提供依据。

房地产价格评估的主要业务范围包括：①国有土地使用权有偿出让、转让地价的评估。②房地产买卖、租赁、交换、拆迁补偿、分割、赠予等价格的评估。③金融、借贷、保险业务对房地产抵押、贷款、投保等所必需的价格评估。④企业合股、合资经营、兼并、破产清算的房地产价格评估。⑤住房出售的价格评估。⑥房地产纠纷仲裁、法律诉讼的价格评估。⑦房地产评估的政策、价格咨询等。

房地产价格评估是一项具有综合性、复杂性的工作，价格评估的结果既取决于各种客观因素，又在一定程度上受价格评估人员主观因素的制约。因此，评估人员在评估活动中必须严格遵守估价的原则，按照规定的程序进行，力争达到程序化、规范化、制度化。同时，为保证估价结果的客观性、科学性，房地产价格评估还有一整套科学的估价方法。

第三节　房地产中介服务市场建设

一、房地产中介服务市场的含义

房地产中介服务市场是指以房地产中介服务，包括咨询、经纪、估价服务等为交换对象的市场。房地产中介服务市场是房地产市场体系的重要组成部分，存在于从房地产开发到房地产交易的全部过程中。

房地产中介服务市场的供给主体是房地产中介服务机构。需求主体主要包括投资者（开发商）、房地产交易双方。房地产中介服务市场的客体，即交换对象为房地产中介服务，主要包括咨询、经纪、估价三大部分内容。房地产中介服务市场的协调主体为房地产中介机构的主管部门及相关的职能部门，主要包括房产管理部门，工商管理部门、物价管理部门等。

二、房地产中介服务行业发展状况

根据统计，我国房地产经纪机构（含分支机构）达到5万余家，从业人员超过百万，其中取得房地产经纪资格的人数已经超过 4 万人，其中超过一半的人注册执业。与此同时我国房地产经纪行业已经成长起了一批大公司，成为行业的领先企业。

三、房地产中介服务业存在的主要问题

随着近十年来房地产行业在我国的发展快速，房地产中介服务业也进入了快速发展期。但我国的房地产中介服务业从总体上看仍在低水平低层次运行，具体表现为：房地产中介服务企业整体素质不高、绝对数量多、相对规模小、经营边界清晰和极端专业化、经营粗放、经营行为不规范、恶性竞争较严重等很多亟待解决的问题。

1．中介服务机构规模小，市场占有率低

目前，即使在上海、北京这样房地产中介市场相对发达的城市，除了个别公司形成较大规模外，多数规模很小，有的只有几人到十几人，市场占有率低，竞争力弱。在住宅市场上，房地产开发商委托代理销售楼盘的，还与国外有差距。

2．信息渠道不畅，技术水平偏低

信息资源是房地产中介服务企业从事经营活动的基础，房地产中介服务对市场信息和相关技术的要求都较高。而目前中介市场有关的市场信息网络系统还不健全，市场信息量少，且渠道不畅，在很大程度上影响了中介服务质量的提高。中介服务行业内的技术手段比较落后，方法陈旧，高素质的专业人才缺乏，在房地产经纪行业中，大量无专业知识和工作经验的人在做中介代理。评估行业中的估价师队伍虽日益扩大，但学历高、实际执业能力低、只有理论知识，缺少实践经验、大量注册估价师虽有资格并不执业。行业内的技术水平偏低，使得对信息资源的开发利用缺乏深度，导致信息资源浪费，难以发挥行业优势。而落后的经营模式和单一的业务种类也越来越难满足市场发展的需求。

3．行业管理不规范，进入门槛低与退出成本低并存，造成企业良莠不齐

由于房地产中介服务业的行业协会地位不明确、作用空间有限，造成其行业自律职能不到位，加之缺乏行之有效的行业约束机制，造成我国房地产中介服务企业经营实力和专业水平良莠不齐，大多数中介服务企业小而散，缺少规模经营和品牌效应，恶性竞争严重。中介机构的行为不规范主要表现在以下三个方面：①主体资格不合法，无照经营和未经登记核查擅自从事中介业务的现象常有发生。②不按照标准收费，随意性太大，收费名目太多、太乱，在收费中使用票据混乱，事业型收费与服务性收费不分。③管理混乱，没有起码的规章制度，不设财务机构，不建账目，还有的既没有固定人员，又没有固定场所，也无资金，是名副其实的"三无"企业。这些"三无"机构的存在，扰乱了市场秩序，败坏了房地产中介业的声誉和社会形象。就估价服务来说，估价报告科学性、客观性、公正性不足，迁就委托方的情况时有发生。房地产营销策划和代理销售服务不规范，服务质量的问题较为突出。虚假广告、过度包装等欺骗消费者的行为屡有发生，影响了经纪服务的声誉。

4．专业人才不足，行业内从业人员专业技术素质偏低，服务意识和服务质量总体水平不高，缺乏诚信度

21世纪的竞争是人才竞争。房地产中介服务工作涉及面广，兼具综合性、广泛性，是多学科

知识的综合能力的体现。因此，要胜任房地产中介服务工作不仅需要精通房地产业务、房地产法规等方面的知识，而且还需要有较强的获取和分析多方面信息的能力、较强的沟通能力。专业人才的缺乏，从业人员资格认证制度的不规范，加上多数中介机构为追求短期利益，不对上岗人员进行职业培训，导致从业人员普遍缺乏应有的职业道德和专业素质，行业整体诚信水平低下。

5．法规体系不健全，管理欠规范

房地产中介服务是涉及国家、集体和居民经济利益的特殊行业，需要制定相关的法律法规并加以规范管理。目前我国关于社会中介组织的立法严重滞后，无法可依、有法难依成为我国房地产中介服务业规范有序发展的软肋，很大程度上导致房地产中介服务市场成为缺乏政府监管的"灰色地带"，目前房地产评估、经纪活动，只有一些零星的法规，从国家到地方尚未正式制定出专门的中介管理大法，市场活动和行业管理均缺乏统一、权威的法律依据。

四、房地产中介服务市场行为的规范

服务质量是房地产中介服务行业的生命线，规范房地产中介市场行为，对于保证中介服务质量有着重要作用。主要的措施包括：

1．建立完善的房产中介法律法规

房地产市场是以市场为主体的经济体制，市场经济的实质是一种法治经济，国家对市场经济运行的干预主要是通过法律而非行政的方式来进行的，但是我国房地产中介市场法律很少，体系尚待健全。除了要加紧立法，对已有的法律法规，如《经纪人管理办法》《城市房地产中介服务管理规定》《城镇土地估价规程》《房地产估价规范》等要严格遵守。

2．加强对房地产中介服务市场的监管

加强对房地产中介服务市场的监管，理清房地产经纪管理主体关系。房地产管理部门应积极、主动地对房地产经纪行业及其行为进行检查，切实履行好监管职能。为避免各行政部门分工不清、职能混淆，政府各行政部门可以建立联合办公机构，进行联合监管。

3．建立健全房地产中介人员的自律性组织并增强其独立性

中介机构及其从业人员的管理，应从政府直接管理中剥离出来，采用通过行业自律性组织间接管理的方式进行。

4．规范执业资格

要培养精良的从业队伍，提高业务素质，完善专业体系；加强职业道德考核和培训。房地产经纪人员和房地产估价人员必须经过培训、考核合格后取得，注册登记、上岗执业，必须有一定年限的工作经历和实际操作经验，设置门槛，禁止不合格者任意执业。

5．规范服务标准

房地产中介服务业务，包括经纪、评估、咨询等，都必须制定分行业的服务标准，即经纪、评估、咨询业服务标准，并建立年检抽查制度，对达不到服务标准的限期整改，甚至取消执业资格。

6．规范服务行为

规范服务行为，必须制定并严格执行行业规范。行业规范可分为两个层次，一是房地产中介服务行业的总体规定；二是经纪、评估行业的分行业规则。它是从事房地产经纪、估价活动的机构和人员应当遵循的行业规范。其宗旨是"坚持遵纪守法，倡导廉洁自律，规范执业行为，提高服务质量"。目前，从国家到地方，已有了一些法律法规，对规范服务行为起了一定作用，但尚需进一步补充和健全。

复习思考题

1. 什么是房地产中介？房地产中介机构有哪些？
2. 如何规范房地产中介服务市场行为？
3. 房地产中介服务业存在哪些主要问题？

第十章

房地产金融与房地产金融市场

第一节 房地产金融概述

一、房地产金融的基本概念与特点

(一) 房地产金融的概念

房地产金融是指围绕房地产的开发经营、管理等活动而发生的筹集、融通和结算资金等货币信用活动的总称。

广义的房地产金融,是指与房地产活动有关的一切金融活动。狭义的房地产金融就是房地产资金的融通,其中最主要的是以房屋与土地作为信用保证而获得的资金的行为。所以,人们有时将房地产金融和房地产业资金的融通看作同一回事,经常认为房地产贷款就是房地产金融。

实际上,房地产信贷融资只是房地产融资的一个方面,房地产融资包括房地产信贷融资、房地产股本融资、房地产债券融资和运用信托方式融资等。房地产保险、房地产信托以及房地产典当等其他金融功能也是房地产金融的重要组成部分。

(二) 房地产金融的特点

1. 资金融通量巨大

房地产业属于资金密集型产业,货币资金需要量非常大。一个房地产项目开发建设的各个环节,都需要巨额的资金投入。通常情况下,开发商的自有资金难以满足投资的要求,投资额的主要部分需要以融资方式解决。

2. 房地产金融资金运用具有中长期性

房地产企业开发周期长,资金周转慢,资金回收期长,所以贷款的偿还期也长。对于个人住房贷款,各国政府为了培育市场需求,解决国民的居住问题,将贷款偿还期拉长。例如,美国战后住宅贷款的偿还期延长到30年;新加坡住房贷款的偿还期最长为25年。目前我国的商业性个人住房贷款最长贷款期限为30年。

3. 房地产金融安全性较高、收益较好

房地产金融的信用期长,且一般需要以不动产作为抵押物来保证房地产贷款的偿还,即便出现违约情况银行也不会承担太大的损失。此外房地产具有的位置固定性可使其产生区位价值或者说级差地租，使用的耐久性也充分体现其使用价值，土地的稀缺性会导致优等土地的地租、地价不断上涨，这些因素为房地产金融机构对房地产业给予信用支持提供了有力的保证。

由于房地产行业的业务流程长，房地产金融涉及的中间环节多，使得其业务派生性较强，从而能带动金融机构各项业务的开展。仅以商业银行为例，一笔房地产开发贷款不仅能产生可观的直接利息收入，还能为贷款银行带来大量后续的个人住房贷款需求和资金结算量，因而房地产金融业务具有较高收益。

4. 房地产融资易受政策影响

房地产业同国家的经济状况关系紧密，房地产金融服务贯穿于房地产业从开发到消费的各环节，房地产金融政策也是国家经济政策的组成部分，是政府实现宏观调控的重要手段。所以房地产金融又被称为房地产市场的调节器。

（1）房地产中的住宅具有商品和社会保障品的双重属性，住房问题也具有私人问题和社会问题的两重特征，因此任何政府都不会对住房问题放任不管，通常会制定各种住房政策来促进其发展。其中建立合理的政策性住房金融制度是一个主要举措，包括政府为住房抵押贷款提供资金、实施担保、进行贴息以及税收减免等。

（2）由于房地产牵涉的相关产业众多，在该行业中运行的资金量又极为庞大，所以房地产金融对国家经济的稳定和发展起着重要作用。正因如此，国家会经常在房地产金融领域进行政策调整以适应宏观经济管理的需要。常用的调控措施包括调整贷款利率和费率、改变个人住房贷款的首付比例、调整住房贷款申请人的资格审批门槛、提高或降低房地产开发贷款的项目资本金比例等。

从2009年至今，国家对房地产市场进行调控，先后出台了"国四条""国十一条""提高存款准备金率"二套房涨利率"国五条"等措施，限制投机性购房，支持自住需求，控制房价过快增长。

二、房地产金融的必然性

（一）房地产业的稳定发展离不开金融业的支持

房地产业从开发建设到流通消费的全过程都对金融业有着很强的依赖，尤其是在消费环节。

从金融机构本身情况看，其所具有的信用中介、支付中介、信用创造和金融服务职能对于促进房地产业发展具有重要作用。①信用中介和信用创造的职能，指金融机构可以利用其庞大的机构网络，利用多种信用工具，充分发挥积聚资金的功能，广泛吸收社会闲散资金，变小额资金为大额资金、变短期资金为长期资金。利用资金运行的时间差、空间差等，灵活调度资金，满足房地产业的资金需要，有效解决其一次性投入，并要在较长时间占用巨额资金的特殊需要。②支付中介和金融服务职能，指金融机构可以利用其联系面广、信息灵通、资金雄厚、信誉卓著、经验丰富的行业优势，根据市场发展情况开展信托、投资委托、代建代购、代售、代租、结算业务及咨询活动，为房地产企业提供完善的金融服务。

房地产商品是价值量较大的消费品，无论单位还是个人，大多难以一次支付巨额房款，因而房地产业的消费环节也必须借助金融信用来实现其商品资金到货币资金的转换。金融机构通过向消费者（企业单位、居民个人）提供住房消费贷款，解决高价值量与购买力不足之间的矛盾，增强房地产市场的有效需求，疏导消费环节的资金流通渠道。

金融业的雄厚资金实力可以对房地产市场供求状况和资金投向进行有效的调控。房地产经济具有周期性变化的特点：当市场萧条产品积压时，金融机构可大量购入，防止价格暴跌、生产滑坡，避免房地产企业遭受更大损失。在市场活跃供应不足时，金融机构便可大量卖出，以平抑价格，缓解供需矛盾。

金融机构还可以通过贷款投向和利率调节，调整投资方向和生产结构，实现国家重点发展住宅建设，缓解人民居住紧张状况，限制楼堂馆所建设，控制过大基建规模的房地产业政策，规范企业行为，有助于房地产事业健康发展。

（二）房地产业的发展促进了金融业的繁荣

房地产业是国民经济的基础性产业，社会对房地产的需求一直呈上升趋势。尤其是房地产业的资金密集型特点，使得其对资金有巨大的容纳能力和吸引力，并使房地产业成为金融业最重要、最广阔的投资市场。

房地产业是金融业的最大客户，是银行信贷资金投放的重要领域。同时，房地产业吸收的资金在其各环节都有暂时闲置，形成巨额沉淀，这又成为金融业吸纳存款的主要来源。金融业在对房地产业投入资金的过程中，既可增加存款、增强资金实力，又可扩大贷款范围，发展信贷业务。在支持房地产业发展的同时，自身也得到发展。

房地产业的发展和繁荣以及它对工业、商业和其他行业的拉动作用，不仅促进了整个社会经济的发展，而且还增加了对资金的需求。特别是房地产作为价值巨大的商品进入流通领域，必然要导致全社会商品流通总量和货币流通总量的增加。而其中住房消费又属于最终消费。住房消费的增加可以把相当数量的一部分居民购买力集中于房地产，回笼巨额货币，减轻社会购买力对其他消费需求的压力，从而起到稳定物价，抑制通货膨胀的作用，为金融业充分发挥其功能创造良好的市场环境和有利的经济条件。

房地产具有保值增值性，是能够被广泛接受的抵押品，对房地产业投放贷款要比对一般工商业贷款的风险小，所以金融机构从保值增值的角度出发都乐于投资（购买）房地产，把资产由货币形态转化为物质形态。与此同时，金融业还可以合资形式直接参与房地产投资、开发经营活动，走银企联营的道路，把产业资本和金融资本融为一体，组成房地产开发公司，各司其职，各展所长，共担风险，共享利益，这样金融业在为房地产业提供大量投资的同时，又能保证金融资本取得稳定和巨额的收益。

三、房地产资金来源

（一）金融机构房地产信贷资金

房地产信贷资金来源是对于银行及非银行金融机构而言的。房地产资金的融通和房地产贷款的发放必须以筹集到规模适当、结构合理的房地产信贷资金为前提和条件。因此，房地产信贷资金的来源就成为房地产金融的一项重要内容。房地产信贷资金来源主要有以下几种。

1. 住房储蓄存款

住房储蓄存款是随着住房制度改革的推进和深化而出现的储蓄存款业务，是消费者个人为购房和建房而进行的储蓄行为，是房地产银行为筹集住房信贷资金而开办的一种筹资方式。这种储蓄存款是房地产金融机构解决住房信贷资金的一个重要方面。

住房储蓄存款包括强制性储蓄和自主性储蓄两大类。

强制性储蓄，在我国主要是住房公积金制度，是指通过强制性储蓄的方法建立的一种个人住房消费专用基金。实行住房公积金制度，可以迅速有效地筹集一笔稳定的数额巨大的住房建设资金，加快住房建设步伐，更好地解决中低收入家庭住房问题。住房公积金制度是国家、企业（单位）和个人三方协作解决个人住房问题的政策思路。

自主性住房储蓄，即购房者只需在提供该项业务的银行存入一笔定期存款，一段时间以后，存款者提出贷款申请，且愿以所购房产作为贷款抵押物，银行就给予定期存款一定倍数的贷款用于存款者购房。

目前我国以住房公积金强制储蓄为主。

2. 房地产金融债券

房地产债券是各级政府、房地产金融机构和房地产开发企业为解决房地产开发资金问题向投资者开具约定到期还本付息的有价证券，分别称为政府债券、金融债券、公司债券。房地产债券无论谁是发行主体，其所筹集的资金都要用于房地产开发建设。从国外房地产金融市场来看，债券的数量和规模都大大超过了股票，成为直接融资的主要手段。当然，房地产债券的发行有严格的程序和条件。

房地产金融债券是房地产金融机构发行的，用于筹集房地产开发建设资金的债务凭证。当银行信贷资金紧张时，经中央银行批准，可以发行一定数量的金融债券，筹集资金，用于发放利率比较高的特种贷款。金融债券发行对象为个人，不能提前兑现。

房地产信贷资金筹集来源还有房地产企业存款，房地产管理部门存款，银行之间的同业拆借，利用外资等。

（二）房地产企业融资方式

房地产业是一个资金高度密集型行业，开发一个房地产项目需要大量的资金。如果不借助于各种融资手段，开发商将寸步难行。同时，房地产开发融资方式的优劣，也直接影响着融资成本的大小，密切关系到开发风险的大小和开发效益的好坏。因此，如何通过多渠道的融资活动来满足开发对资金的需求，是房地产开发企业迫切需要解决的问题。

房地产企业主要的融资方式有以下几种。

1. 银行贷款

银行向房地产开发企业发放的贷款，包括：房地产开发企业流动资金贷款、房地产开发项目贷款、经济适用房贷款、房地产抵押贷款、土地储备贷款、土地开发贷款等。

银行贷款是房地产企业最传统、最普遍、也是最主要的一种筹集资金的方式。在这种方式中，银行是贷方，是债权人；房地产企业是借方，是债务人。借贷双方事先签订书面借款合同，到期一次性归还本付息或分期偿付本息。

房地产金融易受受政策影响。在国家经济发展的不同时期，房地产市场调控的目标不同，针对房地产贷款的政策也有不同。近些年来，由于房价的持续上涨，国家先后出台多项有关房地产贷款的政策，以抑制房地产价格的过快上涨，打击房地产市场的过度投机行为，降低房地产信贷风险。房地产开发贷款和消费贷款都受到严格限制。房地产企业需要寻求其他融资方式，以满足房地产开发的资金需求。

2. 证券融资

通过发行房地产股票、房地产债券来筹集房地产资金的金融活动。房地产债券与房地产股票相比，因为房地产债券到期必须归还本息，房地产债券的发行对企业的经营压力较大。证券融资的规模与资本市场的发育程度有着直接的联系，资本市场越发达的国家和地区，证券融资的规模就越大；反之就越小。在经济及资本市场发达的国家，证券融资已成为房地产融资的主要方式。我国房地产证券融资的规模也很大。

3. 房地产信托

资金所有者或房地产所有者基于对金融机构的信任，委托其全权代理经营和管理房地产及其证券的经济行为。在信托关系中，把资金或房地产委托给他人管理和处置的一方称为"委托方"，接受委托的金融机构称为"受托方"，被委托的证券或房地产称为"受托标的物"，享受信托利益的人称为"受益人"。从房地产企业融资的角度看，房地产信托的形式包括：房地产信托贷款、房地产信托投资、房地产财产委托和房地产证券发行代理等。

相对银行贷款而言，房地产信托计划的融资方式可以降低地产公司整体融资成本，节约财务费用，而且期限弹性较大，有利于地产公司持续发展，在不提高公司资产负债率的情况下可以优化公司结构。

4. 房产典当融资

房产所有权人在确保其房产所有权的前提下，获得典价（需扣除典当期间的利息）的一种融资方式，其实质是以房产为担保的质押贷款。在合同约定的典当期内，出典人可随时按约定的价格赎回房产。典当期结束后，出典人仍不能赎回的，该房产即成为"死当"，归承典人所有。这种融资方式，满足了房产所有者的资金需求，但同时，与银行贷款相比，其融资条件比较苛刻，房地产企业承担了很大风险，应慎用。

5. 其他融资机构贷款

目前我国参与房地产金融活动的金融机构主要是银行。国外还有其他形式的房地产金融机构，例如房地产保险公司、房地产抵押公司、房地产投资基金管理公司、房地产财务公司等，可以作为借鉴。

6. 利用预售款融资

我国允许房地产开发项目进行预售。尚未完工的房地产经过政府的许可，就可以进行销售。预售收入只能用于投入项目的后续建设。在房地产项目销售形势比较好的情况下，预售资金可以成为房地产企业最重要的融资方式。

除上述的融资方式外，房地产企业融资方式还有企业自筹、政府拨款、单位集资、承包商垫资、利用外资等。

需要注意的是，有些融资方式会受到政府政策的限制，例如，承包商垫资、售后回租、售后回购等。房地产企业应综合运用各种可能的融资手段进行融资。

第二节　房地产金融市场

一、房地产金融市场的概念及功能

(一) 房地产金融市场的概念

房地产金融市场是指房地产资金供求双方运用金融工具，进行各类房地产资金交易的场所。是指以房地产金融资产为交易对象而形成的供求关系及其机制的总和。基本职能是为房地产的生产、流通以及消费筹集和分配资金。包括三层含义。

(1) 房地产金融市场的交易场所可以是一个有形场所，也可以是一个无形的场所，交易方式可以是直接融资方式，也可以是间接融资方式。

(2) 它反映了金融资产的供应者和需求者之间所形成的供求关系。

(3) 它包含了交易过程中所产生的运行机制，其中最主要的就是价格机制。

由于现代电子技术和通信科技的巨大进步，目前更常见的是无形市场，通过电信网络来达成交易，而不需要交易双方直接见面。无形市场提高了市场信息的质量和市场交易的效率，成为现代房地产金融市场的主要形式。

(二) 房地产金融市场的功能

1. 筹资、融资功能

引导众多分散的小额资金汇聚成为可以投入社会再生产的巨额资金，通过一定的安排将短期资金转换为长期资金，满足房地产业的资金需要。房地产金融市场起着资金"蓄水池"的作用。在国民经济的运行过程中，各部门之间、各部门内部的资金收入和支出在时间上并不总是对称的。这样，一些部门、一些经济单位在一定的时间内可能存在暂时闲置不用的资金，而另一些部门和经济单位则存在资金缺口。房地产金融市场提供了两者沟通的渠道。

房地产金融市场之所以具有资金的筹集和融通功能，①由于金融市场创造了金融资产的流动性。现代房地产金融市场正发展成为功能齐全、法规完善的资金融通场所，资金的需求者可以很方便地通过直接或间接的融资方式获取资金，资金供应者也可以通过金融市场为资金找到满意的投资渠道。②金融市场上多样化的融资工具为资金供应者的资金寻求合适的投资手段找到了出路。金融市场根据不同的期限、收益和风险要求，提供了多种多样的供投资者选择的金融工具，资金供应者可以依据自己的收益、风险偏好和流动性要求选择其满意的投资工具，实现资金效益的最大化。

2. 配置功能

房地产金融市场的配置功能表现在两个方面：资源的配置，财富的再分配。在房地产经济的运行过程中，拥有盈余资产的部门并不一定是最有能力和机会做最有利投资的部门，现有财产在这些盈余部门得不到有效利用，房地产金融市场通过将资源从低效率利用的部门转移到高效率的部门，从而使一个社会的经济资源能最有效地配置在效率最高或效用最大的房地产项目投资上。

财富，是各经济单位持有的全部资产的总价值。政府、企业及个人通过持有金融资产的方式来持有财富，在金融市场上的金融资产价格发生变动时，其财富的持有数量也会发生变化，一部分人随金融资产价格的升高而增加了其财富的拥有量，而另一部分人则由于其持有的金融资产价格的下跌，所拥有的财富量也相应减少，这样，社会财富就通过金融市场价格的波动实现了财富的再分配。

3. 调节功能

金融市场一边连着储蓄者，另一边连着投资者，金融市场的运行机制通过对储蓄者和投资者的影响而发挥调节房地产业的作用。房地产金融市场的调节作用可以分为两种。

（1）直接调节作用。在房地产金融市场大量的直接融资活动中，投资者为了自身利益，一定会谨慎科学地选择投资的公司及开发项目。只有符合市场需要、效益高的投资工具，才能获得投资者的青睐。而且，投资工具的发行者在获得资本后，只有保持较高的经济效益和较好的发展势头，才能继续生存并进一步扩张。这实际上是房地产金融市场通过其特有的引导资本形成即合理配置的机制首先对开发商产生影响，进而影响到房地产行业的一种有效的自发调节机制。

（2）间接调节作用。房地产金融市场的存在及发展，为政府实施对房地产业的间接调控创造了条件。一方面，房地产金融市场的波动是对房地产业相关信息的反映，政府有关部门可以通过收集及分析房地产金融市场的运行情况来为政策的制定者提供依据。另一方面，中央银行在实施货币政策时，通过房地产金融市场可以调节货币供应量、传递政策信息，最终影响到各开发商的经济活动，从而达到调节房地产业的目的。

二、房地产金融市场的构成要素

房地产金融市场是由市场主体、金融中介和金融工具构成。

（一）市场主体

房地产金融市场的主体包括与房地产业有关的各类资金交易的供给者、资金需求者组成。

1. 政府部门

在房地产金融市场的运行中，政府充当多重角色。①作为资金的需求者，中央政府通过发行公债筹资房地产建设资金，地方政府通过发行地方债券来缓和投资不足、资金短缺的矛盾。②作为供应者，如成立住房公积金中心提供公积金贷款等。③金融市场的调节者，即中央银行通过公开市场业务，即通过在房地产金融市场上买卖公债和国库券来调节房地产金融市场上的货币供应量以达到宏观经济调控的目的。政府还可以运用其行政职能，明确规定金融市场的各种交易规则、各种金融工具的流通范围及各类金融机构的业务划分等，使房地产金融市场规范化。

2. 房地产企业

房地产企业作为资金的需求者与资金的供给者参与房地产金融市场的资金融通活动。除了通过银行等金融中介机构进行资金余缺融通外，还可以通过发行股票、公司债券等筹措所需资金，或将其暂时盈余的资金投资于生息资产上。通过房地产金融市场的中介、信息传递、资源再分配等功能，为社会再生产服务。

3．居民个人

居民个人是房地产金融市场上的资金供给者，也是资金需求者。居民的个人货币收入除去必要的消费支出外，一般会出现剩余。在通常情况下，这一部分剩余将用于储蓄、积累或购买各种有价证券。如果将这种储蓄、积累或购买有价证券的行为转变成以房地产经营为目的，那么这种金融行为就由一般金融行为变成了房地产金融行为。居民个人参加房地产金融市场的特点有：①居民个人主要是作为资金的出借者、金融资产的购买者或投资者的身份进入市场的，即便有时会出卖金融资产，也只是变更金融资产的结构或将金融资产变为最具流通性的资金。②居民个人参与房地产金融市场是以营利为目的的。③居民个人参与房地产金融市场多数是委托经纪人或其他中介代办。

（二）金融中介

金融中介是在房地产融资过程中处于融资主体之间的中间环节，是把金融商品的供求双方连接在一起的中间商，以取得佣金作为提供服务的报酬。

房地产金融机构作为筹资与融资活动中的特殊的中介机构，是房地产金融市场中连接资金供给者与资金需求者的桥梁。房地产金融机构的活动，可以极大地提高房地产金融市场的运行效率，因而是房地产金融市场不可缺少的重要组成部分。

我国现有的房地产金融机构可以划分为专营机构和兼营机构。从世界范围来看，房地产金融专营机构包括：住房储蓄银行、住房公积金管理中心、住房信用合作社、房地产开发财团等。房地产金融兼营机构包括：商业银行、保险公司、信托投资公司、证券公司等。

房地产金融机构分为：银行型房地产金融机构和非银行型房地产金融机构。

1．银行型房地产金融机构

银行型房地产金融机构主要包括：国有商业银行下设的房地产信贷部、住房储蓄银行等。在国外，还包括房地产抵押银行、储蓄信贷协会以及其他银行机构等。银行型房地产金融机构是房地产金融市场上资金供给者和资金需求者的桥梁，是信用中介机构。它主要通过购买房地产抵押证券、开办各种类型的房地产抵押贷款、开办房地产信托和租赁等业务来进行房地产金融活动。

2．非银行型房地产金融机构

非银行型房地产金融机构是指以房地产金融业务为主或业务涉及房地产领域的非银行金融机构，具体包括住房合作社、住房贷款保险机构和信托投资公司等。这些金融机构大都不开展广泛的吸收存款业务，有的依靠雄厚的自有资金，有的靠贷款取得资金，还有的是从事对资金要求不太高的金融业务，如，代理房地产业发行股票、债券，进行咨询、提供信息等，通过这些业务来参加房地产金融活动。

房地产业的持续、快速发展要求建立多元化的房地产金融机构体系。所以，房地产金融机构发展战略不是用某一形式独占市场，而是扬长避短，在继续发挥商业银行房地产金融传统优势的同时，结合金融主体的创新，有组织、有步骤地适当发展专业的房地产金融机构，促进多元化金融主体机构的组成。

（三）房地产金融工具

金融工具也叫金融资产，是金融市场的客体。

房地产金融工具是在房地产金融市场中可交易的金融资产，是用来证明融资双方权利与义务的契约，是代表未来收益或资产合法要求权的凭证。

金融工具的发行和流通，实质上是货币资金的交易，是货币资金使用权有偿让渡所形成的债券、债务关系的转移。对出售者或发行人而言，它是一种债务，对于购买者和持有者，它是一种债权，是一种资产。显然，没有金融工具作为媒介，金融市场就没有交易对象，也就无法进行正常的运转。

在房地产金融市场上，金融工具主要有房地产金融债券、房地产抵押支持债券、房地产企业债券和房地产股票、商业票据、未到期的住房存款单等。房地产证券化是房地产金融工具的创新。

三、房地产金融市场的主要类型

由于房地产金融市场目前发展还很不完善，对其进行完整的、切合实际的分类仍有一定的难度。为此，适当结合金融市场的有关分类，并充分考虑房地产业的产业特征，从多个角度对房地产金融市场进行分类。

（一）公开市场与议价市场

按成交与定价的方式来划分。

公开市场：金融资产的交易价格通过众多的买主和卖主公开竞价而形成的市场。金融资产在到期偿付之前可以自由交易，并且只卖给出价最高的买者。一般在有组织的证券交易所进行。

议价市场：金融资产的定价与成交是通过私下协商或面对面的讨价还价方式进行的。在发达的市场经济国家，绝大多数债券和中小企业的未上市股票都通过这种方式交易。最初，在议价市场交易的证券流通范围不大，交易也不活跃，现在随着现代电信及自动化技术的发展，该市场的交易效率已大大提高。

（二）直接金融市场与间接金融市场

在正常的经济生活中，总有资金闲置者及资金余缺者存在，房地产金融市场为这两者提供互通有无的渠道。根据是否有金融中介机构的介入，金融市场可以分为直接金融市场和间接金融市场。

（1）在直接金融活动中，货币资金的供给方和需求方直接进行资金融通。直接金融活动通常发生在广义的金融市场中，如债券市场、股票市场等。而随着现代金融活动中衍生金融产品的极大丰富，发生在狭义金融市场——交易所之外的场外交易，正逐渐成为直接金融活动的重要补充形式。

房地产直接金融活动的主要方式包括：房地产有价证券的直接买卖，货币资金所有方向借款方直接放贷，商品房预售，建设过程中房地产企业赊购建筑材料、建筑设备等。直接金融活动受融资双方的资金数量、资信程度等因素的影响较大。

（2）在间接金融活动中，金融机构作为中介参与货币资金供需双方之间的融资活动。金融机构借助其广泛的信息、社会关系、众多的经营网点、较高的信用等级等优势，充分调动了社会闲置资金参与再生产活动。商业银行作为我们最熟悉的金融中介机构，其存贷款业务活动就是最典型间接金融活动。现代商业银行的经营范围已经远远超出了传统的存贷款业务，它的其他业务（如保函、贴现等）都具有间接融资的性质。

不同的国家中，直接金融活动和间接金融活动的发达程度大不一样。例如，我国间接金融活动是企业和公众投融资的最主要的方式，每年全社会融资总额的90%以上依靠银行中介完成。在美国，金融市场异常活跃，发行债券和各种票据是企业融通资金的主要途径。

（三）有形市场与无形市场

按照有无固定交易场所来划分。

有形市场即有固定交易场所的市场，一般指的是证券交易所等固定的交易场地。在证券交易所进行交易首先要开设账户，然后由委托人委托证券商买卖证券，证券商负责按投资者的要求进行操作。

无形市场则是指在证券交易所外进行的金融资产交易的总称。其交易一般通过现代化的电信工具在各金融机构、证券商及投资者之间进行。它是一个无形的网络，金融资产及资金可以在其中迅速转移。大部分的金融资产交易在无形市场上进行。

（四）货币市场和资本市场

按金融交易的交割期限不同来划分。

1. 货币市场

交易期限在一年以内的短期金融交易市场被称作货币市场，它是金融市场的重要组成部分。由于该市场上主要的金融工具是政府、银行及工商企业发行的短期信用工具，具有期限短、流动性强和风险小的特点，而在货币供应量层次划分上被置于现金货币和存款货币之后，称之为"准货币"，所以将该市场称为"货币市场"。

货币市场的主要功能：第一，能够为企业的资金短缺和政府的短期赤字实现弥补性融通，又能将它们的短期盈余迅速地进行投资。第二，货币市场将各银行融为一体，使各银行的存款能在全国信用市场上有效集合起来。第三，能调节大部分企业、家庭以及政府的季节性、周期性的盈余赤字。

还根据信贷与买卖的不同形式，货币市场可分为短期证券市场、贴现市场和拆借市场。根据发行与流通又可分为一级市场、二级市场。在一级市场上，资金需求者可以通过发行短期信用工具以获得资金。在二级市场上，已发行的短期信用工具又可以转让和买卖。

根据信贷与买卖的不同形式，对货币市场分类。

（1）短期证券市场。短期证券市场上所交易的金融工具主要有：国库券、公债、定期存单、商业票据与银行承兑汇票等。这些金融工具都属于信用票据范畴。

国库券与公债，具有信用度高、风险小、期限短、利息收入免税、利率又高于银行存款利率等特点，因此房地产金融机构及房地产开发经营公司（企业）都可以把暂时闲置资金投资于国库券或公债，既安全可靠，又能随时兑现，还可以获得较可观的投资收益。

可转让的定期存单，这种存款单类似商业票据，由银行发行，所以安全性、盈利性、流动性都较高。在西方国家，这种存款单必须和相互竞争的银行所提供的利率相配套。房地产金融机构

第十章 房地产金融与房地产金融市场

要发行可转让的定期存单以筹集信贷资金，必须经中央银行批准，但无论对金融机构还是对房地产企业而言，可转让的定期存单都是短期投资可考虑的对象。

商业票据，原是美国企业融资的最古老的形式。在西方国家，大部分商业票据由金融公司发行，发行方法有两种：其一是由推销员直接把商业票据卖给银行和其他公司，这是大型发行。其二是小型发行，即先将商业票据卖给交易商，然后由交易商转卖给银行和其他公司。对于房地产金融机构和大的房地产开发经营公司来讲，这既是直接从市场筹资的一种方式，也是一种投资对象，但在房地产金融市场中的作用并不大。

（2）贴现市场。所谓贴现是指票据持有者拿未到期的票据向银行转让，并以其中一部分利息作交易成本。房地产金融的贴现市场交易既包括房地产金融机构和房地产企业发行的票据由票据持有者向贴现银行贴现，也包括中央银行对房地产金融机构的再贴现。贴现市场既是资金供需双方的交易行为，也是中央银行执行货币政策的重要手段。

（3）拆借市场。拆借市场指金融机构同业之间拆借交易的市场，通常非金融机构被排斥在外。一般情况下，拆借双方不必提供抵押担保，只凭信用即可。房地产金融机构进行拆借交易的目的，主要在于平衡当天或短期资金头寸。

2. 资本市场

资本市场又称长期资金市场，交易的是一年期以上的长期证券，在长期金融活动中，涉及资金期限长、风险大，具有长期较稳定收入，类似于资本投入，故称之为资本市场。

资本市场上发行与流通的各种证券性质各异，房地产金融机构和房地产企业可以通过资本实施对资本金的筹集和营运，就房地产业的产业特征而言，也离不开长期的资本市场。

资本市场也有不同划分方法，根据资本市场上有价证券的性质可分为债券市场、股票市场和住房抵押市场；根据资本市场上有价证券的发行与流通又可分为一级市场和二级市场。

其中，一级市场是证券发行市场，二级市场则是证券交易市场。

（1）债券市场。无论房地产企业、房地产金融机构、政府部门都可能通过债券的发行筹集到长期资本，也可以在流通市场上进行债券的交易。流通市场是一个有形的、集中固定的场所，即证券交易所。另外还有一个交易组织形式，称场外证券交易市场。流通市场的存在，使得已发行的债券得到存在的活力。

（2）股票市场。在我国，股票市场被认为是公司或房地产企业筹集资本金的方式，因而许多人忘了股票市场的另一个更重要的功能，即促使企业重视评价自己的管理实绩，并成为增强企业活力、提高效率和不断革新的动力。当然，这并不意味着否定股票对于筹集资本金的贡献，尤其是房地产开发、经营企业对资本金需求量大，投资周期又长，更需要利用股票市场来筹集资本金。①在发行市场上，发行对象是社会各界群众及各行业的经济实体，也可由财力雄厚的金融机构全部包购，然后转向市场出售。②与其他有价证券一样，股票市场要形成旺盛的生机，离不开二级市场上活跃的交易活动。③富有活力的股票市场使得投资者有可能伺机出售股票，以实现资本收益。

（3）住宅抵押市场。购买住房、开发土地和建造公寓住宅都需要抵押资金。住宅抵押市场是提供住宅抵押资金的市场。美国的经济学家认为，住宅抵押市场是整个信贷市场中最为复杂的一种市场，也是最大的长期资本市场。在大多数年份里，美国抵押债务的净增加额超出1000亿美元，而抵押信贷的总流量常常达到2000亿美元。其中居民购买住宅的抵押市场是零售市场，多由商业银行、储蓄银行或储蓄与贷款会等地方金融机构提供。开发土地、建造住宅公寓所需抵押资金的来源更多，许多保险公司也充当抵押资金的供给者。全国性抵押市场的形成，可以为住宅建设提供稳定的资金来源，同时抵押贷款利率的上升，可能减少对房产和抵押债务的需求，以达到供需相对平衡。

第三节　房地产证券化

由于房地产投资额巨大，投资周期长，且需要很多的专业知识，很多投资者并没足够的资金进行房地产开发投资或置业投资，这极大地限制了投资者的范围，也对房地产企业的融资形成了一定约束。对于这些投资者来说，只有通过参与房地产投资信托或者购买房地产抵押证券才能达到投资的目的，而房地产证券化为这种投资提供了可能。

一、房地产证券化的概念与特征

（一）房地产证券化的概念

房地产证券化是指将房地产投资转变为有价证券形式，投资人和房地产投资标的物之间的关系，由拥有房地产的所有权变为拥有证券的债权。

主要包括房地产抵押贷款债权的证券化和房地产投资权益的证券化两种形式。

（1）房地产抵押贷款债权的证券化是以一级市场，即发行市场上抵押贷款组合为基础发行抵押贷款证券的结构性融资行为。

（2）房地产投资权益的证券化又称商业性房地产投资证券化，是指以房地产投资信托为基础，将房地产直接投资转化为有价证券，使投资者与投资标的物之间的物权关系转变为拥有有价证券的债权关系。

通常情况下，信贷机构将流动性较差，但具有未来现金流的房地产信贷资产委托给一个独立的、特设的载体（Special Purpose Vehicle，简称SPV），由他们对房产信托资产进行结构性重组，对具有不同贷款期限、利率和金额的资产进行打包，并以此为抵押发行可在资本市场流通的债券。

房地产证券化不是指房地产企业的股份化。虽然从广义上说，企业股份化也是一种证券化，但它是以整个企业为担保发行的证券，这种股份化与企业的所有权密切相关。而房地产证券化不涉及企业的股权，它只与具体的房地产项目相关。房地产公司股票的现金流来自整个公司，而房地产证券化的现金流则来源于具体的房地产项目。房地产证券化，实质上是投资者获得房地产投资收益的一种权利分配，其具体形式可以是股票、债券，也可以是信托基金与收益凭证等。

（二）房地产证券化的特征

房地产证券化作为一种新的融资方式具有以下特征。

1. 证券化的基础资产是合同权利

无论是房地产抵押贷款债权的证券化还是房地产投资权益证券化，在证券化过程中，基础资产都被法律化为一种合同权利。特别是在房地产抵押贷款债权证券化中,基础资产就是基于银行和借款人之间抵押贷款合同产生的债权,将这些合同债权经过整理汇集成为同质的资产池,打包加以出售。在房地产投资权益证券化股权融资中,其出售的房地产企业的股权也是基于投资合同产生的一种合同权利。而且这些合同必须具有高度的标准化。

2. 证券化收益来自合同履行所产生的现金流

房地产证券化中稳定可预测的现金流,首先来自基础合同的有效和履行。产生基础资产的基础合同必须是法律认可的有效合同,基于这个有效合同的履行产生最初的现金流收入,这是资产证券化过程中用来支付投资者的源泉,如果原始债务人违约或因其他原因不能有现金流收入,则投资者就不能得到偿付。其次,房地产证券化投资者的偿付还有赖于证券化合同的履行。除了基础合同以外,为了实现证券化,在证券化过程中还存在大量的合同,如出售合同、信托合同以及大量各种服务合同,这些合同的效力及履行情况也直接关系到现金流的实现和多少,关系投资者最终能够获得的偿付。

3. 参与者众多,法律关系复杂

在整个证券化过程中,从基础资产的选定到证券的偿付,有众多的法律主体以不同的身份参与进来,相互之间产生纵横交错的法律关系网,其涉及面之广是其他资产证券化所不能及的。借款人和贷款人之间的借贷法律关系,委托人和受托人之间的信托关系,SPV(特设信贷机构)和原始权益人的资产转让关系,SPV和证券承销商的承销关系,还有众多的中介机构提供的服务而产生服务合同关系等,一个证券化过程中,有着多种多样的法律关系,涉及国家方方面面的法律规定。任何一个法律规定的忽视都将影响证券化的实施效果。

4. 融资模式独特

主要体现在两个方面。一方面体现在融资结构的设计上。房地产证券化的核心是设计出一种严谨有效的交易结构,通过这个交易结构来实现融资目的。而在这个交易结构中,SPV又是核心中的核心。正是它的出现才有破产风险的隔离设计,才使得证券化这种融资方式完全区别于其他的房地产融资方式。同时,发起人在获得资本的同时又不改变股权结构。另一方面体现在负债结构上。利用证券化技术进行融资不会增加发起人的负债,是一种不显示在资产负债表上的融资方法。通过证券化,将资产负债表中的资产剥离改组后,构造成市场化的投资工具,这样可以提高发起人的资本充足率,降低发起人的负债率。而且,只要是证券化的融资模式,不管其具体模式如何,都通过这种特殊的结构安排将巨大的房地产贷款投资风险分割和重组,减轻了银行和房地产企业的融资负担。

5. 风险隔离设计,提高安全系数

在由其他机构专业化经营的同时,由于证券化风险隔离的设计,投资者的风险只取决于基础资产现金流的收入自身,非以发起人的整体信用为担保,并且与发起人的破产风险隔离,和SPV的破产风险隔离,SPV或者是为证券化特设一个项目一个SPV,或者对证券化的基础资产实行专项管理,SPV的经营范围不能有害于证券化,对基础资产的现金流收入委托专门的金融机构专款专户。这种独特的设计降低了原有的风险,提高了安全系数。另外,证券化的信用级别也不受发起人影响,除了取决于自身的资产状况以外,还可以通过各种信用增级手段提高证券化基础资产

的信用级别，降低风险，提高安全性。而且，房地产证券具有流通性，可以通过各种方式流通，提前收回投资，避免风险的发生。

需要指出的是，基础资产现金流的收入自身的风险是不可忽略的。2007年开始的美国的"次贷危机"，就是因此引起。

6．证券品种多，满足不同的投资需求

房地产业因为其资金需求的庞大，投资周期长，专业性高而拒众多普通投资者甚至是一般的机构投资者于门外，而房地产证券化的出现正好给了普通投资者一个参与投资房地产业，分享房地产投资收益的机会，开创了新的投资渠道。在风险分散给那些最能深刻理解也最适于吸收这些风险的市场参与者同时，收益也分配给出价最高的市场参与者，房地产市场的融资效率由此得以大大提高。且房地产证券本身就根据不同投资者的不同投资喜好设计了品种多样、性质各异的证券，有过手证券、转付证券、债券、收益凭证等。

7．政府的影响作用突出

房地产证券化之所以起源于美国，并在美国得到极大的发展，和美国政府的推动作用分不开。目前，我国开展房地产证券化存在着多方面的障碍：法律法规的不健全；抵押担保机制的欠缺；证券评级业不发达；个人信用机制基础薄弱等。所以在房地产证券化发展的初始阶段，政府应该积极参与，推动证券化的发展。

二、房地产证券化的功能

（一）有利于提高银行资产的流动性，分散金融风险

商业银行的资金主要来源于企事业单位、个人的闲散资金。这些资金主要属于短期资金，而个人住房贷款的期限通常都比较长，这使商业银行面临着严重的"短存长贷"，从而引发出流动性问题。随着我国个人住房贷款业务的迅速发展，银行资产的流动性风险逐渐显现出来。而房地产证券化的一个重要功能就是通过预先出售抵押贷款，提早回笼资金，从而降低流动性风险。

由于个人住房贷款是一种期限长、流动性差的业务，银行很难在短期内对负债结构做出相应的调整，抵押贷款证券化为商业银行及时调整自己资产负债结构提供了有效的途径。同时，抵押贷款证券化能够使银行通过出售高风险资产，有效地降低资产结构中高风险资产的比率，提高资本杠杆效应，以较少的资本获取较大的利润。此外，商业银行将住房抵押贷款证券化并由民间资本来持有后，会拓展银行资金来源，增加中间业务收入，这种收入的风险是很小的。

（二）为房地产开发企业提供可靠的资金循环保障机制

如何通过银行贷款以外的方式筹集资金，是每个开发企业面临的严峻问题。很多房地产开发企业手里握有大量的存量房和烂尾楼，如何在存量房和烂尾楼上取得突破，实现融资目的，是开发企业普遍关注的问题。对于存量房，可以考虑尝试房地产信托证券化，由信托公司委托高素质的物业管理公司经营，提高物业的收益水平，从而使房地产开发企业得以"解套"。对于烂尾楼，由于烂尾的原因主要是房地产开发企业的资金链断裂，所以可以考虑由信托公司对烂尾楼注入资

金继续建设直至证券化，这样，不仅烂尾楼起死回生，资金得以回笼，而且房地产开发企业也会"解套"并进一步发展。

此外，在房地产开发阶段，当房地产工程项目达到预售条件时，房地产开发企业就可以将该项目委托给信托公司，由信托公司通过信托权益凭证发售方式向社会投资者募集资金，实现房地产信托证券化。这样房地产开发企业在预售阶段就可一次性迅速回笼资金，这将有助于工程项目的全面完成，并进一步刺激房地产开发企业去开发下一个楼盘，进而推动房地产业的良性循环。

（三）促使房地产经营专业化，形成资源的合理配置

信托公司接受某一楼盘作为信托资产的主要衡量标准就是该楼盘的市场空间。对于一个没有市场空间的楼盘，信托公司无论如何是不会接受其成为信托财产的。即使勉强接受，但由于没有投资者问津，信托房产证券化便成为一句空话，资产仍然无法实现流动。这就形成经营专业化程度较高的开发商能够在信托公司的帮助下进一步扩张，专业化程度较低的开发商将逐步被淘汰出局。这样，便使资本向优势企业积聚、集中，形成社会资源的合理配置。此外，信托公司接受楼盘作为信托资产后，为保证物业的高出租率，吸引投资者投资于信托房产证券，必然会选择那些在市场上信誉好、专业化程度高的物业经营公司对信托财产进行管理，这会促使物业经营公司谋求向高水平发展，社会资源由此得到合理配置。

（四）有利于拓展房地产业资金来源，构建良好的房地产运行机制

房地产业是资金密集型行业，它的持续稳定发展需要巨额资金，仅靠我国现有的住宅金融支持是远远不够的。推行房地产证券化，直接向社会筹资，是非常好的解决资金需求的方式，融资规模可以不受银行等中介机构的制约，有助于迅速筹集资金、建立良好的资金投入机制。同时，房地产证券面值灵活，流通性也较好，可以解决我国现阶段巨额存款和巨额资金需求的矛盾，克服房地产投资规模大，建设周期长的弊端，消除市场进入障碍。

此外，房地产证券化的推行有助于构建良好的房地产运行机制。当前，房地产市场积聚了大量的社会资金，流动性差，蕴含着较大风险。实行房地产证券化，可利用证券的流通性，将房地产这一长期资产同短期资金市场联系，提高资产的流动性，增强抵御风险能力。而且，资金筹集以证券化的方式实现，各投资主体可以直接到市场上筹集资金，减少相互依赖性，避免串联系统风险。如果允许保险公司、投资基金、住房公积金参与到房地产金融市场体系中，资产的持有者分散，将有利于整个房地产风险的分散，这对市场的长期发展无疑是有利的。

（五）有利于健全我国的资本市场，扩大投资渠道

房地产证券化属于资本市场范畴，是房地产金融的创新，它的出现和推行将大大增加我国资本市场融资工具的可选择性，对我国资本市场的发展有重要影响。房地产证券化可使筹资者通过资本市场直接筹资而无须向银行贷款或透支，同时其较低的融资成本有利于提高我国资本市场的运作效率。此外，房地产证券化有助于促进证券市场的完善，此过程中，发起人、服务人、发行人、投资银行、信用提高机构、信用评级机构、资产管理人和投资者等都将获得锻炼，有利于推进我国资本市场的现代化和规范化发展。对广大投资者而言，房地产证券化开辟了一条全新的投资渠道，这种投资有较高的预期收益作支持，其收益率比银行存款利率高，相对于股票市场风险

要小,是一种比较理想的投资工具,投资者可以通过投资分享房地产业的高额利润。

三、住房抵押贷款证券化

住房抵押贷款证券化是房地产抵押债权人,即银行将沉淀在住宅上的巨大债权变成为流动的资金,用于发放新的住房抵押贷款,是以一级市场上抵押贷款组合为基础,发行抵押贷款证券的融资行为。实质上,抵押贷款二级市场是指买卖抵押住宅债权的市场。在这一市场中,住房抵押银行将已抵押的住宅债权转让给另一机构,这一机构将由不同银行承办的、成千上万的住房抵押债权打包,统一推向证券市场,从证券市场吸引资金到住宅抵押银行,将房地产抵押一级市场、二级市场间连通并形成良性的资金循环。

(一)我国发展住房抵押贷款证券化的意义

从我国宏观经济战略的角度看,一方面,房地产业特别是住宅产业是我国的支柱产业之一,住房金融的发展是住宅产业发展的必要条件之一,这是显而易见的。住房金融二级市场(证券化市场)的发展是住房金融一级市场(住房贷款市场)可持续发展的基础,因为二级市场可以解决一级市场自身无法解决的问题,二级市场的建立可以形成资金循环流动的机制。另一方面,我国经济今后发展面临的一个长期战略问题是结构调整以及提高经济运行效率,其中,金融深化和提高金融效率是关键,贷款证券化不仅可以帮助银行化解风险,还可以解决一直困扰国内银行业的资本充足率的难题,改善银行的财务状况。具体而言,发展住房抵押贷款证券化主要有以下几方面意义。

1. **盘活大量长期性抵押贷款资产,提高其流动性**

个人住房贷款的期限普遍较长,这使得银行面临着严重的流动性问题。推行住房抵押贷款证券化,可以帮助银行将长期资产转让出去,解决其流动性需求。

2. **改善银行的资产负债结构**

住宅抵押贷款是一种期限长、流动性差的信贷业务,因提前还贷或拖欠贷款造成贷款现金收入流突然的改变,而银行又很难在短期内对负债结构做出相应的调整,这常使银行蒙受资产负债不匹配、利率倒挂等风险。抵押贷款证券化为金融机构根据变化的市场环境及时调整自己的资产负债结构提供了有效的途径,使之在竞争中立于不败之地。

3. **提高银行的资本利用率**

根据巴塞尔协议,金融机构需在资产风险等级加权平均的基础上确定资本结构比例,建立风险资本储备金。这意味从事高风险的住宅信贷业务,银行的资本金也要相应提高。而抵押贷款证券化能够使银行从容地通过出售高风险资产,有效地降低资产结构中高风险资产的比率,提高资本杠杆效应,以较少的资本获取较大的利润。

4. **促进整个证券市场的发展**

以住宅抵押贷款为担保而发行的证券,因具有风险小、品种多、流动性强和收益高等特点,而为众多机构投资者(如保险公司和养老基金等)所青睐。住房抵押贷款证券化因此促进了整个证券市场及金融市场的发展。

5．促进资金跨地域流动，平衡区域间的资金余缺

住房市场具有区域性特征，这限制了资金在区域间（包括国际间）的流动。住房抵押贷款证券化将区域性的住房市场与资本市场有机联系起来，不仅可以改善金融机构的资产负债结构，增强抗风险的能力，同时可以促进资金跨地域的流动，调剂资金在区域间的余缺。在利率市场化的情况下，充足的资金支持有利于降低居民购房的借贷成本，提高居民的支付能力和有效需求。

美国是利率高度市场化的国家，我国目前正在进行利率市场化改革。

（二）我国住房抵押贷款证券化的发展历程

纵观世界各国住房抵押贷款证券化的历史，其发展都不是一蹴而就的。

美国从1831年推出个人住房抵押贷款业务，1938年开始着手筹备抵押二级市场运作，直到1970年才发行由政府信誉担保的住房抵押贷款担保证券。加拿大和英国也是在金融市场高度发展的基础上，于1987推出了抵押贷款证券。我国的香港特别行政区，抵押贷款余额高达全港银行信贷的22%，从1997年才开始探索抵押二级市场运作，并于1999年首次发行抵押贷款证券。这些经验都表明住房抵押贷款证券化的推行不仅需要引进新的融资机制，更需要完善的金融基础设施建设。

我国从1998年进行全面的城镇住房制度改革，停止实物分配制度，实施住房分配货币化改革，鼓励居民个人消费的措施相继出台，我国银行业开始大面积推行个人住房抵押贷款业务。截至2013年底，全国主要银行的个人住房抵押贷款余额已超过9.8万亿元，是1997年的340多倍，但其中仅有少数资产通过银信合作的方式进行了类资产证券化处理，资产证券化在国内的发展仍在探索阶段。

房地产资产证券化在我国最早尝试源于海南省三亚市。当时以三亚某地产项目的资产为标的物，公开发行投资证券。之后，珠海市以本市高速路收费收益的稳定现金流为基础，在国外发行了2亿美元的证券；此后又多次出现了资产管理公司为处理不良贷款发行的、以不良资产为基础的具有资产证券化性质的证券。到2000年，中国人民银行正式确立了几家国有大型银行为住房抵押贷款证券化试点单位，包括中国建设银行、中国工商银行等，标志着房地产抵押贷款证券化的模式在中国正式确立。

（三）住房抵押贷款证券化发展的制约因素

自2004年起，为进一步发展国内金融市场，实施金融创新，国家加强了对资产证券化产品的支持力度。国务院和各部委相继出台了一系列配套制度，促进证券化产品的进一步发展。但是，从整体上看，我国房地产证券化的发展还有很长的路要走。

1．住房抵押贷款一级市场的规模还有待增加

成熟、发达的抵押市场是形成抵押贷款组合并以此为基础发行抵押贷款证券的先决条件，而抵押贷款合约的标准化、规范化，是抵押贷款证券的质量保障。只有那些信誉高、风险小、贷款利率、期限和种类趋同的抵押贷款，才能形成稳定的现金流，成为抵押贷款证券合格的担保品。

随着我国房地产业的发展，房地产个人贷款规模增长很快，到2013年底，个人住房贷款余额达到了9.8万亿元，是1997年的348倍。具体数据见表10-1。但是对于住房抵押贷款证券化的发展而言，贷款规模还是不够。

表 10-1　我国个人住房贷款余额一览表　　　　　　（单位：亿元）

年份	1997	1998	1999	2000	2001	2003（9月）	2012（上半年）	2013（年底）
个人贷款余额	281.36	710.05	1 576.47	3 684.45	6 380	12 000	69 000	98 000

从发达国家和地区的情况来看，住房抵押贷款余额占 GDP 的比重，美国为 54%、香港地区为 31%、英国为 56%。据统计，截止到 2013 年底，我国主要商业银行的个人住房贷款余额 9.8 万亿，占各类贷款的比例约为 25.6%，占 GDP 的比重不足 10%。

2．住房抵押贷款市场的运作还不规范

我国住房抵押贷款运作过程中尚存在：个人信用体系还没有建立，法律法规还不完善，一旦债务人违约，抵押物处置比较困难的矛盾就会暴露出来，抵押物产权不清威胁银行（债权人）的利益。金融机构对住房抵押贷款经营管理不善：对借款人违约、提前还款、贷款的期限结构、利率结构等风险系数的管理还有欠缺的地方。在一定程度上制约了我国抵押贷款二级市场的发展。

3．社会化的抵押保险机制不健全

住房抵押贷款证券化要求建立相应的保证保险制度。在美国，住房抵押贷款是由联邦住房管理局、退伍军人管理局以及私人保险机构来担保的。在我国，目前还没有完善、统一的担保保险机构，各城市因地制宜创造出了多种抵押担保、保险形式，有些具有一定的合理性，但是也存着很大的局限性和不规范的问题。目前各地成立的置业担保公司各自为政，也不利于全国范围内规范的住宅抵押担保和保险机制形成。一些担保公司担保收费较高，这无形中增加了借款人的负担，使百姓买房难上加难。抵押保险机制不健全，不仅加剧了一级市场抵押贷款的信用风险，也增加抵押贷款证券化提高信用等级的成本。

4．法律及相关基础配套设施有待完善

抵押贷款证券化是一项极其复杂的系统工程，在将银行债权转化为投资者有价证券持有权的过程中，它涉及原始债权人、证券特设机构（SPV）、信用增级机构、贷款服务信托机构和证券投资者等多方面的利益，在没有完善的法律法规情况下，抵押证券化就很难顺利进行。按照我国现行的金融分业管理原则，银行、养老基金和保险公司从事证券投资都受到多种限制，如果养老基金和保险公司这些拥有长期资金的机构投资者不能进入市场，抵押证券市场就很难发展。此外，在债权转换为有价证券之后，一旦贷款组合中出现坏账问题、抵押物的处置问题，证券特设机构、贷款服务信托机构和信用增级机构应承担责任问题，都需要在法律上给予明确。

5．住房抵押贷款证券化的技术手段和人才比较缺乏

住房抵押贷款证券化虽然原理简单，但真正的实施难点很多，如个人住房贷款多为可调整利率抵押贷款，运用哪种金融工具降低融资成本，如何有效地防范利率不匹配风险等，这都是我国推行住房抵押贷款证券化不可回避的问题。还有，我国现阶段的会计与税收处理远远不能满足房地产证券化进展的需要。怎样才能避免双重征税是一个复杂的问题，不同的会计处理会导致不同的证券化成本与收益，如何设计合理的房地产证券化会计制度将是一个漫长的过程。我国对房地产证券化技术的研究还不深入，相关技术人才对房地产证券化具体操作的技术尚不成熟，这也是制约我国房地产证券化进程的重要因素。

6．我国房地产金融的市场化改革还要进一步深入

推行住房抵押贷款证券化，必须以完善的金融市场作为基础。

房地产证券化市场的稳定发展必须基于市场主体对于证券化产品的有效供给与需求，遵循市场规律。

从国外经验来看，即便房地产资产证券化发起人特别是住房抵押贷款证券化业务的发起人具有一些政府背景，其运作模式以及核算主体也应遵循市场运行规律，自负盈亏。只有在市场化原则的前提下，才能保证市场的健康、有序发展。

在美国、加拿大，政府发起设立的抵押贷款证券化机构之所以能凭借政府较少的初始资本金投入，购买和持有大量的抵押贷款，使抵押二级市场迅速形成规模，是因为这些国家和地区的金融市场比较完善，证券化机构可以在金融市场上发行债券筹集资金，并利用金融市场上多种金融工具（如利率期权等）降低利率风险。

在房地产证券化的市场化原则以及现有试点成果的基础上，逐步扩大房地产证券化业务的试点范围，如在需要大量长期资金投入并且可以产生长期稳定现金流收入的基础建设领域，可以发行以基础建设运营现金流收入为基础资产的证券化产品，筹集建设资金。

住房抵押贷款证券化的发展完善，需要一个成熟、稳定的制度运行环境，从金融监管制度到实际操作中的会计、法律、税收制度，均会对实际业务产生较大影响。只有在借鉴国外成熟市场的经验的基础上，为房地产证券化业务的实际运行构建一个低成本、高效率的制度环境，提高金融机构的资本营运能力和防范金融风险的能力，房地产抵押贷款证券化这个重要的金融产品才能在我国快速发展。

复习思考题

1．什么是房地产金融？试述房地产金融的必然性。
2．房地产企业融资方式有哪些？
3．试述房地产金融的特点。
4．房地产金融有哪些功能？
5．简述房地产金融市场的构成要素。
6．房地产金融市场有什么功能？
7．简述房地产金融市场的分类。
8．什么是房地产证券化？房地产证券化有什么特征？
9．简述房地产证券化的功能。
10．试述影响我国房地产证券化发展的制约因素。

环境篇

第十一章　房地产产权与制度
第十二章　房地产税收
第十三章　房地产经济的宏观调控

第十一章

房地产产权与制度

第一节 房地产产权

一、产权概念

（一）产权的概念

产权是财产权或财产权利的简称，是现代经济社会中经常涉及的概念，不同专业、不同学者从不同的角度对产权做出不同的解释。我们这里所说的产权取其在经济学中的意思，即财产的所有权，是指存在或设定在一切客体之中或之上的完全的权利，财产所有者在法律范围内，享有对其财产的占有、使用、收益和处分的权利。

（二）产权的界定

由于产权是存在于产权主体和客体之间的一种特殊的权利，相对于房地产来说，产权主体是指拥有产权的国家政府，企事业单位或个人，客体则指房地产中的房屋和土地。其主体和客体的多变性，导致产权界线的不确定性，而严格意义的所有权是确定的，是一定法律允许范围内的至高无上的权利，人们为获得财产的所有权而不断人为地去改变它的产权，即通过拥有产权的方式取得所有权。

人们尽管为获得财产的产权付出了不懈的努力，但随着经济的发展和市场体系的不断扩大，产权界线越来越复杂，不确定性越来越高，要想获得相对精确的确定结果。所需的资料和成本也随之增加，传统的产权界定方式有如下几种。

1. **习俗界定方式**

这是一种适应于生产力水平低下、对财产的占有欲较弱、道德束缚起主要维护作用的原始社会的产权界定方式。原始社会是最初的农业社会，土地作为第一生产力，人们已意识到它的重要性，人为地去划清本部落或氏族土地的边界，本着"先占为主""井水不犯河水"等习俗来约束自己和他人，由于当时财产关系简单，这种习俗的界限维系着当时的原始社会。

2. **暴力界定方式**

随着社会的发展，物质财富越来越丰富，人们对财产的占有欲已非道德标准所能约束，于是人类进入奴隶社会以后，经常会发生一些以扩大土地边界为目的的暴力战争，战争的高频性，导致当时所谓财产的产权也随之变化，人们越是担心自己财产的安全性，越是想发动武力去捍卫它，所以在当时，战争是多发的，产权的归属是极其不稳定的。

3. 国家界定方式

社会的发展使国家这个概念在人们的心目中越来越清晰，作用也越来越大，国家界定产权是指政府依靠国家强制力，用行政的手段来确定某些范围财产权利主体的产权边界。在产权界定过程中，国家的介入是历史的进步，从一定程度上保障了产权主体的利益，减少了许多不必要战争的爆发。随着社会生产力的发展，产权关系越来越复杂，政府依靠国家强制力的界定已远不能与复杂的产权结构相适应，存在极大的高误差性，而且随着产权主体的增长化，客体的复杂化，纠纷也涌入产权市场，政府已明显表现出与其界定权力的不适应性。

4. 市场界定方式

随着经济的发展，市场的调节功能在经济活动中所起的作用越来越大，于是人们自主决策、公平交易，根据市场行情自主选择最能实现自己所拥有财产价值的交易方式，这种出于自愿基础上的市场界定方式，既符合市场发展规律，又满足了人们对利润的需求，在产权界定过程中起到了举足轻重的作用。

以上几种产权界定方式是随着时间的推移，社会制度的转变而逐渐演变下来的，每一种界定方式都与当时的时代背景相适应，在当时的社会形态下，起到了一定的积极作用。然而，在现代市场经济条件下，产权关系更为复杂，对产权的边界要求也更为严格，以往任何一种方式都与现在复杂市场关系不相适应，于是，市场经济迫使现代人总结了以往界定方式的优点，并赋予法律的色彩，使其在惯例的条件下更富有强制性，形成了法律界定的方式。

5. 法律界定方式

法律界定是将源于习俗和市场的行之有效的通行界定惯例，用法律的形式固定下来，以约束产权主体不得随意违反惯例，或免除产权主体一方对另一方道德上的忧虑。解决了其他产权界定方式所无法解决的问题，同时也减少了市场成本和界定费用，稳定了市场秩序，是适应当今市场经济发展的一种较为有效的界定方式。

二、房地产产权的概念及产权体系

（一）房地产产权的概念

房地产产权是产权概念在房地产领域的具体化。房地产顾名思义包括房产和地产，我国宪法规定：城市的土地属于国家所有；农村和城市郊区的土地，除由法律规定属于国家所有的以外，属于集体所有。所以，可供进行房地产开发经营的土地所有权归国家所有，个人只有使用权。因此，房地产产权即房屋所有权和土地使用权的综合体，泛指房屋所有人对其房屋享有占有、使用、收益和处分的权利，以及排除他人非法妨害的权利。占有权是指产权人在事实上对自己的房屋享有的控制和支配的权利；使用权是指权利人对其房屋按照房地产的性质和功能加以利用；收益权是指权利人按照法律的规定，有权在履行权利义务的关系中获得益处；处分权则是指在法律允许的条件下，产权人有权根据自己的意愿处置房地产。房和地是房地产产权的物质载体，两者有着

第十一章　房地产产权与制度

密不可分的关系，房产转移时，要附带其下的土地使用权的转移，同样，土地使用权转移，也离不开其上房屋所有权的变更。

（二）房地产产权体系

随着时代的发展，人们的财产意识不断地改变，不同时期、不同国界对产权的论述也大不相同。我国的房地产业起步较晚，虽然很早以前已经形成原始的财产观，但一直以来没能形成一套完整的体系。英国是最早研究产权问题的国家之一，其房地产产权体系中大体包括以下几种权利。

1. 永久业权

普通法规定，英国的土地归王室所有，除王室外他人不得拥有土地。王室以外的人拥有的是一系列的权利和义务，其中永久业权是最大利益的一种。尽管这种定义理论上依然有效，但在实际中，永久业权已被当作名副其实的所有权对待，且具有一定的可继承性。

永久业权中包括：地表权、经营权、开发权、收益权、限制权以及处置权等，这些权利除受法律和国家经济政策限制以外，还受到王室规划权的控制，是一组相对受限的权利。

2. 租赁业权

租赁业权指在无限和有限永久业权的基础上，通过租赁的方式获得的业权。其期限从1年到2000年不等，主要存在形式为：固定期限租赁、周期性租赁、意愿租赁、许可租赁、终生租赁、永久可续租赁、复归租赁等。租赁形式不同，租金的形式也不同，有：高额租金、基础租金、名义租金、实物租金、完全租金和控制租金等，不同的物业采取不同的租赁形式，租金标准也不一样。

3. 地役权

地役权，是指为使用自己不动产的便利或提高其效益而按照合同约定利用他人不动产的权利。其一，地役权是按照当事人的约定设立的用益物权。其二，地役权是存在于他人不动产上的用益物权。其三，地役权是为了需役地的便利而设立的用益物权。

4. 担保权

担保权，是在利用财产作为履行债务的担保时形成的权利。担保分为：抵押担保和留置担保，两种形式担保的区别为：前者不转移对担保物的占有，后者要进行担保物的财产转移，直到担保权结束为止。

5. 信托权

信托，是指财产（土地）同时归两方所有，一方是受托人，一方是受益人。受托人是严格意义上的财产所有人，但他有义务为财产所有人行使所有权。信托主要是保护那些无力维护自己利益的人的权益。

三、我国房地产产权的应用

在我国房地产产权体系雏形中，房地产所有权和抵押权占相当大的比重，是在产权关系中出现较为频繁的两种权利。

（一）房地产所有权

由于城镇土地所有权归国家所有，个人只能依法取得土地的使用权，所以在我国的房地产产权体系中，房地产所有权只包括房屋的所有权。房屋所有权是指房屋所有人对房屋所享有的占有、使用、收益和处分的权利。它是一种典型的物权，具有不动产所有权的完整特性，在其权利实现的过程中，表现出了物权的绝对性和排他性，在宪法的规定中，这种绝对性和排他性受到了法律的保护。

房屋所有权是财产权的一种，根据权利主体的不同，以下几种形式在我国广泛存在。

（1）国有房屋所有权。即全民所有制房屋所有权，权利主体是代表全民的国家，主要根据统一领导分级管理的原则，按国家有关规定授权于有关部门，且在任何情况下，处分国有房屋所有权必须经国家主管机关特别批准，并征得当地房产管理部门的同意。

（2）集体房屋所有权。即集体企事业单位对归其自有的房产享有的所有权。其权利人是企事业单位本身而非单位中的某个个体，属于自管公房的范畴。

（3）私人房屋所有权。指房屋是由个人、家庭、数人共有或私营企业拥有的房屋所有权，私人房屋包括住宅和私营生产经营用房。随着住房商品化，私有房屋所有权在整个房屋所有权中所占的比重越来越大。

房屋所有权在我国的存在形式还有：外商投资企业和外商房屋所有权、农村房屋所有权和宗教等其他团体享有的房屋所有权等形式。

（二）房地产抵押权

房地产抵押，是指抵押人以其合法的房地产以不转移占有的方式，向抵押权人提供债务履行担保的行为，而形成的法律关系称为房地产抵押法律关系，其中提供房地产作担保的债务人或第三人称为房地产抵押人，接受房地产抵押以担保自己债权实现的债权人为房地产抵押权人。

在我国，房地产抵押是随着土地改革制度的不断完善和房地产业的不断发展，而产生的一种特殊的房地产产权利用方式。为规范房地产抵押市场，我国相继出台了《城镇国有土地使用权出让和转让暂行条例》《城市房地产管理法》等规范性文件，加速了我国房地产抵押行为逐步走向理性化、规范化的步伐。

1. 房地产抵押权的特征

除具有一般不动产的抵押性质外，还由于其标的物房地产的特殊性，具有其本身的特征。

（1）房地产抵押标的物复杂。房地产抵押的标的物可以是土地及其上的房屋的使用权，也可以是单独的土地使用权，还可以是土地使用权中的出让或划拨权利的一种。

（2）房地产抵押不转移对抵押财产的占有。与动产抵押不同的是，以不动产作为标的物的房地产抵押不转移财产人的占有权，在抵押关系成立后，抵押人同样可以依据规定享有对其财产的开发、利用和经营的权利。

（3）房地产抵押属于要式合同行为。抵押双方通过签订书面正式合同作为抵押关系成立的开始，合同中要明确对抵押标的物进行描述，并且明确指出主体双方的权利和义务，作为双方在合同关系结束之前的行动规则。

2. 房地产抵押权的特征及实现

（1）房地产抵押权的特征。在房地产抵押关系成立以后，若债务人到期不能清偿债务，债权人有权依法对抵押的房地产进行折价或拍卖，并从所得的价款中优先受偿，债权人依法享有的这种权利即为房地产抵押权。房地产抵押权的特征有如下几点：

1）抵押人在财产抵押的过程中不转移其对财产的依法处分权。

2）抵押权人特指法律允许从事贷款业务的金融机构，无论在国内还是国外，住房抵押贷款广泛被金融界所接受，成为金融界对外融通资金的主要渠道之一，它不但解决了居民住房难的问题，同时分解了银行等机构的融资风险，对房地产业乃至金融业都起到了举足轻重的积极作用。

3）抵押标的物必须是符合法律规范的房地产。可以作为标的物的房地产有：抵押人所有的房屋和其他地上附属物；抵押人依法享有处分权的国有土地使用权；抵押人依法承包并经发包方同意抵押的荒山、荒沟、荒丘等其他的土地使用权；乡镇企业的厂房等建筑物。

（2）抵押权实现的条件。我国《城镇国有土地使用权出让和转让暂行条例》中规定，"抵押人到期未能履行债务或者在抵押合同期间宣告解散、破产的，抵押权人有权依照国家法律、法规和抵押合同的规定处分抵押财产"。《担保法》规定，债务履行期届满抵押权人未受偿的，可以与抵押人协议以抵押物折价或者拍卖、变卖该抵押房地产所得的价款受偿；协议不成的，抵押权人可以向人民法院提起诉讼。从以上法规可以看出，抵押权的实现依赖于抵押合同执行情况，只有当合同中规定的假定事实出现时，抵押权方可实现。

（3）房地产抵押权实现的方式。抵押权实现的方式有：折价、变卖和拍卖三种方式。根据我国有关法律法规的规定，房地产抵押权实现的方式主要是拍卖。《城市房地产管理法》第四十六条规定，债务人不履行债务时，抵押权人有权依法以抵押的房地产拍卖所得的价款优先受偿。以拍卖为房地产抵押权实现的方式，透明度高，比较公平合理，有利于保护抵押人的合法权益，更有利于房地产市场的健康发展。关于拍卖抵押房地产的具体方式和程序，2004年8月修正后的《中华人民共和国拍卖法》有具体规定。

（4）房地产抵押权实现中的特殊要求。由土地资源的特殊性和我国土地使用制度的特殊性所决定，房地产抵押权的实现，有一些特殊的要求。根据《担保法》和《城市房地产管理法》的规定，房地产抵押权的实现应符合下列条件：

① 依照《担保法》的规定，抵押人以承包的荒地使用权做抵押的，或者以乡（镇）、村企业的厂房等建筑物及其占用范围内的土地使用权做抵押的，在实现抵押权后，未经法定程序不得改变土地集体所有的性质和土地用途。

② 设定抵押权的土地使用权是以划拨方式取得的，依法拍卖该房地产后，抵押权人应先从拍卖所得的价款中缴纳相当于应缴纳的土地使用权出让金的款额，然后才能优先受偿。

③ 在实现抵押权时，抵押房地产设有租赁权的，应区别不同情况做出处理。租赁权先于抵押权成立的，抵押权实现后，租赁关系继续有效，即通过拍卖方式取得抵押房地产的权利人，要继续维持与原承租人的租赁关系。租赁权于房地产抵押权之后成立的，抵押权实现后，租赁关系应解除，当事人另有约定的除外。

个人购房抵押贷款是指借款人或第三人以所购住房作为抵押物的一种贷款。这种贷款形式不但可以增强城镇居民对住房的有效需求，又具有债权安全可靠、面广量大等优点，已成为商业银行发展的新领域。在房地产经济中，个人购房抵押贷款充分体现了房地产这种特殊的商品所具有的抵押功能的特殊性，广泛被中低收入家庭和金融贷款机构接受。

房屋所有权和抵押权是房地产产权体系中的核心权利，在现在的经济社会中广泛存在，地役权、地上权等权能在我国房产产权体系中应用不是很广泛，这是不做介绍。

第二节 土地制度

土地制度是关于土地所有、土地使用等方面的制度规定，即以土地为核心，对由于占有、利用土地等行为而产生的人与人之间的关系的制度性的规定。土地制度的内容极为复杂，因时、因地而异，与不同历史时期、不同国家的国情相关。大致可以归纳为以下几种制度类型：原始共产制、封建庄园制、资本主义制以及社会主义制等。以下就目前存在的资本主义土地制度与社会主义土地制度两种主要形式做简要分析。

资本主义的土地制度，最显著的特征是土地私有制，即以土地私有制为主的土地制度。在这种制度下，按照西方学者的解释，地主与农民的关系，有如资本家与劳动者的关系，在生产过程中，地主凭借对土地的所有权获得土地资本的利息——地租，农民要为使用土地支付相应的代价，并获取其应得的利润和工资。按照马克思主义的观点，地租是劳动者所创造的，土地所有者凭借所有权对地租的获取是对劳动者所创造的剩余价值的剥夺。

社会主义的土地制度，最典型的特点是土地公有制，即以土地公有制为主体的土地制度。在社会主义制度下，对公有土地的使用方式，既可以采取无偿使用的方式，也可以采取有偿使用的方式。不区分具体情况，无偿使用公有土地，是与社会主义国家的计划经济体制相适应的。实践证明，这种土地使用方式并不是一种成功的经验。而采用有偿使用土地的方式，通过支付一定的代价，获取相应年限的土地使用权，不仅可以促使土地使用者合理、有效地利用土地，也可以使土地所有权在经济上得以实现，维护土地所有者的基本利益。

一、土地所有制

土地所有制是关于土地所有权制度的法律规定，是指在一定的社会条件下，拥有土地的经济形式，其最直接的表现形式是土地所有权。土地所有制是土地制度的核心，其法律表现形式是土地所有权。

（一）土地所有权的属性

土地所有权是土地所有关系在法律上的体现，是土地所有者依法对土地实行占有、使用，收益和依照国家法律规定作出处分，并排除他人干涉的权利。

1．占有权

土地占有权是指依法对土地实际占有、控制的权利，是所有权的基础。其他权利如使用、收益、处分等都建立在占有权的基础上。根据其占有空间的不同（指城市土地）可以分为地面占有、空中占有和地下占有，根据其占有时间的不同，一般又可分为长期占有和短期占有，长期与短期之间没有明显的界线，一般以1年为界。

2．使用权

土地使用权是指依法对土地实际利用的权利，土地若任其自然发展，不可能自然产生附加价值，只有通过利用才能产生收益，而利润的实现完整依附于土地使用权的存在。可以这样说，土地使用权是实现土地所有权目的的唯一途径。土地使用权可以和所有权同归一人，也可以分属两方，在我国，正是因为土地所有权和使用权的分离，才使我国的土地得到了充分的利用。

3．土地收益权

土地收益权是指依法收取土地所产生的自然利益和人为利益的权利。自然利益是指土地无须人工作用便自然产生的利益，例如，天然水产、天然植被等。人工利益是指土地经人工作用而产生的利益，如农村的耕种，城市的土地开发等。土地收益是拥有和使用土地的目的，是土地价值得以体现的重要方式。

4．土地处置权

依法处置土地的权利，包括对土地的占有权、使用权、收益权等的各项权能的处置，以及整个土地所有权的处置。土地处置权是土地所有权中最核心、最重要的一项权能。

处置土地的方式较多，例如，土地所有权人可以将自己所拥有的土地有条件的出租给他人；可以将土地所有权以代价的形式出卖给他人，土地还可以担保物的形式为债务提供担保。

综上所论述，土地的占有权、使用权、收益权、处分权构成了土地权能的整体框架。在具体权能得以实现时，四种权能可以同时出现、同时运用，例如：政府以土地开发主体的身份对土地的开发；几种权能也可以分开来实现，这是实现资源优化配置和充分利用土地的有效途径，对于我国城市土地来说，国家是土地的唯一占有者，根据经济发展规律和具体实际情况，占有人不可能对其拥有的土地进行全方位的开发利用，所以只能通过将使用权让转给他人的方式使土地的价值得以实现。

（二）土地所有权的类型

不同社会制度下，土地所有权的类型不同。按土地所有权的发展历史和不同国家土地所有权状况，把土地所有权分成六种类型：

1．部落和氏族所有

原始社会的游牧部落和定居后的氏族占据地区的土地由部落、氏族所有，这是早期土地的所有形式，这种土地所有权延续到封建社会结束。但是，目前世界一些地方还存在着这种所有权的残余。

2．家族所有

由氏族所有权演化过来的家族所有权，实质上是家族成员共同所有，但由家长行使管理权。这种所有权形式在中国、欧洲、印度等国家或地区出现过，并形成了当时的法律体系。

3．个人所有

个人所有权可以是单个人所有，也可以是二人以上的群体共有。单个人拥有，在市场经济国家一般都是允许的，但权利的行使受到限制。共有，也是一种古老的权利形态，主要表现为土地的合伙经营。

4. 集体或合作社所有

集体所有权在原始社会就有。现代意义上的集体或合作社所有是 19 世纪在欧洲开始的,后来在一些社会主义国家被普遍推行。我国《土地管理法》第八条规定:"农村和城市郊区的土地,除由法律规定属于国家所有的以外,属于农民集体所有;宅基地和自留地、自留山,属于农民集体所有。"

5. 法人所有

法人是人们为谋求社会的和经济的目的而组成的具有法律人格的实体。19 世纪以后,公司数量骤增,成为拥有土地所有权的重要主体。我国的现代企业拥有的是土地的使用权,而不是土地所有权。

6. 国家所有

在封建社会,国家大量拥有土地所有权。古代中国曾经在一个相对较长的时期实行土地专属国家所有的制度。当代世界各国都有土地属于国家所有,只不过国家所有土地所占的比例在各国不同。我国《土地管理法》第二条规定:"中华人民共和国实行土地的社会主义公有制,即全民所有制和劳动群众集体所有制。"第八条规定:"城市市区的土地属于国家所有。"

(三)土地所有权的特征

(1)权利主体的特定性。土地所有权的权利主体只能是国家或农民集体,其他任何单位或个人都不享有土地所有权。

(2)交易的限制性。《土地管理法》第二条第三款规定:"任何单位和个人不得侵占、买卖或者以其他形式非法转让土地"。显然,土地所有权的买卖、赠予、交易和以土地所有权作为投资等,均属非法,在民法上应视作无效。

(3)权属的稳定性。由于主体的特定性和交易的限制性,我国的土地所有权处于高度稳定的状态。除《土地管理法》第二条第四款规定"国家为公共利益的需要,可以依法对集体的土地实行征用"以外,土地所有权的归属状态不能改变。

(4)权能的分离性。土地所有权包括对土地的占有、使用、收益、处置,是一种最全面、最充分的物权。在土地所有权高度稳定的情况下,为实现土地资源的有效利用,法律需要将土地使用权从土地所有权中分离出来,使之成为一种相对独立的物权形态并且能够交易。因此,现代物权法观念已由近代物权法的以"所有为中心"转化为以"利用为中心"。

(5)土地所有权的排他性。即土地所有权的垄断性,就是说一块土地只能有一个所有者,不能同时有多个所有者。马克思指出:"土地所有权的前提是,一些人垄断一定量的土地,把它作为排斥其他一切人的、只服从自己个人意志的领域。"

(6)土地所有权的追及力。土地为他人非法占有时,无论转入何人或何单位控制,所有权人都可以向他主张权利。

(四)土地所有制的建立

1. 农村集体土地所有制的建立

解放初期,农村土地所有制是半封建、半殖民地性质的,主要形式由地主、富农、农民土地所有及国家土地所有。对这些不同性质的土地所有形式,国家采取了区别对待、分阶段处置的方式进行改造。首先对封建的土地私有制通过没收和征收转化为农民土地私有制,进一步通过农业合作化逐步将农民私有转化为劳动群众集体所有,并最终完成了土地公有化,建立了农村集体所

第十一章 房地产产权与制度

有制的土地所有形式。

2. 城市土地所有制的建立

（1）解放初期我国土地所有制的形式。包括：①外国资本家所有，具体所有者为外国政府、团体、私人、教会、房地产商及企业等，其中以教会占有形式居多。②政府机关和官僚资本所有，政府所有名义上为国有，不允许进行买卖。③民族资本家所有，主要所有者为民族资本企业，大房地产业主等。④军阀、官僚与地主所有，主要是通过购买住房、经营房地产等形式形成。⑤城市个体劳动者所有，主要为个人占有，富余部分可用来出租。

（2）城市土地社会主义改造。面对解放初期我国城市土地所有制形式多样性的特征，为有效建立土地的社会主义公有制形式，有针对性地运用不同的政策手段给予分别对待：①对帝国主义、国民党政府、官僚资本主义、反动分子占有的土地，通过无偿接管和没收的形式收为国有。②对于资本主义工商业，私营房地产公司或业主拥有的土地通过赎买的方式收为国有。其中对资本主义工商业，在改造过程中，随同工商业的其他财产一起，通过清产核资方式收归国有。其基本做法是国家在法律上没有取消资本家的土地所有权，但使其丧失了土地的支配权，且在20年内支付财产5%的定息，20年以后，停止付息，所有权同时取消，变为国有。③对房地产业主、房地产资本家主要采取两种处理方法：一种是公私合营，并逐渐转变为国有；另一种是国家经租，即由国家进行经营，并支付所有者租金，一直到1967年停止付息，土地转归国有。④对于城市非国有土地，通过建设征用转归国有。

（五）我国现行的土地所有制形式

我国现行的土地所有制形式是土地公有制，从解放初期开始，国家有关土地管理部门一直在不懈地努力，力图找到一种适合我国社会主义国情的土地制度，促进政治社会稳定，经济社会繁荣，使农民生活得到改善。

1. 农村土地集体所有制

农村土地集体所有制，从其建立发展到现在，经历了互助组、合作社，逐渐向人民公社"三级所有，队为基础"转变，以后又经历了家庭联产承包责任制，形成了现有的农村集体土地所有制度。

2. 城市土地国有制

我国地大物博，有能力利用社会化大生产，实行城市土地国有化，有利于合理利用城市土地资源，进行规模化生产或开发，同时协调土地利用的方向，达到资源的最优配置。

城市土地国有化，国家是土地的所有者，同时又是土地的管理者，二者合为一体，有利于贯彻执行管理方针、政策、实行土地高效管理。

我国是社会主义国家，实行生产资料社会主义公有制，国家作为全体公民的代表，拥有城市土地，这是公有制的合理体现。

综上所述，无论对农村土地，还是城市土地，现有的土地所有制形式，适应了我国生产力发展水平，适合我国国情，是迄今为止最为合理的一种土地所有制形式。

二、土地使用制

土地使用制，是指人们使用土地的程序、条件以及在使用时必须遵循的规章制度的总和，它属于社会经济关系的范畴。土地使用权是土地使用制的法律体现形式。

（一）土地使用权

土地是建筑物和附着物得以形成和存在的物质基础，一切房地产开发建设者必须首先解决土地的使用问题，同时，任何房地产的经营活动，也都涉及土地使用权的变更或转移问题。所以，离开了土地，房地产开发经营活动就成为一纸空谈。

土地使用权是土地使用者依法取得的在法律规定的范围内，对土地享有的占有、使用、收益和部分处分的权利，是我国土地使用制度在法律上的体现，也是地权制度的重要组织部分。

1. 土地使用权能

根据土地使用权行使主体的不同，可以分为两类：一类是土地的所有人即土地使用人，二者同为一体，所有人自行完成对土地的开发利用；另一类为土地的所有权与使用权分离，即使用权人以一定的代价从所有人手里获得土地，并在规定的条件下进行开发利用。在我国，土地所有制形式比较单一，所以，土地使用权的行使大多为后一种形式。

土地使用权来源于所有权，它又与所有权相对独立，是一种非从属性权利。而且使用权人转让是有期限的，在使用过程中，必须遵照使用合同的规定。

根据土地使用权的性质，可将其权能归结如下。

（1）占有权。使用权人要想合理地利用土地，必须首先实现对土地的占有，这种占有是相对的，是为完成主要职能而必须拥有的临时权利，它随着使用权的终止而结束。

（2）使用权。土地使用者对土地利用和使用的权利，土地使用权也是一种相对的权利，它必须符合法律规定，符合国家或城市整体规划的要求。

（3）收益权。收益权是指土地使用人依法享有土地上产生的收益的权利，是使用土地的经济目的所在。

（4）处分权。处分权有别于所有者的处分权，是指使用权人依照法律或合同规定，转让土地使用权的行为，它无权决定土地的最终命运，是一种相对的处分权。

以上四种权能，是土地使用权的基本权能，使用权人在使用土地期间，可以在允许的条件下，行使其职权，发挥其主观能动性，合理实现其使用土地的目的。

2. 土地使用权的类型

土地使用权是一个含义广泛的概念，根据不同的标准，可以将其划分为不同的类型。

（1）根据使用权客体性质的不同，划分为国有土地使用权和集体使用权。国有土地使用权是指土地使用者依照法律或合同规定，对国有土地享有的占有、使用和收益的权利。集体土地使用权是指土地使用者经当地人民政府批准在使用集体土地时，依法享有的权利。

（2）根据使用权人取得土地方式的不同，划分为划拨土地使用权和出让土地使用权。划拨土地使用权是指通过行政划拨的方式取得土地使用权，出让土地使用权是指通过出让的方式取得的土地使用权。通过不同方式得来的土地，其使用权限也有所不同，使用权人必须在自己权限的范围内行使权利。

（3）根据土地用途的不同，分为建设用地使用权和农业用地使用权。建设用地使用权指使用人依法享有的对土地开发建设的权利，农业用地使用权是指农民对土地的承包经营权，其开发经

第十一章　房地产产权与制度

营的对象可为集体土地或国有土地，都要受到相应的管制。例如，建设用地中的集体土地建设用地，其性质必须为非国家农业耕地，而农业用地中的国有土地，则为国有农场中的土地和农民集体使用的国有土地。

3. 土地使用权的特征

（1）土地使用权权利主体广泛。这主要是针对国有土地而言，在我国境内，凡是符合使用我国国有土地条件的集体或个人，都有权成为国有土地使用权人。农村集体土地使用权限制相对较多，因为土地归集体所有，而农村集体单位组织又是一个较小的范畴，不符合国家或集体规定的集体以外的成员难以进入本集体土地使用者的范畴。

（2）土地使用权具有稳定性。土地使用权的稳定来源于土地所有权的稳定，长期稳定的土地使用权有利于使用者进行开发、投资，为获取长期利润不断地努力，同时，也给外国投资者提供了一个广阔的投资市场，加速了我国的经济建设。

（3）土地使用权是地表权。土地使用者有权对所占有的土地向上或向下一定空间进行开发建设，但所属土地的地下文物、矿藏或其他稀有埋藏物全部归国家有。

（4）土地使用权具有独立性和排他性。土地使用权来源于所有权，但又不依靠于所有权而单独存在，土地使用权人对土地享有独立的支配性和排他性的占有、使用和收益权，除法律规定或合同规定的外，他人不得非法干涉，包括所有权人在内，同时使用权人享有排除第三人非法侵害的权利，当使用权受到威胁时，可以申请法律保护。

（5）土地使用权是一种限制性权力。首先，土地作为社会的自然物质资源，人类在开发使用时，必须考虑到人类社会所处的环境因素以及其他限制因素；其次，土地使用权必须依法行使，不得侵害第三人利益，不得损害国家和社会的整体利益。

（二）土地使用制度发展历程

1. 农村土地使用制度的发展

我国是农业大国，合理的土地制度对促进我国农业发展，带动经济发展，稳定政治局面起到了重要作用。我国农村土地使用制度，从最初的个人所有、自行经营过渡到集体所有，集体经营，最后形成集体所有、家庭联产承包责任制的形式。从个人所有土地形式过渡到集体所有土地形式，是伴随着社会主义改造的完成而实现的，其改造的结果是变土地私有制为社会主义公有制，从而形成了一种与当时的政治、经济发展相适应的土地制度。而从集体所有、集体经营过渡到集体所有、家庭联产承包经营，则是社会实践发展的必然结果。随着社会物质产品的逐渐丰富，人们有加强土地管理，追加土地投资的意识和能力，家庭联产承包的形式使土地的所有权和使用权分离，农民因此获得了土地自主经营的权利，对充分调动广大农民的生产积极性，提高土地利用效率，增加农产品供给总量，起到了积极的促进作用。可以说，家庭联产承包责任制的确立是农业发展里程碑，也是社会进步的一大标志。

2. 城市土地使用制度的建立

城市土地所有权国有，使用权下放个人的有偿有限期使用制度的最终建立，是城市土地使用不断适应市场经济发展的产物。以解放初期到五十年代中期将近十年的时间里，城市土地一直处于一种根据市场机制进行土地调配的使用状态，允许土地买卖、出租、典当、入股、赠予等的存在，地租、地价不但有通过市场竞争形成的市场价，而且有政府的公告价，土地用途的改变和转让等受到市场的调节,全体使用者都必须交纳地租,且存在较高比例的地产税和房产税。

在五十年代中期以后的计划经济时期,生产资料归国家统一所有,全体企业职工是国家的主人。土地作为国家的生产资料无偿归全体人民使用,收取土地使用费和租金。1973年以后,我国实行税制改革,确立了与当时经济体制相适应的土地行政划拨、无偿无限期使用制、禁止土地使用者自行转让土地的制度。

随着我国经济体制改革的不断深化,土地使用制度也在不断朝着有利于社会经济发展的方向转变。20世纪80年代初期,土地使用权下放,建立土地有偿有限期使用和以市场为导向的流通制度,已经成为社会发展的必然。于是从理论到实践,从法律到规范,我国对土地使用制度进行了一次全方位的修改,最终建立了以土地出让、转让、出租、抵押为主要内容的新的城市土地使用制度。

第三节 住 房 制 度

一、我国原有的住房制度

我国原有的住房制度是随着计划经济体制的确立而逐步形成的,在计划经济时期,国家和企事业单位是住房建设投资的主体,其建设基金来源于国家财政和企业福利基金,这种投资是无回报的,属于纯粹的财政性支出,住户只享受居住的权利,不履行建房管房的义务,在享受住房权利时,其依据为职工的工龄、厂龄、家庭人口结构等。而且,公有住房不准进入市场买卖流通,使用者只交纳较少的租金,不能从根本上弥补国家或企事业单位所承担的维修和管理成本,其差额部分成为国家和企事业单位支出的一部分。从这种住房状况可以看出,当时的住房消费是一种纯粹的福利性消费,住房管理部门只负责分房、修房。

这种与劳动量脱轨的福利分房制度,在抑制工人工作积极性的同时,又为形成不良的住房消费观念埋下伏笔,为以权谋房等不正之风提供了温床,企事业单位的负担日益加重,住房问题成为国家和企事业单位必须解决的首要问题,住房制度改革已迫在眉睫。

二、我国住房制度改革的历程

我国政府已经意识到房改的必要性,试图找到一种与当时经济发展相适应的制度,进而减轻国家和企事业单位的负担。

1. 售房试验阶段

从1979年开始我国进入房改初期,政府试图以新建住房成本价出售的方式,回收建房成本,而原有公房过低的租金使"买房不如租房",原本应是1:8的租售比在当时降到1:2300,成为房改的巨大绊脚石。1982年初期,在总结前两年试点失败经验的基础上,采取"三三三"补贴式住房制度,其原则是个人负担成本价的1/3,职工单位和地方政府各负担1/3,虽然个人负担部分有所下降,与当时职工的工资水平基本相符,但这种方式并没有从根本上弄清住房难以出售的真正原因,较低的租售比仍然是住房商品化无法跨越的障碍,售房试验阶段到1985年底以失败而告终。

2. 提租补贴试点阶段

从前一阶段改革失败的经验中，房改有关负责人已意识到低租金的弊端。1987年，国务院住房制度改革领导小组决定把"提租补贴"作为本次房改的重点。此次试点遵循的基本原则为在调节公房租金的同时，适当增加住公房职工的工资。这种方式从某种程度上促进了职工购房的积极性，对推进住房商品化起到了一定的作用，但是由于单位房多房少不等，房少的单位就不能从所提的租金中收回所补的工资，有出无进的资金流动方式使有些单位难以承受，1988年年中，提租补贴制度因难以推广而走向尾声。

3. 优惠售房阶段

两次失败的教训启示人们，旧的住房制度中的资金流向存在严重问题。首先，当工资中住房消费被扣除时，并不是每个被扣除住房消费工资的职工都得到了这部分钱的再分配；其次，当职工以货币形式取得住房消费补贴时，这部分货币并没有因其购房、租房而得到回收。随着认识的不断深化，"优惠售房"成为下一步房改的原则，"优惠售房"的主要特点：第一，为提高住房自有率，以出售公房给租户，鼓励和组织职工购买新建住宅，把住房所有权下放到个人；第二，通过价格优惠的方式鼓励职工购房，并根据房屋特点和个人所处的环境给予不同的价格优惠；第三，改变出租公房的房租标准，为刺激其购房，对租公房户不但不补贴，反而增加房租；第四，出售公房回收的资金，连同政府和单位原有住房建设基金，纳入住房资金内，扩大住房建设，促成住宅再生产的良性循环。

制度实施的过程中，许多企事业单位为迅速摆脱住房管治包袱，纷纷以较低的价格出售公有住房，以至于造成个人手中的资金不能有效地回收，而国有资产却大量流失的局面，1980年初优惠售房制度被中央的禁令强行遏制。

4. 多种措施并举阶段

此阶段房改的基本思想是通过提高租金，促进售房，通过回收资金促进建房，以此形成住宅建设、流通的良性循环。其具体的实施原则为租、售、建并举，以提租为重点，实行"多提少补"或"少步提租不补贴"的制度。

在这一阶段，出现了几种切实可行的且沿用至今的购房建房的方案，住房抵押贷款解决了居民购房资金困难的问题，公积金制度缓解了住房建设资金来源不足的危机，集资合作建房，也成为中小城市房改的主要形式。

随着经济的发展，社会市场消费水平在不断提高，这一方案表现出其发展的弊端。一方面，小步提租不能弥补因物价上涨而造成的房建成本的上涨，另一方面，大步提租又超出了国家政府、企事业单位及个人的承受能力。此外，以出售公房作为盘活市场的方式又被一些人曲解，成为1993年底突击售房的导火索。多种措施并举制度最终被国家一纸禁令所禁止。

5. 房改深化阶段

中国共产党十四届三中全会提出了建设有中国特色的社会主义市场经济理论，标志着房改理论研究和实践进入了深化阶段，并逐步向实现住房的社会化、商品化迈进。这个时期，房改基本原则为：坚持在国家统一政策目标的指导下，实行地方分别决策、因地制宜，量力而行；坚持国家、单位和个人合理负担；坚持新房新制度、老房老办法，平稳过渡，综合配套。

改革的过程就是多方矛盾不断磨合的过程，在改革的过程中不允许忽略任何一方的利益，否则改革将难以继续进行下去，直到多方利益得到相对均衡。

三、住房制度改革中的产权关系

经过近20年不断探索和不断磨合，房改工作终于在1998年迈出了实质性的一步。房屋的产权关系发生实质性的变化，国有房产逐步下放到个人，成功地完成了产权的平稳过渡。

从总体来看，改革后，我国房地产产权可分为两大类。一类是购买市场上的商品房，拥有土地使用权及其上房屋所有权，属于完全产权；另一类是拥有土地使用权和房屋所有权中的部分权利，称之为不完全产权，根据取得方式的不同又可分为以下几种形式。

（1）福利性产权，指单位为摆脱房产管理的包袱，而将其公有房以较低的性价格转让给职工，所有权人只享有单位集体的房屋所有权，不得自由转让。

（2）有限产权，指以单位补贴或低于成本价购买的方式获得的产权，这种房产，在一定程度条件下可以进入市场进行流通。

（3）部分产权，指居民以成本价获得房屋产权，而没有得到房屋所占有的土地使用权。

（4）共有产权，指公私集资共同购建的住房，产权共有，个人享有长期使用权，交易受限。

从以上几种不完全产权的概念中可以看出，不完全产权与完全产权之间存在着很大的差异：

1．权利主体不同

对于不完全产权而言，其出让主体只能是国家，集体或单位，受让主体只限于本单位职工，中低收入者以及住房困难者；而完全产权的出让主体和受让主体都是自由人。

2．权利客体不同

不完全产权中的住房面积受国家政策和单位分房条件的影响，主体没有选择的空间，而完全产权的住房，面积各异，其差异通过房价来体现。

3．所有权的内容不同

不完全产权中的住房，其权能是相对的，一般只要求产权人及其家庭使用，原则上不允许利用不完全产权房取得收益，而完全产权人充分享有对其房屋的占有、使用、收益和处分的权利。

经济的发展加速了住房商品化的进程，不完全产权是历史遗留下来的产物，它的大量存在与时代的发展极不适应，随着时间的流逝，其在产权体系中的比重将逐步减小。

四、住房制度改革的目标

住房制度改革的目标是：建立与社会主义市场经济体制相适应的新的城镇住房制度，实现住房商品化、社会化，加快住房建设，改善居住条件，满足城镇居民不断增长的住房需求。

社会主义市场经济体制的建立，要求各项制度与之相适应。住房制度改革是我国经济体制改革的重要组成部分。住房的商品化、社会化则是改革后的住房制度的核心，原有的住房制度是计划经济遗留的产物，具有明显的计划经济的弊端，与现在市场经济背道而驰。所以改革的基本目标为实现住房商品化、社会化，按经济规律分配、经营和管理，实现各个环节的高效化。

社会主义生产的根本目的是充分满足人民日益增长的物质文体生活的需要，而住房需要是四大基本需要之一，为了从根本上改善居民住房难的问题，要把加快住房建设、改善居住条件、满足城镇居民不断增长的住房要求作为住房制度改革的最终目标。

经过住房制度改革，解除了旧的经济体制对我国住宅业的发展的束缚，一方面使得购房者能够利用手里所沉积的剩余资本去购买自己想要的房子，有很大的选择空间；另一方面，住宅业的发展带动房地产业的发展，使大量的住宅以商品的身份走向市场，为我国的国民经济创造了新的增长点。

五、我国住房制度的现状

从 1998 年住房改革推出，并停止福利分房，全面实行住房商品化、社会化以来，基本上完成了对原有公房产权的合理下放，实现了居者有其房的构想，使国家和企事业单位摆脱了建房管房的负担，从而更有精力从事国家宏观管理或本行业职责。住宅作为生活的必需品走入市场，繁荣了我国的经济，带动了相关产业的发展，并为大量富余劳动力解决了就业问题，成为我国第三产业中一个最具有实际意义的发展性产业。

我国 1998 年以来的住房制度改革，存在三个方面问题：一是过分强调了市场化，政府本身要加强的住房保障体制有待加强。二是房改在推行市场化的同时，正好遇到亚洲金融危机，政府实施了积极的财政政策。三是制度设计不尽完善，操作上还没有完全涵盖不同收入人群。现行体系总体上明确了高档商品住房、普通商品住房、经济适用住房、廉租住房的供应及其适用人群。但有相当部分中低收入家庭买不起普通商品住房、又享受不上经济适用住房，部分低收入者买不起或租不到经济适用住房、又享受不上廉租住房，出现了所谓的"夹心层"。四是存量与增量市场发展不平衡。提出租售并举后，一些措施没有跟上，使租赁市场、二手房市场培育不够。造成存量住房市场供应不足，一方面使大量需求投向增量市场，加大了增量市场供应的压力；另一方面，存量住房的作用没有得到有效发挥，使既有资源的配置效率不高。

复习思考题

1. 简述产权的概念及其界定方式。
2. 什么是房地产抵押权？它是如何实现的？
3. 什么是房屋所有权？在我国的存在形式有几种？
4. 简述土地所有权的权属。
5. 简述我国现行的土地制度的适应性。
6. 简述我国土地所有制的发展历程。
7. 试从我国原有的住房制度和房改的经验中总结住房商品化实施的必要性。

第十二章

房地产税收

第一节 房地产税收理论概述

一、税收的基本理论

（一）税收的概念和特征

1. 税收的概念

税收是国家为实现其职能，凭借政治权力，依法通过税收工具强制、无偿征收取得的一种财政收入。国家取得财政收入的手段多种多样，如税收、发行货币、收费、罚没等，但税收是国家参与国民收入和社会产品的分配和再分配取得财政收入的一种主要形式。

2. 税收的特征

税收具有强制性、无偿性和固定性的特征。

（1）税收的强制性。国家以社会管理者的身份，凭借政权力量，依据政治权力，通过颁布法律或政令进行强制征税。负有纳税义务的社会组织和个体，必须遵守国家强制性的税收法律，按照税法规定的缴纳税额、方式、时间及课税主体等，及时依法缴纳，否则就要受到法律的制裁，这是税收具有法律强制地位的体现。具体体现在两个方面：一方面是税收分配关系的建立具有强制性，即税收征收完全凭借国家拥有的政治权力；另一方面是税收征收过程具有强制性，即如果出现了税务违法行为，国家可以依法进行处罚。

（2）税收的无偿性。通过征税，社会组织和个体的一部分收入转归国家所有，国家不向纳税人支付任何报酬或代价。这是与国家凭借政治权力进行国民收入分配和再分配的本质相联系的。税收的无偿性只是形式上的无偿，即一旦征收就不会返还给某个具体的纳税人，但实质上税收是有偿的，即国家通过税收形式向全社会免费提供了公共产品和公共服务。

（3）税收的固定性。税收是按照法定标准征收的，即纳税人、课税对象、税目、税率、计价办法和期限等，都是税法预先规定的，并在一定的时期内保持相对的稳定性。税收的固定性保证了国家能够获得的是一种稳定连续的收入。对于税收预先规定的标准，征纳双方都应遵守，未经国家法律修订或调整，征纳双方都不得违背或改变这个固定的比例或数额。

税收的上述特征是统一的整体，强制性是实现税收无偿征收的有力保证，无偿性是税收本质的体现，固定性是强制性和无偿性的必然要求。

（二）税收的职能

税收的职能是税收本质属性的外在具体体现。

（1）组织财政收入的职能。是自税收制度产生之日起所具备的最基本功能。税收是政府凭借国家强制力参与社会分配，集中一部分剩余产品的一种分配形式。

（2）调节社会经济的杠杆职能。税收是国家调控经济的重要杠杆之一，税收直接作用于价格、利润、地租、利息等经济杠杆上，税收的变化直接导致经济在微观乃至宏观方面发生变化。税收必然减少社会组织及其成员的可支配收入，但是这种减少不是均等的。这种利益得失将影响纳税人的经济活动能力和行为，进而对社会经济结构产生影响。政府利用这种影响，有目的地对社会经济活动进行引导，从而合理调整社会经济结构。

（3）调节国民收入分配的职能。税收是国民收入再分配的主要形式，是国民收入分配体系的重要组成部分。国家能够通过税收行为将国民收入初次分配后超越社会整体所能承受的收入差距，通过再分配的方式进行调节，使差距减小，从而实现社会相对公平。

（4）监督管理社会经济活动职能。主要体现在国家在税收征收过程中，一方面要查明情况，在税务管理基础上，具体掌握税源，正确计算并征收税款；另一方面监督纳税人依法纳税，发现纳税人在任何纳税环节存在问题，都可以采取措施纠正，也可以通知纳税人或政府有关部门及时解决，维护基本的税收秩序。

（三）税收的构成要素

主要包括纳税人、征税对象，税率、征税标准、纳税环节。

（1）纳税人。又称纳税主体，是法律、行政法规规定负有纳税义务的单位、个人。不同的税种有不同的纳税人，纳税人可以是自然人，也可以是法人。与纳税人相关的是扣缴义务人，是指法律、行政法规规定负有代扣代缴、代收代缴义务的单位、个人。可分为代扣代缴义务人和代收代缴义务人。代扣代缴义务人是负有代扣代缴的单位和个人，代替税务机关向纳税人代扣代缴应纳税款；代收代缴义务人是指负有代收代缴义务的单位和个人，代替税务机关代收应收税款。

扣缴义务人与纳税人的区别在于：纳税义务人是自己负有纳税义务，而扣缴义务人本身无纳税义务，只是代替税务机关向应纳税人扣缴税款的人。税法设置扣缴义务人的目的，在于控制税款的扣缴来源，防止税款流失。

（2）征税对象。税收法律关系中主体双方权利义务所指向的物或行为，是征税的根据。征税对象是税与税相区别的标志，每一种税都必须明确对什么征税。现代市场经济国家，征税对象主要包括所得、商品和财产三类。根据征税对象的不同性质，税收分为五大类：流转税、所得税、资源税、财产税和行为税。与征税对象相关联的税目，是对征税对象的具体划分，税目规定一个税种的征税范围，反映了征税的广度。

1）税率。税法中规定的税额所占征税对象数额的比例或额度。税率是税收制度的核心要素，是计算税额的尺度。在征税对象既定的前提下，税率直接决定着国家征税的数量和纳税人的负担水平，集中地体现了一定时期内国家的税收政策。税率可分为比例税率、定额税率和累进税率。

① 比例税率是对同一课税对象，不论其数额大小，统一按一个固定比例征税。比例税率分为单一比例税率和差别比例税率。前者指一种税只设一个比例税率，所有纳税人都按同一税率纳税；后者指一种税设两个或两个以上的比例税率。差别比例税率又可分为行业比例税率、产品比例税率、地区比例税率和幅度差别比例税率四类。比例税率没有考虑到纳税人不同的税收负担能力，具有明显的累退性。

② 定额税率也称固定税率，是按征税对象的一定计量单位直接规定一个固定的税额，而不是按比例征收。定额税率在计算上更为便利，采用从量计征，不受价格变动影响。但其税收负担不合理，只能适用于资源税、车船牌照税、消费税等。

③ 累进税率是按征税对象数额的大小，把征税对象划分为若干等级，每一等级规定不同税率，征税对象的数额越高税率越高。按照计算方法的不同，累进税率又可分为全额累进税率、超额累进税率和超倍累进税率。

2）征税标准。国家征税时的实际依据或征税依据。国家征税必须有统一的标准，确定征税标准是实际征税的重要步骤。征税标准可以分为从量税、从价税、混合税、选择税四种类型。

3）纳税环节。法律、行政法规规定的商品从生产再到消费过程中应当缴纳税款的环节。纳税环节的确定，不仅关系到税制结构、税负公平和税收体系的布局，而且能够保证国家的财政收入，便于纳税人及时缴纳税款，促进企业和个人在税收缴纳方面遵守法律。

（四）税收的转嫁

商品交换过程中，纳税人不实际负担所纳税收，而通过购入或售出商品价格的变动，或通过其他手段，将全部或部分税收转移给他人负担。纳税人一般通过提高销售价格或压低购进价格的方法，将税负转移给购买者或供应者。税负转嫁与价格的升降直接联系，税额转嫁是各经济主体之间税负的再分配，并不会影响税收的总体负担，但会使税收负担在不同的纳税人之间进行分配，对不同的纳税人产生不同的经济影响。

税收的转嫁形式包括以下几种。

（1）前转嫁，又称顺转嫁，是指纳税人通过商品交易活动，将税款附加在价格之中，顺着价格运动方向向前转移给购买者或消费者负担，前转嫁是税收转嫁的基本形式，也是最典型和最普遍的转嫁形式。这种转嫁可能一次完成，也可能多次完成，当购买者属于消费者时，转嫁会一次完成；当购买者属于经营者时，会发生辗转向前转嫁的现象，可称为滚动式前转。如果购买者不再转嫁本环节的税负，只发生原销售者的税负转嫁时，称为单一滚动式前转；如果购买者将本环节的税负也加在价格之上向前转移，称为复合滚动式前转。

（2）后转嫁，又称逆转嫁，是指纳税人通过压低购进商品（劳务）的价格，将其缴纳的税款冲抵价格的一部分，逆着价格运动方向，向后转移给销售者负担。后转嫁属于由买方向卖方的转嫁，可能一次完成，也可能多次才会完成。当销售者无法再向后转嫁时，销售者就是税负承担者，转嫁一次完成；当销售者能够继续向后转嫁时，也会发生辗转向后转移税负的现象，称为滚动式后转。如果销售者不再转移本环节的税负，属于单一滚动式后转；如果销售者连同本环节税负一并向后转嫁，则属于复合滚动式后转。

（3）散转嫁，又称混合转嫁，是指纳税人将其缴纳的税款一部分前转嫁，一部分后转嫁，使其税负不归于一人,而是分散给多人负担。它是纳税人分别向卖方和买方转嫁税收的一种形式。

(4) 消转嫁,又称税收的转化,是指纳税人在所纳税款无法前转或后转的情况下,依靠提高劳动生产率、改进工艺等,使税负在生产发展和收入增长中自行得到弥补。

(5) 税收资本化,又称资本还原,是指在某些资本财产的交易中,商品购买者购买商品以后所应交纳的税款,从商品购入价格中预先扣除(即降低商品购买价格),把税收负担转移给商品的出售者。税收资本化是后转嫁的一种特殊形式,该形式虽然名义上是买方在按期缴纳税款,但实际是由卖方负担。

二、房地产税收理论概述

(一) 房地产税的概念和类型

房地产税是以房地产为纳税依据或者以房地产开发经营活动中的特定行为为纳税依据的税种,是房产税和土地税的总称。

(1) 房地产税按照对象的不同,分为:①房地产行为税,即以投资或转让房地产等特定项目为计税依据所应缴纳的税,包括城镇土地使用税、耕地占用税、销售不动产营业税等。②房地产财产税,即以房地产的价值或收益等为计税依据所应缴纳的税,包括土地增值税、房产税、契税等。

(2) 按照房地产的生产和销售各个阶段的不同,分为:①取得土地使用权需缴纳的税,如契税、耕地占用税及印花税;②项目开发需缴纳的税,如土地增值税等;③房地产销售需缴纳的税,如企业所得税、营业税及城市维护建设税等;④购买者持有房地产资产需缴纳的税,如城镇土地使用税等;⑤购买者转让房地产需缴纳的税,如营业税、土地增值税等。

目前,我国房地产税制相对完整,分布于房地产开发建设、交易和保有等各个环节。从广义上讲,房地产税包括耕地占用税、契税、印花税、土地增值税、营业税、企业所得税、个人所得税、房产税、城镇土地使用税和城市维护建设税等个税种。从狭义上讲,房地产税仅包括房产税和城镇土地使用税。

(二) 房地产税的构成要素及转嫁

(1) 房地产税收构成要素。房地产税是国家税收体系中的一个具体税种,税收的构成要素同样适用于房地产税,但房地产税在具体要素内容上具有特殊性。房地产税收的纳税人一定是房地产的开发者、拥有者、交易者等,我国由于实行土地公有制,土地所有者不再成为法定的纳税主体。房地产税收的征税对象就是房地产本身,如房地产保有税、房地产收益所得税等。房地产税包括很多税种,各种税均按照法律规定的税率缴纳税额。房地产税收的征税标准有从价征税,即以房地产价值大小作为征税标准;也有从量征税,即以房地产特别是土地数量作为征税标准,随着房地产价值日益量化,从价征收的房地产税将增多。房地产税收的征税环节贯穿房地产开发经营的整个过程之中,具体包括取得土地使用权、项目开发,房地产销售等过程需缴纳的税收。

(2) 房地产税收的转嫁。房地产税收在房地产权利主体保有时,权利主体一般不与他人发生任何房地产经济关系,因而,没有机会和条件转嫁税赋,房地产权利主体要承担全部税额。由于土地和房产是一种有限供给、相对稀缺的商品,对于其使用者或实际需要者来说又是一种不可替代的生产或生活必需品,再加上土地或房产市场是一种供给者垄断性很强的市场,因此,土地或房产买卖或租赁环节征收的税赋,一般情况下会较多地发生税收的顺转嫁,即转嫁给购买者或租者。当然在房地产供给相对大于需求的市场情况下,税赋有可能向房地产生产要素的出售者转嫁。但就目前房地产市场的发展来说,出现后转嫁情形的可能性很小,这是由房地产市场的供求关系所决定的。

(三)房地产税收的作用

由于不同国家国情各异,进行房地产税收制度设计时,对税收职能的侧重点不同,发达国家更多地强调公平性,而发展中国家更强调房地产税收收入和有针对性地解决某些经济问题,但是,同绝大多数税收一样,房地产税收也具备税收的四大基本作用。包括组成财政收入的主要来源;调控房地产经济运行,有效地调控房地产市场,促进资源优化配置;调节财富分配,合理调节社会财富结构,促进社会公平;监督房地产经济活动。

(四)房地产税收是财政收入的重要组成部分

房地产税收是财政收入的主要来源。房地产税收具有税源稳定、税额较大等特点,因而成为各国平衡财政收支的重要手段。在发达国家,存量房地产规模巨大,以保有税为主要形式的房地产税成为地方政府的主要财政收入之一。必须指出的是,房地产税在地方财政收入中的作用大小,与房地产市场的发达程度、税收制度设计是否科学合理及经济发展程度有关。

(五)房地产税收可以调控房地产市场,促进资源优化配置

房地产税收在调控房地产经济运行,有效地调控房地产市场,促进资源优化配置等方面的作用主要表现在三个方面。

第一,房地产税收通过影响市场主体即房地产供给者和需求者的预期,来调节房地产市场供给和需求的总量及结构,从而对房地产市场的景气程度进行必要调节。通过在房地产建造、租赁、交易、流转、保有等各个环节的税制设计及税率调整,有效影响近期和长远的房地产供给和需求。在市场低迷阶段,通过税收减免、税率优惠等政策,增加有效供给和需求,提高市场景气程度;在市场过热时,通过取消税收优惠政策,有效减少供给和需求,抑制投机。例如,2009年初,为减少全球性金融危机的冲击,及时调整宏观调控政策方向,出台对住房转让环节营业税暂定一年实行减免的政策。极大地促进了供需双方的交易热情,使得房地产市场在短期内由萧条走向火爆。到了2010年初,为了抑制房价过快上涨的势头,政府果断取消了该项优惠。

第二,通过有效的房地产税收制度设计,可以影响土地利用方式,影响房地产市场产品结构。土地资源既可以用于农业,也可以用作建设用地;同样的建设用地,既可以用来建设高密度的住宅小区,也可以用来建设低密度的别墅园林。为了促进土地资源的合理利用,提高房地产市场产品结构的合理化程度,可以通过有效的税收制度设计,增加或减少某类土地利用方式、某种房地产产品的税负,从而达到引导土地利用,调整市场结构的目的。

第三,通过针对性的房地产税制设计,提高土地利用效率,促进土地资源的优化配置。土地资源的不可再生性决定了在土地使用过程中存在集约利用与资源浪费的矛盾。一方面土地资源不可再生、用一块少一块,土地资源的集约利用、提高土地利用效率势在必行;另一方面,不可再

生使得土地供给曲线缺乏弹性，土地闲置能够带来超额增值利润，土地所有者或使用权拥有者选择"囤地"，而坐享土地增值收益。因此，为了更好地促进土地资源的集约利用，促进房地产业的可持续发展，通过税收制度的设计，收取高额的土地增值税，降低土地所有者或使用权所有者单纯通过土地增值所获收益。在房地产保有环节增加一定比例的税收，对闲置不用或待价而沽的房地产，通过征税甚至征重税，促进资源的合理配置，提高土地利用的效率，抑制房地产投机行为。

（六）房地产税收可调节财富分配，促进社会公平

房地产税收的征收目的之一，就是要调整资源分配，贯彻公平原则，促进社会公平。对房地产征税，能够有效地降低因房产、地产等资产性收益而导致的收入差距。从实现方式来看，房地产税收通过税率和税种的设计，来达到既促进代内公平、又促进代际公平的目的。一方面，通过累进税率和差别税率的设计，让保有房地产多的人缴纳更多的税收；通过房地产相关增值税的设计，有效减少房地产保有者因房地产增值所获收益，尽可能地降低社会居民因资产拥有量的多寡造成的收入和财富差距，促进当代人之间的社会公平。另一方面，房地产的存续性决定了其可以在代际间转移，容易造成代际间的财富分配不公。因此，对房地产赠予征收相应的差别税率税收，可以有效地促进代际公平。

（七）房地产税收反映房地产市场经济活动情况

税收本身就是市场景气程度的重要"晴雨表"。房地产税收涉及的税种多，范围广，分布于房地产市场运作的各个环节，通过对房地产税收情况的监控，可以及时了解房地产市场从生产、销售到保有各个环节的运行情况，为调控房地产市场提供科学依据。通过对房地产投资建设环节税收情况的监控，可以及时了解当前和今后一段时间内房地产投资及供给的总量和方向等情况，为调节房地产投资总量和结构提供科学依据。同样，对房地产销售环节税收的分析，可以帮助政府及时掌握房地产的需求情况，为出台相应政策提供支持。

第二节 我国的房地产税收制度

我国房地产业税种主要有房产税、城镇土地使用税、耕地占用税、土地增值税、契税。其他相关税种主要有营业税、城市维护建设税、个人所得税、企业所得税、印花税。下面我们就一些主要税种的纳税人、课税对象、计税依据和税率以及优惠政策等，分别加以阐述。

一、房产税

以房产为课税对象，向产权所有人征收的一种税。

1. 纳税人

凡是在中国境内拥有房屋产权的单位和个人都是房产税的纳税人。产权属国家所有的，以经营管理的单位和个人为纳税人；产权出典的，以承典人为纳税人；产权所有人、承典人均不在房产所在地的，或者产权未确定以及租典纠纷未解决的，以房产代管人或使用人为纳税人。

2．课税对象

房产税的课税对象是房产，包括城市、县城、建制镇和工矿区的房产。

3．计税依据

依照房产原值一次性减除 10%至 30%后的余值计算缴纳，具体减除幅度，由省、自治区、直辖市人民政府规定。没有房产原值作为依据的，由房产所在地税务机关参考同类房产核定。

房产出租的，以房产租金收入为计税依据。

4．税率

依照房产余值计算缴纳的，税率为 1.2%；依照房产租金收入计算缴纳的，税率为 12%。

5．纳税地点和纳税期限

（1）纳税地点为房产所在地。

（2）纳税期限：按年计征，分期缴纳。

6．优惠政策

下列房产免征房产税：

（1）国家机关、人民团体、军队自用的房产。但其营业用房及出租的房产，不属免税范围。

（2）由国家财政部门拨付事业经费的单位自用的房产。

（3）宗教寺庙、公园、名胜古迹自用的房产。但其附设的营业用房及出租的房产，不属免税范围。

（4）个人所有非营业用的房产。

（5）房地产开发企业开发的商品房在出售前，对房地产开发企业而言是一种产品。因此，对房地产开发企业建造的商品房，在售出前，不征收房产税。但对售出前房地产开发企业已使用或出租、出借的商品房应按规定征收房产税。

（6）对廉租住房经营管理单位按照政府规定价格、向规定保障对象出租廉租住房的租金收入，免征房产税。

（7）股改铁路运输企业及合资铁路运输公司自用的房产、土地。

（8）经财政部批准免税的其他房产。

自 2008 年 3 月 1 日起，对个人出租住房，不区分用途，按 4%的税率征收房产税。对企事业单位、社会团体以及其他组织，按市场价格向个人出租用于居住的住房，按 4%的税率征收房产税。

二、土地增值税

1．纳税人

凡有偿转让国有建设使用权、地上建筑物及其他附着物（简称房地产）并取得收入的单位和个人，为土地增值税的纳税人。外商投资企业和外籍人员包括在内。

2．征税范围

包括国有建设用地、地上建筑物及其他附着物。转让房地产是指转让国有建设用地使用权、地上建筑物及其他附着物产权的行为。不包括通过继承、赠予等方式无偿转让的房地产。

3. 课税对象

土地增值税的课税对象是有偿转让房地产所取得的土地增值额。即纳税人转让房地产的所得扣除项目金额后的余额。

4. 税率

实行四级超额累进税率：

（1）增值额未超过扣除项目金额50%的部分，税率为30%。

（2）增值额超过扣除项目金额50%，未超过100%的部分，税率为40%。

（3）增值额超过扣除项目金额100%，未超过200%的部分，税率为50%。

（4）增值额超过扣除项目金额200%以上的部分，税率为60%。

5. 减免规定

（1）对建造普通标准住宅出售的，增值额未超过扣除项目金额20%的，免征土地增值税。对于纳税人既建普通标准住宅又搞其他房地产开发的，应分别核算增值额。不分别核算增值额或不能准确核算增值额的，其建造的普通标准住宅不适用本免税规定。

（2）企事业单位、社会团体以及其他组织，转让旧房作为廉租住房、经济实用住房房源且增值额未超过扣除项目金额20%的，免征土地增值税。

（3）因国家建设需要依法征收、收回的房地产免征土地增值税。

因城市实施规划、国家建设的需要而搬迁，由纳税人自行转让原房地产的，比照有关规定免征土地增值税。

（4）关于个人销售住房征收土地增值税问题，《财政部、国家税务总局关于调整房地产交易环节税收政策的通知》（财税字[2008]137号）规定，自2008年11月1日起，对个人销售住房暂免征收土地增值税。

三、契税

契税是在土地、房屋权属发生转移时，对产权承受人征收的一种税。

1. 纳税人

在我国境内转移土地、房屋权属，承受的单位和个人为契税的纳税人。以下情况为转移土地、房屋权属：

（1）国有土地使用权出让。

（2）土地使用权转让（包括出售、赠予和交换）。

（3）房屋买卖。

（4）房屋赠予。

（5）房屋交换。

2. 课税对象

契税的课税对象是发生产权转移的土地、房屋。

3．税率

契税的税率为3%～5%。各地具体适用税率，由省级人民政府在规定的幅度内根据本地的实际情况确定，并报财政部和国家税务总局备案。

4．计税依据

（1）国有土地使用权出让、土地使用权转让、房屋买卖：以成交价格为计税依据。

（2）土地使用权赠予、房屋赠予：参照土地使用权转让、房屋买卖的市场价格核定。

（3）土地使用权交换、房屋交换：以交换的价格差额为计税依据（等值交换免征契税）。

5．减免规定

（1）国家机关、事业单位、社会团体、军事单位承受土地、房屋用于办公、教学、医疗、科研和军事设施的，免征契税。

（2）城镇职工按规定第一次购买公有住房的，免征契税。

（3）因不可抗力灭失住房而重新购买住房的，酌情减征或免征契税。

（4）土地、房屋被县级以上人民政府征用、占用后，重新承受土地、房屋权属的，由省级人民政府决定是否减免。

（5）纳税人承受荒山、荒沟、荒滩、荒丘土地使用权，用于农、林、牧、渔业生产的，免税。

（6）经外交部确认，予以免税的外国驻华使馆、领事馆、联合国驻华机构及其外交代表、领事馆员和其他外交人员承受土地、房屋权属的，免征契税。

（7）法定继承人（包括配偶、子女、父母、兄弟姐妹、祖父母、外祖父母）继承土地、房屋权属的，不征契税；但非法定继承人根据遗嘱承受死者生前的土地、房屋权属，属于赠予行为，应征收契税。

（8）自2010年10月1日起，对个人购买普通住房，且该住房属于家庭唯一住房的，减半征收契税。对个人购买90平方米及以下的普通住房且属于家庭唯一住房的，按1%税率征收契税。

（9）婚姻关系存续期间，房屋、土地权属原归一方所有，变更为夫妻双方共有的，免征契税。

（10）对廉租住房经营管理单位购买住房作为廉租住房、经济适用住房经营管理单位回购经济适用住房继续作为经济实用住房房源的，免征契税。

（11）个人购买经济适用住房，在法定税率基础上减半征收契税。

四、营业税、城市维护建设税和教育费附加

1．营业税

对提供应税劳务、转让无形资产、销售不动产（房地产）的单位和个人征收的一种税。销售房地产的税率为5%。

2．城市维护建设税

简称城建税，以缴纳增值税、消费税、营业税的单位和个人为纳税人。城建税以纳税人实际缴纳的增值税、消费税、营业税税额为计税依据。城建税实行地区差别税率。具体规定为：纳税人在城市市区的，税率为7%；在县城、建制镇的，税率为5%；不在城市市区、县城、建制镇的，税率为1%。

3．教育费附加

是随增值税、消费税和营业税附征并专门用于教育的一种特别目的税，税率为3%。

4．营业税的有关减免规定

（1）个人自建自用住房销售时免征营业税。

（2）自2011年1月28日起，对个人购买住房不足5年转手交易的，统一按其销售收入全额征税；个人将购买超过5年（含5年）的非普通住房对外销售的，按照其销售收入减去购买房屋的价款后的差额征收营业税；个人将购买超过5年（含5年）的普通住房对外销售的，免征营业税。

（3）企业、行政事业单位按房改成本价、标准价出售住房的收入，暂免征收营业税。

（4）对廉租住房经营管理单位按照政府规定价格、向规定保障对象出租廉租住房的租金收入，免征营业税。

（5）自2008年3月1日起，对个人出租住房，不区分用途，在3%税率的基础上减半征收营业税。

五、印花税

1．纳税人

为在中国境内书立、领受税法规定应税凭证的单位和个人。包括外商投资企业和外籍人员。

2．税目、税率

①各种合同及具有合同性质的各种凭证。②产权转移书据（含土地使用权出让合同、土地使用权转让合同、商品房销售合同）。③营业账簿。④权利、许可证照。⑤经财政部确定征税的其他凭证。税率有：1‰、0.5‰、0.3‰、0.1‰、0.05‰，此外，许可证照、房屋产权证、工商营业执照、商标注册证、专利证、土地使用证按件贴花5元。

3．有关减免规定

（1）对廉租住房、经济适用住房经营管理单位，廉租住房、经济适用住房相关的印花税，廉租住房承租人、经济适用住房购买人涉及的印花税予以免征。

（2）房地产开发企业在经济适用住房、商品住房项目中配套建造廉租住房，在商品住房项目中配套建造经济适用住房，如能提供政府出具的相关材料，可按廉租住房、经济适用住房建筑面积占总建筑面积的比例免征开发商应缴纳的印花税。

（3）自2008年3月1日起，对个人出租、承租住房所签订的租赁合同，免征印花税。

（4）自2008年11月1日起，对个人销售或购买住房暂免征收印花税。

六、个人所得税

1．纳税人

个人所得税的纳税人为在中国境内有住所或者无住所而在境内居住满一年，从中国境内和境外取得所得的个人。在中国境内无住所又不居住或者无住所而在境内居住不满一年的个人，从中国境内取得所得的，依照法律规定同样需缴纳个人所得税。

2．税目

下列各项个人所得，应纳个人所得税：

①工资、薪金所得。②个体工商户的生产、经营所得。③对企事业单位的承包经营、承租经营所得。④劳务报酬所得。⑤稿酬所得。⑥特许权使用费所得。⑦利息、股息、红利所得。⑧财产租赁所得。⑨财产转让所得。⑩偶然所得。⑪经国务院财政部门确定征税的其他所得。

七、城镇土地使用税

为了合理利用城镇土地，调节土地级差收入，提高土地使用效益，加强土地管理，我国自1988年11月起征收城镇土地使用税。城镇土地使用税，又称土地使用税，是指国家对城市、县城、建制镇、工矿区范围内使用土地的单位和个人，按占用土地面积分等定额征收的一种房地产税。

（1）纳税人。在城市、县城、建制镇，工矿区范围内使用土地的单位和个人。其中，所称单位包括国有企业、集体企业、私营企业、股份制企业、外商投资企业、外国企业以及其他企业和事业单位、社会团体、国家机关、军队以及其他单位。所称个人，包括个体工商户以及其他个人。

（2）征税对象。城镇土地使用税的征税对象为城市、县城、建制镇，工矿区范围内使用土地的单位和个人所使用的土地，不仅包括生产用地和生活用地，而且还指该范围内的国有土地和集体所有土地。

（3）税率。城镇土地使用税适用地区幅度差别定额税率。城镇土地使用税每平方米年税额：大城市1.5元至30元；中等城市1.2元至24元；小城市0.9元至18元；县城、建制镇、工矿区0.6元至12元。省、自治区、直辖市人民政府，应在上述税额幅度内，根据市政建设状况、经济繁荣程度等，确定所辖地区适用税额的幅度。市、县人民政府根据实际情况，将本地区土地划分为若干等级，在省、自治区、直辖市人民政府确定的税额幅度内，制定相应的适用税额标准，报省、自治区、直辖市人民政府批准执行。经省、自治区、直辖市人民政府批准，经济落后地区土地使用税的适用税额标准可以适当降低，但降低额不得超过上述规定最低税额的30%；经济发达地区土地使用税的适用税额标准可以适当提高，但须报经财政部批准。新征用的耕地，自批准征用之日起满一年时开始缴纳土地使用税；土地使用税按年计算、分期缴纳。缴纳期限由省、自治区、直辖市人民政府确定。

（4）征税标准。城镇土地使用税实行从量征税，以纳税人实际占用的土地面积为计税依据。依照规定税额计算征收。其中，土地占用面积的组织测量工作，由省、自治区、直辖市人民政府根据实际情况确定。

（5）减免税情形。免缴城镇土地使用税的范围有：国家机关、人民团体、军队自用的土地；由国家财政部门拨付事业经费的单位自用的土地；宗教寺庙、公园、名胜古迹自用的土地；市政街道、广场、绿化地带等公共用地；直接用于农、林、牧、渔业的生产用地；经批准开山填海整治的土地和改造的废弃土地，从使用的月份起免缴土地使用税5年至10年；由财政部另行规定免

第十二章　房地产税收

税的能源、交通，水利设施用地和其他用地。

下列土地的减、免税，由省、自治区、直辖市税务局确定：个人所有的居住房屋及院落用地；房产管理部门在房租调整改革前经租的居民住房用地；免税单位职工家属的宿舍用地；民政部门举办的安置残疾人占一定比例的福利工厂用地；集体和个人办的各类学校、医院、托儿所、幼儿园用地。另外，房地产开发公司建造商品房的用地，原则上应按规定计征土地使用税。但在商品房出售之前纳税确有困难，其用地是否给予缓征、减征或免征照顾，可由各省、自治区、直辖市税务局根据从严的原则结合具体情况确定。

八、耕地占用税

为了合理利用土地资源，加强土地管理，保护耕地，我国自1987年起征收耕地占用税。耕地占用税，是指对占用耕地建房或者从事非农业建设的单位或者个人，按其实际占用耕地面积所征收的一种税。

（1）纳税人。占用耕地建房或者从事非农业建设的单位或者个人，为耕地占用税的纳税人。其中，所称单位，包括国有企业、集体企业、私营企业、股份制企业、外商投资企业、外国企业以及其他企业和事业单位、社会团体、国家机关、军队以及其他单位；所称个人，包括个体工商户以及其他个人。

（2）征税对象。耕地占用税的征税对象为特定耕地，其范围限于建房或者从事非农业建设的国有和集体所有的耕地。所谓耕地，指用于种植农作物的土地，包括菜地和园地。占用林地、牧草地、农田水利用地、养殖水面以及渔业水域、滩涂等其他农用地建房或者从事非农业建设的，比照相关法律规定征收耕地占用税。建设直接为农业生产服务的生产设施占用上述农用地的，不征收耕地占用税。

（3）税率。耕地占用税的税额：人均耕地不超过1亩的地区（以县级行政区域为单位），每平方米为10元至50元；人均耕地超过1亩但不超过2亩的地区，每平方米为8元至40元；人均耕地超过2亩但不超过3亩的地区，每平方米为6元至30元；人均耕地超过3亩的地区，每平方米为5元至25元。各地适用税额，由省、自治区、直辖市人民政府在上述规定的税额幅度内，根据本地区情况核定。

（4）征税标准。耕地占用税是一种从量税收，以纳税人实际占用的耕地面积为计税依据，按照规定的适用税额一次性征收。

（5）减免税与加收。免征耕地占用税的情形：军事设施占用耕地；学校、幼儿园、养老院、医院占用耕地。铁路线路、公路线路、飞机场跑道、停机坪、港口、航道占用耕地，减按每平方米2元的税额征收耕地占用税。根据实际需要，国务院财政、税务主管部门同国务院有关部门并报国务院批准后，可对上述情形免征或者减征耕地占用税。

农村居民占用耕地新建住宅，按照当地适用税额减半征收耕地占用税。农村烈士家属，残疾军人、鳏寡孤独以及革命老根据地、少数民族聚居区和边远贫困山区生活困难的农村居民，在规定用地标准以内新建住宅缴纳耕地占用税确有困难的，经所在地当（镇）人民政府审核，报经县级人民政府批准后，可以免征或者减征耕地占用税。经济特区、经济技术开发区和经济发达且人均耕地特别少的地区，或占用基本农田的，适用税额可以适当提高，但是提高的部分最高不得超过上述规定的当地适用税额的 50%。

复习思考题

1．简述税收的职能。
2．简述房地产税收的作用。
3．我国现行房地产税制有哪些税种？

第十三章

房地产经济的宏观调控

第一节 房地产经济宏观调控概述

一、房地产经济宏观调控的内涵及必要性

房地产经济的宏观调控，是政府通过经济的、法律的，并辅之以行政的政策手段，对房地产行业的经济运行进行的宏观指导、监督、调节和控制，保证其健康发展，并发挥其在国民经济中的重要作用。在社会主义市场经济条件下，对房地产经济实施宏观调控的根本目的，是为了确保房地产业健康运行，并与其他产业协调发展，促进国民经济持续稳定增长。具体来说，对房地产经济宏观调控的必要性主要体现在以下几个方面。

（一）是房地产资源优化配置的需要

宏观调控是政府的基本职能之一，是社会主义市场经济的内在要求。我国的社会主义市场经济是社会主义国家宏观调控下的市场经济，以市场配置资源为基础，相对于计划经济体制来说有利于提高社会资源配置效率。但必须看到市场配置资源也存在着自发性、滞后性、盲目性和分化性等问题，为了保证国民经济的健康稳定发展，政府必须对市场经济的运行实施宏观调节与控制，以达到社会资源配置最优化的目的。房地产经济是整个国民经济的重要组成部分，是市场经济中的一个子系统。按照社会主义市场经济体制的要求，既要充分发挥市场机制对房地产资源配置的主导性作用，又要发挥政府的货币政策、财政政策、产业政策和计划机制的协调作用，真正使房地产资源配置达到高效率。房地产行业消耗资源较多，特别是土地和房屋是重要的社会资源，作为房屋等建筑物基础的土地是一种稀缺资源，不可再生，土地资源的合理配置是关系到整个国民经济可持续发展的重大战略问题。

（二）是引导房地产业健康发展的需要

同其他产业相比，房地产业具有一系列特点：一是房地产是不动产，位置固定不能移动，一旦形成建筑物就难以调整，所以必须由政府出面进行合理规划和控制。二是房地产投资具有投资量大、周期长的特点，从投入到产出一般要二三年时间，投资决策正确与否，要经受较长时间的考验，所以对房地产投资的调控显得格外重要。三是房地产是价值量巨大、使用年限特别长的超耐用品，对整个社会总供给量和总需求量的平衡以及结构平衡关系极大，对房地产投资必须有效

控制。四是房地产交易是一种产权交易，要依法通过产权转让来完成，如产权的界定、分割、复合、重组、转移都要靠法律来确认和保护，因而更需要用法律手段规范其运行。

上述特点决定了政府对房地产业的宏观调控较其他产业的宏观调控更为必要。只有针对这些特点采取相应的对策措施，才能引导房地产业健康发展，实践证明了这一点。在20世纪80年代以前由于计划经济体制排斥房地产的商品性，房地产业长期处于停滞状态。90年代初市场化导向的改革，推动房地产业迅猛发展，1992年和1993年房地产投资增长率分别达到117%和124.9%，超常发展使商品房供给大大超过市场有效需求，导致空置量急剧上升。1995~1997年处于低迷状态，1997年全国房地产投资出现3.4%的负增长，集中表现为阶段性、结构性供给过剩。经过调整后，1998年和1999年又呈现上升趋势。这种大起大落的波动，严重影响房地产经济的正常运行和发展。所以，只有针对房地产业的特点，加强宏观调控，才能引导房地产业持续、稳定、健康发展。

（三）是促进国民经济持续稳定增长的客观要求

房地产业是先导性、基础性产业，又是国民经济中的支柱产业。房地产业的产业链长，同国民经济中的其他产业关联度强。房地产业的发展状况，直接影响相关产业的发展，对建筑业、建材业（如钢铁、水泥、森林、墙体材料、装修材料等）甚至有决定性的作用。同时，住宅建设和消费的发展，还会带动家电、家具和家用装饰品及其产业的发展。所以房地产业是拉动我国国民经济发展的新经济增长点。目前房地产业的增加值已占国内生产总值的10%左右。房地产投资已占社会固定资产投资的20%左右，有的大城市中甚至已达30%以上。住宅消费已占家庭消费总支出的10%以上，对市场消费需求产生重要影响。正是这种重要地位和作用，决定了房地产业的发展直接影响社会总供给与总需求的结构平衡，对整个国民经济的发展至关重要。因此，对房地产经济的宏观调控，成为政府对整个国民经济实施宏观调控的重要环节。

分析说明，房地产经济宏观调控是经济发展的客观要求，反映了经济规律的作用，必须体现在房地产经济运行的全过程，而绝不是可有可无，时有时无的。事实上，对房地产经济的宏观调控是自始至终必须坚持进行的，只不过宏观调控的方向、力度和重点在不同时期有所区别而已。

二、房地产经济宏观调控的目标

房地产业与其他产业相比，既有共同性又有特殊性。因此对房地产经济的宏观调控，既要服从全社会的国民经济宏观调控的总目标，又要根据房地产业本身的特点和特殊要求，来设定房地产经济宏观调控的具体目标。

（一）调节供求关系，实现房地产经济总量的基本平衡

总量平衡，是指房地产的供给总量和需求总量的平衡，是房地产经济宏观调控的首要目标。从全社会的角度考察，房地产商品的社会总需求是指某一时期（一般为一年）内全社会或某一地区内房地产市场需求的总量，包括投资性的生产用房需求和消费性的生活用房需求两大方面。房地产商品的社会供给则是多种所有制经济主体投资建造的各类房地产商品的总和。房地产供求总量平衡是一个动态概念，由于房地产市场的供给和需求是随各种经济因素的变动而经常发

生变化的，因此供求的绝对平衡是罕见的、几乎是不可能的，宏观调控的目标也只能是求得房地产总供给和总需求的基本平衡。房地产经济的总量平衡具有极端重要性，只有当房地产总供给和总需求平衡时，才能保证房地产市场正常运行和健康发展，优化房地产资源配置，也才能保持房价基本稳定。在实践中要尽量避免严重供过于求和供不应求的情况发生，以免大起大落造成损失。

由于房地产供给和需求的特殊性，在实现供给和需求总量平衡时，要注意以下几点：其一，房地产商品固定性的特点造成其供给和需求的地区性特别强，所以重在一个地区或城市内实现供求平衡。其二，房地产市场需求存在着潜在需求和有效需求，潜在需求是指房屋消费的欲望，而有效需求则是指有支付能力的现实需求，房地产商品的供给总量不能以潜在需求为依据，必须与市场有效需求总量相平衡。其三，房地产经济作为一个系统，不仅要实现自身的供给和需求的平衡，而且要协调房地产经济总量与整个国民经济总量，特别是地区经济总量的关系，实现平衡发展。

（二）优化房地产产业结构，提高资源配置效率

结构协调和结构优化是房地产经济宏观调控的重要目标。结构协调，主要是指与现阶段经济发展水平相适应的合适的比例关系，协调发展。结构优化是指结构的升级换代。产业结构最优化主要包括两方面：一是从国民经济全局来说，房地产业的发展要与其他产业的发展相协调，同整个国民经济和地区经济的发展相适应，既能带动相关产业和国民经济的发展，又与其他产业保持合适的比例，以保证国民经济协调发展。我国现阶段房地产业增加值在国民生产总值中所占比例，仍有较大的增长空间，随着经济发展其比重将进一步提高。二是房地产业内部的供给结构要与市场需求结构相协调，生产用房与消费用房（包括厂房、商业用房、办公楼、居民住宅、娱乐设施等各类用房）要符合市场需求的比例，一般来说住宅建设应占主导地位。而住宅的供给结构又必须与市场需求结构相适应，根据居民收入结构，合理安排高档房、中档房、中低档房建设，以满足不同层次的需求，实现结构基本合理，通过结构平衡和结构优化，以达到充分合理利用房地产资源的目的，提高其资源配置效率。

（三）房地产价格合理化，保持房价的基本稳定

房地产价格是价格体系中的基础性价格，对于相关产品的价格具有重大影响，特别是住宅价格直接关系到居民的购房承受能力和居住水平。因此，实现房地产价格的合理化，保持房价的基本稳定，也是对房地产经济实施宏观调控的重要目标之一。房价的基本稳定并不是说房价固定不变，而是指房价的涨幅保持在一个合理的范围内，避免价格暴涨暴跌。从世界各国的经验来看，在经济起飞阶段，由于土地等稀缺资源价格的上涨和市场需求拉动等因素，房地产价格必然呈现出一种上升趋势，关键在于控制房价上涨的幅度。一般规律是房价上涨的幅度要小于居民可支配收入增长的幅度，并与房屋升值的幅度相协调。

在市场经济条件下，房地产价格是由市场机制调节的，但政府也可以运用经济、法律等手段，运用市场机制，在一定程度上控制房价。一是通过控制土地价格和合理税收政策，影响房地产开发成本，促进房地产价值构成合理化；二是通过信贷政策和财政政策，调节房地产供给和需求，促使供求平衡，从而实现房价基本稳定；三是通过法律法规和工商行政管理等手段，规范房地产

市场价格秩序，防止乱涨价、价格欺诈等违法行为，使房价纳入法制化轨道。要把市场调节和宏观调控有机地结合起来，实现房价的基本稳定。

（四）确保房地产业持续稳定健康发展，更好地满足生产建设和居民生活消费的需要

这是房地产经济宏观调控的最终目标。持续发展是指房地产经济的长期发展，不仅要考虑当前的发展，而且要为今后的长期发展创造必要的条件，绝不能片面追求当前的发展，而损害今后的发展。稳定发展就是要保持适当的增长速度，避免忽高忽低、大起大落。健康发展就是按比例协调发展，既有正常的发展速度，又有比例关系的相对平衡，取得较好的经济效益。对房地产经济实施宏观调控的最终目的是：通过房地产业的健康发展，一方面满足生产建设各方面的需求，促进国民经济增长；另一方面满足居民住房消费的需求，保证居民居住水平不断提高。

三、房地产经济宏观调控的原则

房地产宏观调控原则指国家作为宏观调控主体，在房地产经济发展过程中运用宏观政策手段进行干预和调节所应遵循的总的基本准则。我国的房地产宏观调控应当在相关原则的指导之下进行，否则就会对房地产业的发展乃至整个社会经济及人民生活带来负面影响。

（一）平衡与优化原则

宏观调控就是要保持经济总量的基本平衡和经济结构的优化。总量平衡，是指房地产业的社会总供给与总需求之间的价值总量平衡；结构优化，是指房地产产业结构、投资结构、市场结构、消费结构乃至劳动力结构等多个组成要素达到最优化组合，最大限度满足社会需求。这两个方面是房地产宏观调控的重要内容和原则，通过总量平衡和结构的优化，能够在一定程度上保证房地产业乃至国民经济的持续稳定和健康发展，促进社会和谐稳定。

（二）有限干预原则

现代市场经济条件下，脱离国家宏观调控或干预的纯粹的市场经济，早已不复存在。自1933年资本主义经济危机后，宏观调控的竞争性市场经济逐步替代了昔日放任自由、反对国家干预的市场经济，西方经济学理论中凯恩斯学派、制度经济学派的观点备受关注和拥戴。我国在经济发展领域从未放弃宏观调控或干预的积极功能。近些年房地产领域的发展成就，就得益于既坚持市场作为基础性资源配置手段，又兼顾房地产宏观干预政策。政府的宏观调控始终是以尊重市场基本规律为前提，因而调控是有限干预。

（三）经济效益与社会效益相统一原则

经济效益，是指通过商品和劳动的对外交换所取得的社会劳动节约，即以尽量少的劳动耗费取得尽量多的经营成果，或者以同等的劳动耗费取得更多的经营成果。社会效益是指企业经济活动给社会带来的收入，主要包括社会公益、社会福利以及满足人们物质文化需要的程度。房地产经济效益主要反映房地产业内部经济利益关系，以追求利益最大化为目标，就可能带来对外部的负面影响，如盲目开发带来的土地资源浪费等。通过宏观政策将社会效益作为房地产业发展的考察标准，有利于市场主体在追求经济效益最大化的同时，创造一定的社会效益。

第十三章　房地产经济的宏观调控

第二节　房地产经济宏观调控的主要政策手段

为了实现房地产经济宏观调控的目标，政府必须运用适当的政策手段。主要政策手段有：房地产产业政策、货币政策、财政政策、法律手段和行政计划手段等。

一、房地产产业政策

产业政策，是指政府在某一时期为了实现本国社会经济增长和各产业之间的协调发展目标，所采取的产业调整政策措施。一般分为产业促进政策、产业抑制政策两种。房地产产业政策，是政府通过产业定位、产业发展规划和政策导向，对一定时期房地产业发展制定并实施的基本政策，以此引导房地产业与国民经济相协调、稳定健康地发展。它是对房地产经济实施宏观调控的重要政策手段。

（一）房地产产业政策的目标

产业政策包括政策目标和政策手段。房地产产业政策目标，是政府根据经济发展需要和房地产业的现实状况所制定的发展目标。主要有以下三个方面。

1．房地产业发展水平目标

房地产业作为重要的产业部门，既可以带动相关产业发展，促进国民经济的增长，又受到其他产业和整个国民经济发展水平的制约。所以在确定房地产业发展规模和水平时，一要以国民经济整体水平和一定时期发展规划为依据；二要以社会上的相关经济资源可供量为限，如土地资源、能源、建材资源、资金供应状况等；三要以房地产商品的市场需求为依托，适销对路；四要考虑到各个地区的实际情况。综合考虑上述因素，才能使房地产发展水平目标建立在科学的基础上。

2．房地产业内部结构协调目标

房地产业内部存在着各种类型的房地产，如工业用房（厂房）、商业用房、办公用房、居住用房（住宅）、文化娱乐用房以及其他各类用房等。因此，要按各类房地产需求的比例，协调地进行建设，求得结构合理、平衡地发展。

3．房地产业效益目标

效益目标包括宏观效益和微观效益。由于房地产业的发展与经济建设、环境建设和居民生活关系密切，因此宏观效益应是经济效益、社会效益和环境效益的统一。微观效益包括劳动生产率、投资回报率和资本利润率等。提高微观经济效益是房地产企业追求的目标，必须服从宏观效益。只有把宏观效益和微观效益统一起来，才能实现房地产资源的优化配置。

（二）房地产产业政策的实施手段

房地产产业政策的目标是通过一定的产业政策手段实现的。由于房地产产业政策是一种方向性、导向性的政策措施，因而实施的方法主要是运用间接的、经济性的宏观调控手段，并辅之以必要的行政控制手段。

1. 间接的经济调节手段

政府通过财政政策、货币政策、投资政策、技术政策等调节市场，由市场影响企业，引导房地产业按政府设定的方向和目标进行经济活动。如按房地产经济运行现实状况，运用税收政策、信贷政策，推进或抑制房地产业的发展速度，使其与相关产业和整个国民经济的发展相适应，稳定健康地发展。

2. 信息引导手段

政府可以利用所掌握的产业发展现状、房地产开发建设总量和结构、市场销售情况、需求变化方向等定期发布信息，使房地产企业获得正确的信息资源；同时，还可以公布中长期的房地产产业政策，使企业明确发展方向。科学的经济信息，可以引导房地产企业进行正确的投资决策，及时调整内部结构，稳定市场，促使房地产业正常发展。

3. 直接的行政控制手段

针对房地产业发展中的倾向性问题，政府还可以运用行政权力，对房地产业的发展方向进行直接的行政控制，如城市规划控制、土地供应量控制，以及实施住房制度改革，调整住房政策，使房地产业的发展符合国民经济发展的整体要求。

（三）房地产产业政策的层次

房地产产业政策划分为三个层次。

第一个层次是关系国民经济全局的总体房地产产业政策，主要是房地产产业定位和房地产产业发展政策。前者包括房地产产业分类、房地产业在整个国民经济中所处的地位和作用、在国民生产总值中应占的比重等。后者包括房地产产业发展的规模和速度、影响商品房市场供给量和市场需求量的相关政策。1996年中央制定住宅业是国民经济发展的新经济增长点的战略决策，加快住宅建设，扩大住房消费，以此拉动经济增长。2003年又进一步明确房地产业的支柱产业地位，这些都是事关全局的重大房地产产业政策。

第二个层次是房地产行业内部的各类政策，主要包括土地使用制度政策、城镇住房制度及其基本政策、产业内部各类房地产商品比例结构政策、房地产综合开发和综合经营政策、培育和完善房地产市场体系政策、房地产行业管理政策等。

第三个层次是各类房地产政策体系中更为具体化的政策，如规范土地市场的一级土地市场国家垄断政策、土地使用权出让与转让政策、征地拆迁政策等，规范房地产市场运行的房地产市场交易政策、房地产价格政策、房屋租赁政策、物业管理政策等，实施城镇住房制度的住房供应政策、住房公积金制度、住房分配政策等。

区分上述三个层次，主要目的在于明确不同层次的房地产产业政策的决策机构应有的权力和所承担的决策责任，以确保房地产产业政策的科学性。

二、货币政策

（一）货币政策的含义和主要任务

货币政策，是指一个国家的中央银行通过一定的措施调节货币供应量，进而控制货币的投放量和需求量，最终达到总量平衡目的的政策手段。总量平衡，即社会总供给和总需求的平衡。社会总供给，是指能够向市场提供的各种最终产品和劳务，它是由投资量和投资规模决定的，与货币投放量直接相关。社会总需求，指的是有效需求，它是由货币供应量及其周转速度所体现的现实购买力形成的。调节货币供应总量，可以使之体现的社会总供给与社会总需求的规模相适应。所以，货币政策是宏观调控最重要的手段。

运用货币政策对房地产经济实施宏观调控，核心是控制投入房地产业的货币供应量，主要体现在三方面：一是控制货币投放量，以保证货币供应适应房地产业发展的需要。二是控制房地产业的投资规模，使房地产市场供给量与需求量达到动态平衡。三是控制房地产信贷总规模，使之既能满足房地产开发经营和支持居民购房的资金需求，又能防止过度膨胀，确保信贷平衡。

（二）货币政策的主要工具

货币政策对房地产经济宏观调控的作用是通过一定的金融工具来实现的。主要有以下几种。

1. 利率政策

利率，是货币信贷政策最重要的杠杆。国家通过银行运用利率杠杆来调节流入房地产业的货币投放量。当信贷规模过大、资金供应紧张时，提高贷款利率，使房地产开发融资成本上升，抑制开发量，住房消费信贷利息负担加重，减少住房消费贷款，抑制住房需求量。1997～2000年，银行曾八次降低存贷款利率，不但减轻了房地产开发企业资金成本负担，为降低房价创造了条件，而且减轻了运用消费信贷购房者的利息支出，鼓励居民贷款购房，对促进住房消费和住宅市场的发展，起了良好的推动作用。

2. 公开市场业务

公开市场业务，是指中央银行在公开市场上，通过买卖有价证券的办法来调节货币供应量，从而调节社会总供给和总需求的金融业务活动。当国民经济出现衰退时，中央银行可以在公开市场上买进有价证券，增加货币供应量，从而刺激投资和消费，促进经济复苏。当经济过热、通货膨胀时，则卖出有价证券，回笼货币，减少货币供应量，从而抑制投资和消费需求，促进经济稳定。公开市场业务不仅从总体上调节房地产供给和需求，而且通过买卖住宅债券，直接调节投入房地产开发和消费的货币供应量，达到控制房地产经济总供求平衡的目的。

3. 法定存款准备金率

法定存款准备金率是指政府规定的商业银行向中央银行交存的存款准备金占总存款量的比例。中央银行通过提高或降低存款准备金率，影响商业银行的贷款能力，从而控制信贷总量。提高存款准备金率，即提高商业银行向中央银行交存的法定准备金，可以使商业银行收缩信贷，从而紧缩货币供应量，抑制投资和消费增长。降低存款准备金，即减少商业银行向中央银行交存的法定准备金，使商业银行可贷资金量增加，扩大货币供应量，鼓励投资，刺激消费。存款准备金率的高低，通过商业银行信贷投放量，使房地产信贷扩张或收缩，从而使房地产总供给和总需求得以有效控制。

4. 再贴现率

中央银行对商业银行及其他非银行金融机构的再贷款利率。各商业银行主要通过两种方式向中央银行贷款：一是将各种票据，如国库券等政府公债，向中央银行再贴现；二是用自己所拥有的政府债券和其他财产作为担保，向中央银行贷款。中央银行运用提高或降低贴现率的办法来调节货币投放量，当经济过热时，中央银行通过提高再贷款标准和利率，限制商业银行的融通资金量，紧缩信贷；当经济衰退时，则中央银行通过降低再贷款标准和下调再融资利率，扩大商业银行融通资金量，扩张信贷。再贴现率的高低直接影响商业银行的信贷规模，从而调节其对房地产开发投资和消费的贷款总量。

上述金融工具所体现的货币政策对整个国民经济都发挥着关键性的调节作用。作为资金密集型的房地产业，它的开发建设和消费离不开金融业的信贷支持。政府运用货币政策，合理安排流入房地产业的资金总量，就可以达到控制和调节房地产经济和国民经济的目的。

三、财政政策

政府运用财政收支的各种工具，通过调节国民收入分配、再分配的方向和规模，以达到经济总量平衡和结构平衡的政策手段。在宏观调控中，财政政策具有最直接、最有效的作用。

财政政策的主要内容包括：政府的财政收入政策；政府的财政支出政策。

（一）财政收入政策

财政收入政策主要是税收政策，通过税种和税率的变动，来调节社会总供给和总需求。对房地产经济宏观调控的作用主要体现在两方面。

（1）对房地产市场消费需求的调节作用。在房地产市场交易中，税种增加、税率提高，将使市场需求减少；反之，增加。

（2）对房地产市场供给的调节作用。对房地产开发企业的税种增加、税率提高，导致开发成本上升，投资的预期收益减少，抑制房地产投资增长率；反之，税种减少，税率下降，投资的预期收益增加，促进房地产开发投资增长率上升。1997年我国取消对房地产企业的48种不合理收费，减轻了企业负担，使房地产开发投资迅速回升。契税从6%降至3%，减轻购房负担，促使住房消费需求增加。所以，正确实施税收政策，是对房地产经济实施宏观调控的重要手段。

（二）财政支出政策

财政支出对调节国民收入的分配和再分配、社会总需求、生产和供给、产业结构等方面都有重要作用。首先，在财政支出中，增加或减少对房地产开发投资量，会直接影响投资品需求和房地产商品供给量。例如，近年来国家为扩大内需，增加对住房建设的投资，既促进房地产业的发展，又拉动了整个国民经济增长。其次，在财政支出中，增加职工工资，实施住房消费补贴，增强了居民购房能力，扩大了住房消费，直接拉动了住房消费需求。再次，通过财政支出结构的变动来调节房地产业在国民经济中的比重，调节房地产业内部各类房地产的比例。例如，房地产开发建设中，通过增加住宅建设投资、压缩办公用房和商业用房投资，促使房地产业内部结构逐步趋向合理。

四、法律手段

市场经济是法制经济，国家通过规范经济活动准则来调节市场经济的有序运行。对房地产业进行宏观调控的法律手段,是指政府通过立法和司法,运用法律、法规来规范房地产经济运行秩序,引导房地产业健康发展的方法和手段。法律手段具有强制性、规范性、稳定性等特点,并具有普遍的约束性,是间接宏观调控的重要手段。

广义上的房地产法,是指调整房地产经济关系的各种法律和法规的总和。具体来说,就是指调整公民之间、法人之间、公民与法人及国家之间在房地产权属、开发建设、交易管理等与房地产相关的各种社会关系的法律规范的总称。狭义的房地产法,指直接调整房地产关系的法律法规,如《中华人民共和国城市房地产管理法》(以下简称《城市房地产管理法》)等。房地产法具有以下特征。

(1)主体的多样性。任何组织和个人都会与房地产发生联系,由此形成涉房利益关系,从而使房地产法律关系的权利主体和义务主体呈现多样性。

(2)调整关系的综合性。房地产法调整的房地产关系较为复杂,既包括房地产所有者、使用者、经营者依法享有的所有权、使用权和经营权等,又包括房地产开发、经营、管理以及涉外房地产等各项活动及其引起的纵向、横向的社会关系。

(3)调整手段的交叉性。房地产法属经济法、行政法、民事法下的子法,自然就有三种基本法采用手段的叠合交叉的特点。

(4)权属的基础性。作为不动产的房屋财产和土地财产,其转移并非实际物体发生移位,而是权利主体发生变动(交易和转让)。房地产权属的设定转移都必须办理权属登记,所以房地产法律规范是一个以权属为基础的法律规范。

运用法律手段规范房地产经济运行,必须充分考虑房地产法的上述特点。

房地产法律手段的调控,是通过立法和司法来实现的。立法是指房地产法规的制定。房地产法律体系应当包括:土地征用、土地批租、房地产企业的开发经营、住宅建设、房地产交易以及租赁、抵押、房地产产权登记、房地产估价、房地产金融、房地产售后服务和中介服务等内容,它主要调整房地产方面的经济法律关系、民事法律关系和行政法律关系。我国已公布的房地产法规主要有《土地管理法》《城市房地产管理法》以及一些有关的条例等,但缺陷较多,如《住宅法》尚未出台,还需花大力气建立房地产法律体系。同时,还要加强房地产司法。近年来随着房地产交易活动的增多,涉房经济纠纷明显增多,加强司法工作,能够及时、准确、公正地解决各种纠纷,有力地打击违法犯罪活动,维护正常的房地产经济运行秩序,促进房地产业发展。

五、行政计划手段

(一)房地产行业行政管理和计划管理的必要性

行政手段包括行政政策法令、规划以及少量的指令性计划等,是直接的宏观调控手段。相对其他行业来说,房地产行业的行政管理和计划管理更为必要。因为:第一,房地产开发与城市建设的发展关系极为密切,盲目布点和开发会导致城市布局结构失衡,由于房地产是不动产,位置固定,一旦出现失衡,调整极为困难。因此,必须由政府进行统一的城市规划,制定必要的行政法规来加以严格管理。第二,土地是稀缺资源,不能再生,城市土地的合理利用和开发,是直接关系到城市建设可持续发展的重大问题,只有政府通过行政手段,统一管理土地,加强土地规划,才能保证土地资源配置的高效率。第三，市场机制配置房地产资源固然能发挥基础性的调节作用，但同时也存在着盲目性、滞后性，容易引起大起大落，造成供求失衡。因此，政府必须通过行政手段和计划手段，实施必要的行政管理，直接干预房地产经济活动，以保证房地产业的健康发展。正因为上述理由，世界各国政府都加强了对房地产业的行政管理，房地产开发经营已成为各国政府行政干预最深的一个领域。

（二）房地产行业行政管理和计划管理的内容和作用

1. 加强土地管理，实施可持续发展战略

土地政策是宏观调控的重要手段。为了保证土地特别是城市土地的合理利用和节约使用，发挥土地资源的最大效能，政府必须通过行政立法、行政手段等，加强土地管理。为此，我国颁布了《土地管理法》，各省市也颁布了一些地区性的土地行政管理条例。针对我国人多地少的国情，更应节约土地，防止滥占耕地等浪费土地资源的情况发生。城市的土地管理，主要是控制土地使用总规模和使用性质、使用方向，实行土地有偿、有期限、有计划的使用制度，通过建房基地计划供应控制房地产开发总规模；土地的利用不仅要满足当代人的需要，而且必须考虑后代的土地需求，以不损害后代的利益为原则。因此，必须坚定地实施可持续发展战略。

2. 制定房地产开发建设计划，协调与国民经济发展的关系

房地产业是国民经济最重要组成部分，既受到国民经济特别是地区经济的制约，又能促进国民经济和地区经济的发展。为适应国民经济发展，各级政府和相关部门要根据实际情况制订房地产开发建设计划，把房地产投资纳入社会总投资规模之中，控制投资增长速度和开发建设规模。计划手段主要突出战略性、宏观性和政策性，应以中长期指导性计划为主，实行必要的指令性计划。

3. 搞好城市规划，保证房地产开发符合城市发展的方向

城市规划是政府行使对房地产业行政管理，调控房地产开发的重要手段。世界各国的中央政府和地方政府都运用城市规划法或城市规划条例来规范房地产开发行为。城市规划是城市建设发展的整体布局，而房地产综合开发则是其中的一个局部，房地产开发应服从于城市规划的管理，坚持从全局出发的原则，达到经济效益、社会效益和环境效益的统一。政府通过城市规划对房地产开发进行控制，引导房地产开发向健康的方向发展。我国的城市规划滞后、朝令夕改的现象比较严重，这一调控手段尚未得到有效的发挥，因此要进一步搞好城市规划，强调城市规划的严肃性和全面性，真正发挥其对房地产开发的调控作用。

第三节 房地产经济宏观调控的实践

一、直接调控和间接调控

房地产经济宏观调控的方式可分为直接调控和间接调控。直接调控方式是指政府通过行政手段和指令性计划管理，直接控制房地产开发、流通、分配、消费诸过程，从而达到对房地产经

宏观调控目标。间接调控是指政府运用经济手段、经济参数调节各类房地产市场。再由市场机制（供求机制、竞争机制、价格机制等）引导市场经济主体（企业）的行为，使之符合房地产经济宏观调控目标。

在社会主义市场经济条件下，由于企业成为市场经济的主体，是自主经营、自负盈亏、自我约束、自我发展的独立的商品生产者和经营者，具有独立的经济利益。它的生产经营活动以市场为中心展开，在市场竞争中求生存和发展。市场机制起着基础性的调节作用，政府一般不再直接干预企业的生产经营活动，主要通过市场机制、经济杠杆等间接的手段来调节市场经济运行，引导企业按政府制定的目标发展。经过改革，计划经济体制下的直接调控方式为主，也就转换成适应市场经济要求的间接调控方式为主。间接调控方式主要表现为：运用财政政策、货币政策、产业政策、投资政策和房地产法律法规等手段，调节各类房地产市场供求状况，再由供求机制、价格机制、竞争机制、利率机制等市场机制引导房地产企业的投资开发（生产）、流通、分配和消费等生产经营活动。例如，在 1995 年和 1996 年房地产开发过热时，政府采用适度从紧的货币政策和财政政策，控制房地产投资开发的货币供应量和财政支出量，促使房地产投资过高的增长率下降。当 1998 年房地产市场疲软时，政府采取了积极的财政政策和适当的货币政策，增加投资，加快住房建设，推动房地产市场回暖。

间接调控为主并不排斥必要的直接调控。对关系经济命脉、国家安全和国计民生的重大项目建设和重要产品的生产和流通，仍然实行一些直接调控。例如，石油、煤炭等能源建设，有色金属、铁路、公路等建设，邮政、水、电、煤气等公共产品建设，以及一些高科技项目、国防建设等，事关大局，必须由政府实施直接调控，以保证宏观调控目标的实现。房地产业由于其自身的特点，同城市建设、生态环境和居民生活质量关系密切，房地产业的发展和房地产市场状况，对整个国民经济和人民生活影响极大。因此，相对一般竞争性行业来说，直接调控方式的运用更为必要。如，城市规划管理、建设项目的行政管理、土地管理和房地产市场交易的管理等，都显得更为严格一些。

房地产经济宏观调控方式的运用，要把直接调控与间接调控结合起来，坚持以间接调控为主，辅以必要的直接调控，二者的完美结合才能取得良好的调控效果。

二、我国房地产经济宏观调控的实践

自 1998 年 23 号文件《国务院关于进一步深化城镇住房制度改革加快住房建设的通知》确立了住房制度改革基本原则和精神之后，房地产业处于一个较为平稳的发展时期，国家并未出台过多的房地产宏观调控政策。但进入 2003 年之后，在国际国内经济形势的共同影响下，加之住房货币化改革的过渡期基本结束，房地产市场开始由平稳发展进入到高速发展阶段，各种问题也开始显现，一个突出的问题就是住宅价格上涨过快。对此，国家为了稳定房价，促进房地产市场的健康发展，密集出台了一系列宏观调控政策。根据房地产宏观调控政策目标的宏观差异，大致可以将 2003 年起至今的房地产宏观调控政策分为三个阶段：2003~2008 年年底的"抑制"阶段，2008 年底~2009 年底的"扶持"阶段，2009 年底至今的"打压"阶段。

（一）2003~2008 年年底的"抑制"阶段

从 2003 年 4 月中国人民银行《关于进一步加强房地产信贷业务管理的通知》（121 号文件）

的出台,至 2008 年 10 月中国人民银行决定将商业性个人住房贷款利率的下限扩大、最低首付款比例降低及契税下调政策为止,房地产业遭遇了长达 5 年的密集宏观调控。在此期间,宏观调控总的方向是抑制房地产价格的过快增长,按照宏观调控政策取向的差异,又大致可以分为"压投资、控供给""抑需求、调结构""增供给、促保障"三个不同阶段。

1."压投资、控供给"阶段

基于房地产投资出现过热势头的判断,这一阶段主要是通过压缩房地产开发贷款和控制土地出让来达到"压投资、控供给"的目的。这一阶段代表性的调控政策或文件有:中国人民银行《关于进一步加强房地产信贷业务管理的通知》(121 号文件)、国务院《关于促进房地产市场持续健康发展的通知》(18 号文件)和国土资源部和其他部委联合下发的《关于继续开展经营性土地使用权招标拍卖挂牌出让情况执法监察工作的通知》(71 号令)。

2003 年 4 月出台的中国人民银行《关于进一步加强房地产信贷业务管理的通知》(121 号文件)打响了以"压投资、控供给"为主要目标的房地产宏观调控的第一枪。121 号文件从加强房地产开发贷款管理、引导规范贷款投向;严格控制土地储备贷款的发放;规范建筑施工企业流动资金贷款用途;加强个人住房贷款管理;强化个人商业用房贷款管理;充分发挥利率杠杆对个人住房贷款需求的调节作用;加强个人住房公积金委托贷款业务的管理等七个方面,来控制房地产开发和消费信贷。其中,诸如"贷款应重点支持符合中低收入家庭购买能力的住宅项目,对大户型、大面积、高档商品房、别墅等项目应适当限制""房地产开发企业申请银行贷款,其自有资金(指所有者权益)应不低于开发项目总投资的 30%""商业银行只能对购买主体结构已封顶住房的个人发放个人住房贷款。对购买第二套以上(含第二套)住房的,应适当提高首付款比例""借款人申请个人商业用房贷款的抵借比不得超过 60%,贷款期限最长不得超过 10 年"等规定,直指房地产开发贷款和个人投资型住房贷款,给房地产开发企业和个人投资者带来了较大的资金压力。

2003 年 8 月,国务院发布《关于促进房地产市场持续健康发展的通知》(18 号文件),将房地产业定位为国民经济支柱产业的同时,明确了"坚持住房市场化的基本方向,不断完善房地产市场体系,更大程度地发挥市场在资源配置中的基础性作用;坚持以需求为导向,调整供应结构,满足不同收入家庭的住房需要;坚持深化改革,不断消除影响居民住房消费的体制性和政策性障碍,加快建立和完善适合中国国情的住房保障制度;加强宏观调控,努力实现房地产市场总量基本平衡,结构基本合理,价格基本稳定;坚持在国家统一政策指导下,各地区因地制宜,分别决策,使房地产业的发展与当地经济和社会发展相适应,与相关产业相协调,促进经济社会可持续发展"等房地产市场发展指导思想。在此基础上,提出了增加普通商品住房供应、建立和完善廉租住房制度、控制高档商品房建设、完善住房补贴制度、搞活住房二级市场、加强房地产贷款监管、加强对土地市场的宏观调控、完善市场监管制度等共 20 条房地产调控政策。这一文件在一定程度上纠正了 121 号文件过于严厉的措施,并成为之后一段时间内指导房地产业发展和房地产市场宏观调控的指导性文件。

2004 年 3 月,为了进一步规范土地市场秩序,减少土地违法行为,从源头上预防和治理土地出让中的腐败行为,国土资源部和其他部委联合下发了《关于继续开展经营性土地使用权招标拍卖挂牌出让情况执法监察工作的通知》(71 号令),要求从 2004 年 8 月 31 日起,"除原划拨土地使用权人不改变原土地用途申请补办出让手续和按国家有关政策规定属于历史遗留问题之外,商业、旅游、娱乐和商品住宅等经营性用地供应必须严格按规定采用招标拍卖挂牌方式，其他土地的供地计划公布后，同一宗地有两个或两个以上意向用地者的，也应当采用招标拍卖挂牌方式供应"，即所有经营性的土地一律都要公开竞价出让。各地政府要在2004年8月31日前将历史遗留问题界定并处理完毕。8月31日后，不得再以历史遗留问题为由采用协议方式出让经营性土地使用权。此举在惩治和预防土地腐败行为的同时，客观上使得土地购置和开发面积增幅在当年二、三季度有了明显回落，在一定程度上起到了抑制土地供给的作用。

2．"抑需求、调结构"阶段

从2005年开始，房地产宏观调控思路发生了明显转变，从收缩"银根""地根"的"压投资、控供给"转变为从信贷和土地两方面入手抑制需求，调整住宅和需求结构。这一阶段代表性的调控政策和文件包括：国务院《关于切实稳定住房价格的通知》《引导和调控房地产市场八项意见》（"国八条"）、《关于做好稳定住房价格工作的意见》（"新国八条"）、《对房地产调控的六条意见》（"国六条"）和《关于调整住房供应结构稳定住房价格意见的通知》（"国十五条"）。

2005年的调控政策主要是以抑制需求为主，并且提出了调整结构的思路。当年3月，国务院办公厅下发《关于切实稳定住房价格的通知》，提出了切实负起稳定住房价格的责任、大力调整和改善住房供应结构、严格控制被动性住房需求、正确引导居民合理消费预期、全面监测房地产市场运行、积极贯彻调控住房供求的各项政策措施、认真组织对稳定住房价格工作的督促检查等七项要求。其中，强化政府调控责任、调整供应结构、控制被动性需求、引导消费预期等内容，实际上是将调控思路由单纯的收缩"银根""地根"转变为从消费预期和防止强制拆迁引起被动型需求等方面来抑制需求，是调控思路的重要转变。

在此基础上，2005年4月27日国务院常务会议对房地产市场形势进行了分析，并研究进一步加强房地产市场宏观调控的指导意见。会议认为，房地产市场存在房地产投资规模过大、商品房价格上涨过快、商品房结构不合理、房地产市场秩序比较混乱四大主要问题。并提出，加强房地产市场引导和调控的八条措施，被房地产业界称为"国八条"。这八条措施分别是：强化规划调控，改善商品房结构；加大土地供应调控力度，严格土地管理；加强对普通商品住房和经济适用住房价格的调控，保证中低价位、中小户型住房的有效供应，经济适用住房价格要严格实行政府指导价；完善城镇廉租住房制度，保障最低收入家庭基本住房需求；运用税收等经济手段调控房地产市场，特别要加大对房地产交易行为的调节力度；加强金融监管，各商业银行要加强对房地产贷款和个人住房抵押贷款的信贷管理，防范贷款风险；切实整顿和规范市场秩序；加强市场监测，完善市场信息披露制度，加强舆论引导，增强政策透明度。

2005年5月，为了进一步加大房地产宏观调控的力度，国务院七部委又联合下发了《关于做好稳定住房价格工作的意见》（"新国八条"），强化规划调控，改善住房供应结构；加大土地供应调控力度，严格土地管理；调整住房转让环节营业税政策，严格税收征管；加强房地产信贷管理，防范金融风险；明确享受优惠政策普通住房标准，合理引导住房建设与消费；加强经济适用住房建设，完善廉租住房制度；切实整顿和规范市场秩序，严肃查处违法违规销售行为；加强市场监测，完善市场信息披露制度，从上述八个方面提出了具体的调控政策。此次政策与以往调控文件的不同之处在于，分别从规划、土地、税收、信贷等方面提出了微观调控做法，标志着房地产宏观调控从较为宏观的层次向更为微观的层次深入。

2006年之后，由于之前房地产调控政策的效果并不够显著，国家又陆续出台了《对房地产调控的六条意见》（"国六条"）和《关于调整住房供应结构稳定住房价格意见的通知》（"国十五条"）两个重量级文件，除继续强调相关调控政策之外，直指住房供应结构问题。调控需求由笼统地调控需求总量转变为调控供应和需求结构。当年5月，国务院常务会议通过了"对房地产调控的六条意见"（"国六条"），分别是：①切实调整住房供应结构。②进一步发挥税收、信贷、土地政策的调节作用。③合理控制城市房屋拆迁规模和进度，减缓被动性住房需求过快增长。④进一步整顿和规范房地产市场秩序，制止擅自变更项目、违规变易、囤积房源和哄抬房价行为。⑤加快城镇廉租住房制度建设，规范发展经济适用住房，积极发展住房二级市场和租赁市场，有步骤地解决低收入家庭的住房困难问题。⑥完善房地产统计和信息披露制度，增强房地产市场信息透明度，全面、及时、准确地发布市场供求信息，坚持正确的舆论导向。

在此基础上，国务院九部委联合发布了《关于调整住房供应结构稳定住房价格的意见》，被称为"国六条"细则或"国十五条"。该意见对国务院常务会议提出的《对房地产调控的六条意见》进行了细化，提出了制定和实施住房建设规划，要重点发展满足当地居民自住需求的中低价位、中小套型普通商品住房，包括：明确新建住房结构比例；调整住房转让环节营业税；严格房地产开发信贷条件；有区别地适度调控住房消费信贷政策；保证中低价位、中小套型普通商品住房土地供应，要优先保证中低价位、中小套型普通商品住房（含经济适用住房）和廉租住房的土地供应，其年度供应量不得低于居住用地供应总量的70%；加大对闲置土地的处置力度；严格控制被动性住房需求；加强房地产开发建设全过程监管；切实整治房地产交易环节违法违规行为；加快城镇廉租住房制度建设；规范发展经济适用住房；积极发展住房二级市场和房屋租赁市场；建立健全房地产市场信息系统和信息发布制度；坚持正确的舆论导向等共十五项政策。其中："自2006年6月1日起，凡新审批、新开工的商品住房建设，套型建筑面积90平方米以下住房（含经济适用住房）面积所占比重，必须达到开发建设总面积的70%以上""从2006年6月1日起，对购买住房不足5年转手交易的，销售时按其取得的售房收入全额征收营业税，个人购买普通住房超过5年（含5年）转手交易的，销售时免征营业税，个人购买非普通住房超过5年（含5年）转手交易的，销售时按其售房收入减去购买房屋的价款后的差额征收营业税""从2006年6月1日起，个人住房按揭贷款首付款比例不得低于30%，对购买自住住房且套型建筑面积90平方米以下的仍执行首付款比例20%时规定""土地、规划等有关部门要加强对房地产开发用地的监管，对超出合同约定动工开发日期满1年未动工开发的，依法从高征收土地闲置费，并责令限期开工、竣工，满2年未动工开发的，无偿收回土地使用权，对虽按照合同约定日期动工建设，但开发建设面积不足1/3或已投资额不足1/4，且未经批准中止开发建设连续满1年的，按闲置土地处置""规定2006年各地房屋拆迁规模原则上控制在2005年的水平以内"等，关于住宅户型结构、个人购房贷款首付比例、个人住房转让营业税、土地闲置费等规定的出台，标志着以调结构为主的房地产宏观调控全面进入微观层面。

3．"增供给、促保障"阶段

从2006年8月开始，在继续坚持采取既定措施"抑需求、调结构"的同时，政府将"增供给、促保障"也纳入到了调控政策之中。通过加强土地增值税清算，降低和减少开发商"囤地"所获超额利润，进而促进土地开发速度和效率，增加房地产市场有效供给，达到"增供给"的目

第十三章　房地产经济的宏观调控

的；一系列住房保障政策的出台和加码，标志着政府调控目标从单纯关注调控房价等数据指标转向建立长远的保障体系，传统"重市场轻保障"的住房政策开始转变。这期间代表性的政策主要有：《国家税务总局关于房地产开发企业土地增值税清算管理有关问题的通知》，建设部《城镇廉租房工作规范化管理实施办法》和《国务院关于解决城市低收入家庭住房困难的若干意见》。

2006年12月，为达到进一步加强房地产开发企业土地增值税清算管理工作、实现减少恶意"囤地"行为、促进有效供给增加的目的，国家税务总局发布了《关于房地产开发企业土地增值税清算管理有关问题的通知》，明确规定，从2007年2月起，对分期开发的房地产项目进行土地增值税清算。该通知从清算对象、清算条件、收入确定、扣除项目、资料报送、审核鉴证及核定征收等方面，对土地增值税清算工作进行了详细规定。除了将符合"房地产开发项目全部竣工、完成销售的；整体转让未竣工决算房地产开发项目的；直接转让土地使用权的"条件的三类项目列为清算范围之外，还规定税务机关可以对下述情况予以清算："已竣工验收的房地产开发项目，已转让的房地产建筑面积占整个项目可售建筑面积的比例在85%以上，或该比例虽未超过85%，但剩余的可售建筑面积已经出租或自用的；取得销售（预售）许可证满三年仍未销售完毕的"等，一定程度上扩大了清算范围，使得开发商难以规避。这些具体规定的出台，一方面，对土地增值收益征较高的税，使得土地囤积行为预期收益大大减少；另一方面，严格的清算要求，在一定程度上加重了部分开发商资金链条的紧张程度，对于扩大供给具有积极作用，同时极大地增加了土地税收。这项政策使之后的很长时间内，土地增值税清算成为一项重要的房地产宏观调控政策工具。

从单纯关注调控房价等数据指标转向建立长远的保障体系，改变传统"重市场轻保障"的住房政策，是房地产宏观调控具有深远意义的一项转变。2006年8月建设部出台的《城镇廉租房工作规范化管理实施办法》预示着这一转变的开始。实际上，保障性住房政策作为房地产宏观调控的重要组成部分，贯穿于自2003年开始的房地产宏观调控的始终。最为典型的就是，《城镇最低收入家庭廉租住房管理办法》早在2003年底就已经出台并于2004年正式实施。但是，在实际工作中，各地保障性住房的建设存在着各种各样的问题，集中表现在政策执行不力方面，各地保障房建设长期处于"只闻楼梯响"的状态。《城镇廉租房工作规范化管理实施办法》从十几个方面对城镇廉租房工作进行了具体规定和规范，建立城镇廉租住房制度；制定廉租住房保障的中长期规划及年度计划；建立以财政预算安排为主、稳定规范的资金筹措和管理制度；制定相关配套措施；建立健全管理机构、配备专职管理人员、实行窗口服务、规范服务行为、规范审核程序、规范办理手续；严格执行公示制度；严格实施年度复核制度；建立廉租住房统计报表制度；建立健全城镇廉租住房档案管理制度；实现廉租住房管理信息化等。并且明确规定，要对廉租房建设工作进行分级考核，极大地促进了廉租房的建设，推动了该项制度的落地，为下阶段"促保障"调控政策的实施落地奠定了基础。

2007年8月，《国务院关于解决城市低收入家庭住房困难的若干意见》正式发布，标志着"促保障"已成为房地产宏观调控的主要政策目标之一。有业界人士认为此文件是房地产业回归保障的重要标志，该文件对于促进住房保障建设的作用可见一斑。《国务院关于解决城市低收入家庭住房困难的若干意见》，不仅系统地提出了国家关于住房保障工作的指导思想、总体要求和基本原则，将"建立健全以廉租住房制度为重点、多渠道解决城市低收入家庭住房困难的政策体系"作为今后一段时间住房保障工作的重心，而且对进一步建立健全城市廉租住房制度，改进和规范经济适用住房制度，逐步改善其他住房困难群体的居住条件等工作作了明确而详细的规定。首先，对廉租住房覆盖范围设定了时间表，规定"2007年底前，所有设区的城市要对符合规定住房困难条件、申请廉租住房租赁补贴的城市低保家庭基本做到应保尽保；2008年底前，所有县城要基本做到应保尽保。'十一五'期末，全国廉租住房制度保障范围要由城市最低收入住房困难家庭扩大到低收入住房困难家庭；2008年底前，东部地区和其他有条件的地区要将保障范围扩大到低收入住房困难家庭"。其次，对廉租住房和经济适用住房的建设面积首次进行了明确，规定"新建廉租住房套型建筑面积控制在50平方米以内""经济适用住房套型标准根据经济发展水平和群众生活水平，建筑面积控制在60平方米左右"。再次，明确了廉租住房的资金来源和经济适用住房上市交易管理等焦点问题，规定"土地出让净收益用于廉租住房保障资金的比例不得低于10%""购买经济适用住房不满5年，不得直接上市交易，购房人因各种原因确需转让经济适用住房的，由政府按照原价格并考虑折旧和物价水平等因素进行回购"。最后，提出了落实保障性住房用地的思路，规定"廉租住房和经济适用住房建设用地实行行政划拨方式供应，对廉租住房和经济适用住房建设用地，各地要切实保证供应。要根据住房建设规划，在土地供应计划中予以优先安排，并在申报年度用地指标时单独列出"。这些规定对廉租住房和经济适用住房的适用范围和定位进行了明确划分，基本上确立起了以廉租住房制度为核心、经济适用住房和其他保障房为补充的、多层次全方位的住房保障政策体系。

（二）2008年底～2009年底的"扶持"阶段

经过近五年时间的持续调控，加之美国次贷危机引发全球金融危机的冲击，进入2008年后，房地产市场基本进入了长期观望期，房地产价格上涨速度得到了有效控制，部分城市房地产价格甚至出现了下跌的态势。然而，随着全球金融危机的进一步蔓延，国内经济也受到一定程度的影响，经济增长有放缓甚至是下滑的可能。在这种情况下，为了促进国民经济的持续健康发展，实现当年GDP增长目标，国家果断地出台了一系列"救市"政策。受此影响，房地产调控政策也首次出现了转向，由"抑制"转为"扶持"。"扶持"政策以包括货币政策和财税政策在内的经济手段为主，并且主要着眼于通过一系列利率和税收优惠政策鼓励购房行为以扩大需求。政策的主要对象是普通消费者。

与"抑制"阶段一样，中国人民银行打响了此轮调控的第一枪。作为"救市"政策的一部分，中国人民银行宣布从2008年9月16日起，下调一年期人民币贷款基准利率0.27个百分点，下调存款类金融机构人民币存款准备金率0.5个百分点。一个月之后，中国人民银行再次作出下调基准利率的决定，宣布自2008年10月9日起下调一年期人民币存贷款基准利率各0.27个百分点，其他期限档次存贷款基准利率作相应调整。从2008年9月到2008年12月，中国人民银行共下调利率五次，其余三次分别为：2008年10月30日下调存贷款基准利率0.27个百分点，2008年11月26日下调存贷款基准利率1.08个百分点，2008年12月23日下调一年期存贷款基准利率0.27个百分点。

与"调息"相配合的是包括降低首套房首付比例、调整流通环节税收、下调自有资本金贷款比例等一揽子鼓励购房、促进开发的政策。首先，中国人民银行发布《关于扩大商业性个人住房贷款利率下浮幅度等有关问题的通知》（银发[2008]302号）决定，自2008年10月27日起，将商业性个人住房贷款利率的下限扩大为贷款基准利率的0.7倍；最低首付款比例调整为20%。随后，四大国有商业银行出台了7折利率实施范围，规定只要2008年10月27日前执行基准利率0.85倍优惠、无不良信用记录的优质客户，原则上都可以申请七折优惠利率。其次，国家税务总局先后发布《关于调整房地产交易环节税收政策的通知》（财税[2008]137号）、《关于个人住房转让营业税政策的通知》（财税[2008]174号），在137号文件中规定，对个人首次购买90平方米及以下普通住房的，契税税率暂统一下调到1%，并对个人销售或购买住房暂免征收印花税、土地增值税。在174号文件中规定，自2009年1月1日至12月31日，个人将购买不足2年的非普通住房对外销售的，全额征收营业税；个人将购买超过2年（含2年）的非普通住房或者不足2年的普通住房对外销售的，按照其销售收入减去购买房屋的价款后的差额征收营业税；个人将购买超过2年（含2年）的普通住房对外销售的，免征营业税。该条例的发布，实际上废止了《财政部国家税务总局关于调整房地产营业税有关政策的通知》（财税[2006]75号）文件中关于营业税征收的有关规定。最后，在2009年5月27日，国务院发布《关于调整固定资产投资项目资本金比例的通知》（国发[2009]27号），规定保障性住房和普通商品住房项目的最低资本金比例为20%，其他房地产开发项目的最低资本金比例为30%。

除了这一系列以经济手段为主的具体调控政策之外，2008年12月国务院办公厅发布《关于促进房地产市场健康发展的若干意见》（国办发[2008]131号，从制度层面对"扶持"政策进行了强化。除继续强调加大保障性住房建设力度、强化地方人民政府稳定房地产市场的职责之外，该文件旗帜鲜明地提出了要"进一步鼓励普通商品住房消费。加大对自住型和改善型住房消费的信贷支持力度。对住房转让环节营业税暂定一年实行减免政策""支持房地产开发企业积极应对市场变化，引导房地产开发企业积极应对市场变化，支持房地产开发企业合理的融资需求，取消城市房地产税"，并且提出了要"及时发现市场运行中的新情况、新问题，提高调控措施的预见性、针对性和有效性"。这一文件的发布，实质上从中央政府层面宣告了"抑制"政策的中止，为各地政府因地制宜的出台"救市"政策提供了政策支持，对促进房地产业迅速恢复和发展发挥了重要作用。

（三）2009年底至今的"打压"阶段

近一年的"扶持"政策效果极为明显，房地产业迅速告别了短暂的"寒冬期"，呈现出供需两旺的局面。随着世界经济的逐步转暖，国内经济形势的好转，在过剩的流动性和刚性需求的支撑下，房地产价格重新呈现出过快上涨的情况。在这种形势下，国家果断开始新一轮的房地产业宏观调控，调控政策由"扶持"重新转为"打压"。即以2010年9月国务院有关部委再次出台一系列宏观调控措施为界限，分为"首轮调控"和"二次调控"。在"打压"阶段，房地产调控手段由开始的以经济手段为主，渐渐转变为以行政手段为主，调控政策愈发严厉。

1."首轮调控"

一般认为，所谓"首轮调控"应该以2010年1月《国务院办公厅关于促进房地产市场平稳健康发展的通知》（又称"国十一条"）为标志，但房地产宏观调控政策的"转向"从2009年12月份就已经开始。当月14日的国务院常务会议研究完善促进房地产市场健康发展的政策措施中，明确提出："随着房地产市场的回升，一些城市出现了房价上涨过快等问题，应当引起高度重视"，并要求继续加强和改善对房地产市场的宏观调控，提出要"稳定市场预期，遏制部分城市房价过快上涨的势头""抑制投资投机性购房，加大差别化信贷政策执行力度，切实防范各类住房按揭贷款风险"。

时隔3天，财政部、国土资源部、中国人民银行、监察部、审计署等五部委联合发布了《关于进一步加强土地出让收支管理的通知》（财综[2009]74号），从"统一思想认识，不折不扣地将土地出让收支全额纳入地方基金预算管理""加强征收管理，保障土地出让收入及时足额征收和缴入地方国库""完善预算编制，严格按照规定合理安排各项土地出让支出""加强统计工作，提高土地出让收支统计报表编报质量和编报水平""强化监督检查，严格执行土地出让收支管理的责任追究制度"五个方面，提出了进一步加强土地出让收支管理有关事宜的要求。其中，"市县国土资源管理部门与土地受让人在土地出让合同中依法约定的分期缴纳全部土地出让价款的期限原则上不超过一年，经当地土地出让协调决策机构集体认定，特殊项目可以约定在两年内全部缴清。首次缴纳比例不得低于全部土地出让价款的50%。土地租赁合同约定的当期应缴土地价款（租金）应当一次全部缴清，不得分期缴纳"的具体规定，大大地提高开发商的拿地成本，可以在一定程度减少开发商"囤地"的可能。

除了在土地出让金的收取方面收缩开发商的"钱袋"之外，调控政策还从抑制需求入手，开始取消部分针对普通购房者的优惠政策。2009年12月22日，《财政部、国家税务总局关于调整个人住房转让营业税政策的通知》（财税[2009]157号）正式发布。通知规定，自2010年1月1日起，个人将购买不足5年的非普通住房对外销售的，全额征收营业税；个人将购买超过5年（含5年）非普通住房或者不足5年的普通住房对外销售的，按照其销售收入减去购买房屋的价款后的差额征收营业税；个人将购买超过5年（含5年）的普通住房对外销售的，免征营业税。同时，2008年底为"救市"而颁布的个人购房营业税优惠政策正式取消。

与上述三项"前哨"政策相比，2010年1月"国十一条"的出台，正式标志着房地产宏观调控政策的转向。"加快中低价位、中小套型普通商品住房建设""增加住房建设用地有效供应，提高土地供应和开发利用效率""加大差别化信贷政策执行力度""继续实施差别化的住房税收政策""加强房地产信贷风险管理""继续整顿房地产市场秩序""进一步加强土地供应管理和商品房销售管理""加强市场监测""进一步健全和落实省级人民政府负总责，市、县人民政府抓落实的工作责任制"等十一条意见，从支持居民合理住房消费、抑制投资投机性购房、增加有效供给等方面提出了新阶段房地产宏观调控的重点方向。尤其是"严格二套住房购房贷款管理，对已利用贷款购买住房、又申请购买第二套（含）以上住房的家庭（包括借款人、配偶及未成年子女），贷款首付款比例不得低于40%，贷款利率严格按照风险定价""合理确定商品住房项目预售许可的最低规模，不得分层、分单元办理预售许可……要在规定时间内一次性公开全部房源，明码标价对外销售"等具体规定，对打击投机性购房、规范开发商行为、扩大供给等提出了具体要求，为之后的具体调控政策提供了依据和基础。

从"国十一条"的出台到2010年4月"新国十条"的发布，宏观调控的重点是土地政策调控。在此期间，国土资源部先后发布了《国土资源部关于改进报国务院批准城市建设用地申报与实施工作的通知》和《关于加强房地产用地供应和监管有关问题的通知》，治理和规范土地市场。

第十三章 房地产经济的宏观调控

《国土资源部关于改进报国务院批准城市建设用地申报与实施工作的通知》明确提出，城市申报住宅用地的，经济适用住房、廉租住房和中低价位、中小套型普通商品住房用地占住宅用地比例不得低于70%；城市申报下一年度用地时，征地率（完成征地面积与国务院批准用地面积的比率）应达到60%，征地率或供地率未达到规定要求的，按其中较大的差值，等比例扣减申报用地规模。以上要求既促进了供地速度的加快，又提出了硬性"促保障"供地要求。而《关于加强房地产用地供应和监管有关问题的通知》，除继续强调上述保障房占70%的供地需求之外，还提出了严格规范商品房用地出让行为、实施住房用地开发利用申报制度、严格依法处置闲置房地产用地等19条具体的土地调控措施。尤其是"土地出让最低价不得低于出让地块所在地级别基准地价的70%，竞买保证金不得低于出让最低价的20%""对用地者欠缴土地出让价款、闲置土地、囤地炒地、土地开发规模超过实际开发能力以及不履行土地使用合同的，市、县国土资源管理部门要禁止其在一定期限内参加土地竞买""土地出让成交后，必须在10个工作日内签订出让合同，合同签订后1个月内必须缴纳出让价款50%的首付款，余款要按合同约定及时缴纳，最迟付款时间不得超过一年"等具体措施，对打击开发商恶意囤地、收紧开发商资金链、规范土地出让行为起到一定的积极作用。

这一系列政策的出台，使得市场出现了一些积极的变化，部分城市开始呈现观望态势。但是，在流动性过剩的大背景下，投机性购房行为并未得到有效遏制，部分城市房地产价格仍然呈现快速上涨的趋势。在此背景下，号称最为严厉的宏观调控措施——《国务院关于坚决遏制部分城市房价过快上涨的通知》（国发[2010]10号）出台，除进一步强调"稳定房价和住房保障工作实行省级人民政府负总责、城市人民政府抓落实的工作责任制""增加居住用地有效供应""调整住房供应结构""加大交易秩序监管力度"等要求之外，该通知在进一步抑制投机性购房、抑制囤地行为、增加保障性住房建设等方面提出了十分具体的要求。首先，采用了更为严厉的经济手段。在"国十条"的基础上，提出"实行更为严格的差别化住房信贷政策"，二套房贷款首付比例由不低于40%提高到不低于50%，并明确提出贷款利率不得低于基准利率的1.1倍。同时，购买首套自住房且套型建筑面积在90平方米以上的家庭，贷款首付款比例由不得低于20%提高到不得低于30%。其次，大量行政手段开始实施。在强调抑制不合理购房需求时，提出"商业银行可根据风险状况，暂停发放购买第三套及以上住房贷款；对不能提供1年以上当地纳税证明或社会保险缴纳证明的非本地居民暂停发放购房贷款。地方人民政府可根据实际情况，采取临时性措施，在一定时期内限定购房套数"的做法。最后，提出了大量指标性的要求。例如，在强调加快保障性安居工程建设的时候，提出了"确保完成2010年建设保障性住房300万套、各类棚户区改造住房280万套的工作任务"的年度工作目标等。

国务院10号文件的出台，基本上标志着从2009年底开始的"首轮调控"整体布局的完成。从2010年4月一直到2010年9月，政策进入了"静默期"和实施阶段。在2010年9月以前，后续政策主要以实施国务院10号文件为主。例如，2010年6月，国家税务总局下发《关于加强土地增值税征管工作的通知》，抬高了土地增值税预征率的下限，确定土地增值税核定征收率原则上不得低于5%。住房和城乡建设部、中国人民银行、中国银行业监督管理委员会对商业性个人住房贷款中第二套住房认定标准进行了规范等。在一连串的政策压力下，住宅价格从高歌猛进转为温和上涨，房地产交易量呈现下行趋势，市场重新进入了"观望"状态。"首轮调控"的目标初步实现。

2. "二次调控"

在经历短暂的"观望"之后，进入 2010 年 9 月，房地产市场又呈现交易量大幅上升、供需两旺的局面，部分城市房地产价格重新进入快速上行通道。在此情况下，为了进一步巩固房地产宏观调控的成果，2010 年 9 月 29 日，国务院有关部委分别出台措施，遏制部分城市房价过快上涨，这也就是所谓的"二次调控"。总体而言，"二次调控"以落实国务院 10 号文件为主要目标，以地方政府出台各项细则加强调控措施落地为主要手段，调控所采取的措施由"经济手段为主、行政手段为辅"，变为"行政手段为主，经济手段为辅"。

2010 年 9 月 29 日国务院有关部委出台的调控措施，主要是要求各地加大贯彻落实房地产市场宏观调控政策措施的力度、完善差别化的住房信贷政策、调整住房交易环节的契税和个人所得税优惠政策、切实增加住房有效供应、加大住房交易市场检查力度五个方面着手。除在个人住房贷款、限购令、保障性住房建设等方面，对国务院 10 号文件所提出的调控要求进行深化和加强之外，还进一步明确提出了"加强对土地增值税征管情况的监督和检查，重点对定价明显超过周边房价水平的房地产开发项目进行土地增值税的清算和稽查。加快推进房产税改革试点工作，并逐步扩大到全国"税收政策和"对有违法违规记录的房地产开发企业，要暂停其发行股票、公司债券和新购置土地，各商业银行停止对其发放新开发项目贷款和贷款展期"等行政处罚要求。

之后，各地纷纷出台以"限购"为主要手段调控措施，调控手段愈发倾向于"行政化"。同样是限购政策，不同城市的限购方式各不相同。有的城市采取较为严厉的做法，限制总购房数量。例如，深圳市户籍居民家庭限购两套住房，非深圳市户籍居民家庭限购一套住房。而有的城市则采取相对宽松的做法。例如，北京、上海等地政策均为限制只能新购一套，而对已保有住房情况没作规定。除此之外，有的城市除了限制购房数量还限制购房年龄。例如，广州市就规定"未满 18 岁的人士不能单独购买商品住房"。

这一系列政策的出台，充分表明了政府调控房地产市场的决心，对影响住房市场预期，稳定住宅价格，具有一定的积极作用。行政手段虽然在很大程度上破坏了市场机制，可能会对部分刚性需求、改善性需求产生"误伤"，但在供给没有得到切实增大之前，采取行政手段"封压"需求确实是"次优"的办法，对于稳定房地产市场，促进国民经济平稳、健康、快速发展具有积极作用。

三、当前房地产经济宏观调控中的主要矛盾和问题

多年来加强宏观调控的实践，取得了一定成效，但也反映出一些深层次的矛盾和问题。

首先是房价问题积重难返。稳定房价是宏观调控的主要目标，可是多年来的调控不仅目标未达到，而且商品房价格出现"越调越涨、越调越高"的反常现象。突出表现在深圳、广州、上海、北京等大城市的住房价格畸形上涨。这种情况的出现既有房地产市场自身的问题，也有诸多外部因素的影响。一是商品住房市场供求失衡，投资投机性需求比例过重，改善型需求过旺，拉动房价上涨；二是过分依赖房地产业带动国民经济增长和地方财政增收，土地指标拍卖制度不完善，"价高者得"驱动地价猛涨，土地费用成本上升拉动房价上升；三是多年累积形成的货币流动性压力和民间投资渠道选择较少，大量资金流向房地产领域；四是随着经济发展，收入增加，城镇居民消费结构升级，对住房需求量激增；五是城镇化加速，除现在城市务工的 2.5 亿左右农民工

外，今后二十年还将有2亿多农民进城务工，他们的住房需求构成巨大压力。可见，高房价是经济社会发展中许多矛盾在住房领域的反映，需要长期努力才能彻底解决。

其次是调控的长期目标与近期目标的协调与统一问题。从近期来看，可能迫切需要解决的是抑制房价过快上涨。但房价问题也是不是孤立的，需要综合治理，同平衡供求、调整结构结合起来，才能彻底解决。从长期目标看，房地产市场的宏观调控的首要目标应当是实现住房供给与需求总量相平衡；同时也要实现住房供给结构与需求结构相适应；最终才能达到住房价格基本稳定的目标。

再次是直接调控与间接调控相结合的问题。在房价问题十分突出的情况下，采取一些行政性的直接调控手段，可能有立竿见影之效。例如，限价、限购商品房套数、限贷等，毕竟是一种临时性的应急措施，不能永久使用。从市场经济的要求来看，必须以市场配置资源为主导，利用经济参数、经济杠杆的间接调控应占主体地位。所以，从长期来看，还是要坚持间接调控为主、直接调控为辅，二者相结合的方针。

复习思考题

1. 试述房地产经济为什么要进行宏观调控？调控的目标主要有哪些？
2. 国家对房地产经济宏观调控的主要手段有哪些？
3. 试述当前房地产经济宏观调控中的主要矛盾和问题。
4. 试述如何建立我国房地产经济宏观调控的长效机制？

参 考 文 献

[1] 林增杰,等. 房地产经济学[M]. 北京:中国建筑工业出版社,2003.
[2] 简德三,等. 房地产经济学[M]. 上海:上海财经大学出版社,2003.
[3] 王文群,等. 房地产经济学[M]. 北京:经济管理出版社,2003.
[4] 谢经荣,等. 房地产经济学[M]. 北京:中国人民大学出版社,2002.
[5] 查尔斯·H·温茨巴奇(美),等. 现代不动产[M]. 任淮秀,等译. 北京:中国人民大学出版社,2001.
[6] 王全民,等. 房地产经济学[M]. 大连:东北财经大学出版社,2002.
[7] 田金信,等. 房地产经营[M]. 北京:中国建筑工业出版社,1997.
[8] 谢文蕙,等. 城市经济学[M]. 北京:清华大学出版社,1996.
[9] 曹振良,等. 房地产经济学通论[M]. 北京:北京大学出版社,2003.
[10] 张永岳,等. 新编房地产经济学[M]. 北京:高等教育出版社,1997.
[11] 李延荣,等. 房地产法[M]. 北京:中国人民大学出版社,2000.
[12] 严治仁,等. 房地产企业管理学[M]. 北京:科学出版社,1999.
[13] 刘洪玉,等. 房地产开发经营与管理[M]. 北京:中国物价出版社,2001.
[14] 黄安永,等. 现代物业管理[M]. 南京:东南大学出版社,2000.
[15] 刘瑞晶,等. 物业管理理论与实务[M]. 北京:中国建材工业出版社,2002.
[16] 马恩国,等. 房地产经济学[M]. 北京:中国建筑工业出版社,2001.
[17] 王要武,等. 房地产市场[M]. 北京:中国计划出版社,2000.
[18] 钱昆润,等. 房地产经济学[M]. 北京:中国计划出版社,1999.
[19] 周朝民,等. 物业管理理论与实务[M]. 上海:上海交通大学出版社,2000.
[20] 马德顺,等. 物业管理现用现查[M]. 北京:中国劳动社会保障出版社,2003.
[21] 宋建阳,等. 物业管理概论[M]. 广州:华南理工大学出版社,2002.
[22] 迈克·E·米勒斯,等. 房地产开发:原理与程序[M]. 北京:中信出版社,2003.
[23] 罗伯特·谢曼. 房地产投资实务[M]. 北京:中信出版社,2003.
[24] 陈建明. 商业房地产投资融资指南[M]. 北京:机械工业出版社,2003.
[25] 刘维新. 中国土地租税费体系研究[M]. 北京:中国地质大学出版社,1994.
[26] 李永贵. 房地产开发企业理税顾问[M]. 北京:中国时代经济出版社,2003.
[27] 布鲁格曼,等. 房地产融资与投资[M]. 11版. 逯艳若,等译. 北京:机械工业出版社,2003.
[28] 张跃庆. 房地产经济学[M]. 北京:中国建材工业出版社,2004.
[29] 建设部标准定额研究所. 房地产开发项目经济评价方法[M]. 北京:中国计划出版社,2000.
[30] 俞明轩,等. 房地产投资分析[M]. 北京:中国人民大学出版社,2002.
[31] 曹建元,等. 房地产金融[M]. 上海:上海财经大学出版社,2003.
[32] 丹尼斯·J·麦肯齐,等. 房地产经济学[M]. 张友仁,译. 北京:经济科学出版社,2003.
[33] 高幸奇. 房地产市场[M]. 北京:中国物价出版社,2003.

[34] 王在庚. 物业管理学[M]. 北京：中国建材工业出版社，2002.

[35] 陈秋玲，祝影，王益洋. 房地产经济学[M]. 北京：中国社会出版社. 2010.

[36] 刘亚臣. 房地产经济学[M]. 大连：大连理工大学出版社. 2009.

[37] 窦坤芳. 房地产经济学基础[M]. 重庆：重庆大学出版社. 2007.

[38] 周小平，熊志刚，王军艳. 房地产投资分析[M]. 北京：清华大学出版社. 2011.

[39] 余源鹏. 房地产项目可行性研究实操一本通[M]. 北京：机械工业出版社. 2008.

[40] 王莹，唐晓灵. 房地产经济学[M]. 西安：西安交通大学出版社，2010.

[41] 洪开荣. 房地产经济学[M]. 武汉：武汉大学出版社，2006.

[42] 高波，等. 现代房地产经济学导论[M]. 南京：南京大学出版社，2009.

[43] 王秋实，等. 房地产经济学[M]. 北京：经济管理出版社，2003.

[44] 张永岳，等. 房地产经济学[M]. 北京：高等教育出版社，2011.

[45] 董藩，等. 房地产经济学[M]. 北京：清华大学出版社，2012.

[46] 刘新华，等. 房地产经济学[M]. 上海：上海财经大学出版社，2008.

[47] 段光勋. 房地产开发企业财税实物[M]. 北京：电子工业出版社，2010.

[48] 周华安. 企业纳税会计实物指南[M]. 北京：经济科学出版社，2010.

[49] 刘景辉. 房地产经济学基础[M]. 北京：中国建筑工业出版社，2006.

[50] 陆克华. 房地产基本制度与政策[M]. 北京：中国建筑工业出版社，2012.